ZWISCHEN dir und mir

Haru Tsukishima

4

Inhalt

Figuren

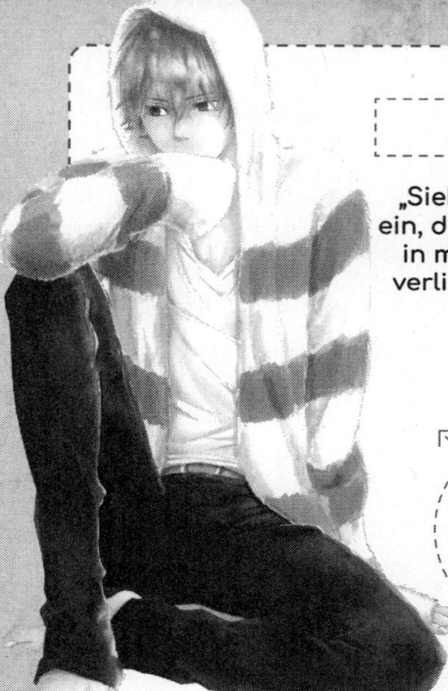

„Sieh es ein, du bist in mich verliebt!“

„Es ist am besten, wenn alles wieder so wird, wie es war.“

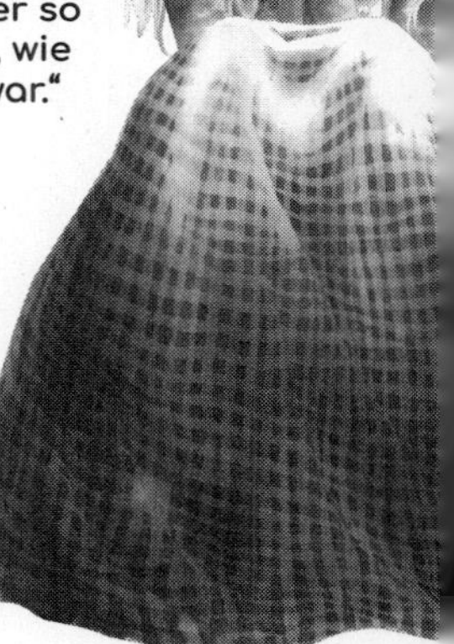

Da ihre Eltern Nachbarn sind, waren sie schon als kleine Kinder Sandkastenfreunde.

REITA KIKUCHI

Er sieht gut aus, ist aber nicht der Schlauste. Als er mitbekommt, dass sich Makoto und Yusuke allmählich näherkommen, gerät er in Panik und gesteht ihr (endlich!) seine Liebe. Doch sie weist ihn ab.

MAKOTO SAKURAI

Sie hat ein heiteres Wesen, aber kein Glück in der Liebe. Sie streitet jegliche Verliebtheit gegenüber Reita komplett ab, wird sich aber immer mehr Reitas ungeschickter Liebenswürdigkeit bewusst.

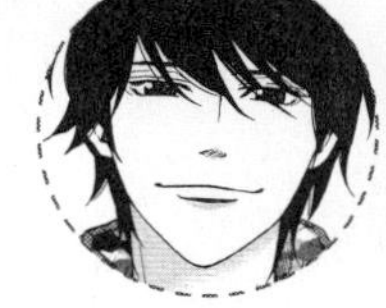

YUSUKE ABIKO

Reitas Kumpel und inzwischen Makotos Kollege in ihrem Schülerjob. Um ihr aus der Patsche zu helfen, beginnt er eine Fake-Beziehung mit Makoto, aber schnell wird ihm klar, dass er etwas für sie empfindet.

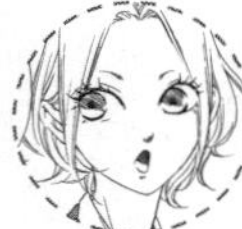

JURI SASAKI

Schulkameradin von Makoto und Reita. Sie hat immer ein offenes Ohr für die beiden.

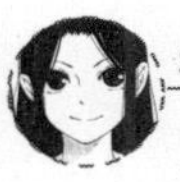

KOKO SAKURAI

Makotos jüngere Schwester.

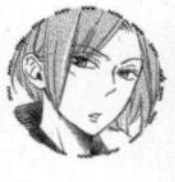

ATSUSHI KOBAYASHI

Makotos Nerd-Freund, der wie sie auf Pferderennen steht.

Story

Aus heiterem Himmel macht ihr Sandkastenfreund, der narzisstische Reita, Makoto den Vorschlag: „Nimm doch mich als festen Freund, wenn du so dringend einen haben willst!“. Doch Makoto hält das für völlig abwegig. Sie und Reita sind nämlich schon seit frühester Kindheit befreundet und wenn Reita die Sache mit der Wand bei ihr macht, findet sie das eher albern statt aufregend. Außerdem will sie Reita auf keinen Fall als Kumpel verlieren. Doch der meint es anscheinend richtig ernst. Um ihm zu entkommen, beginnt Makoto eine vorübergehende Fake-Beziehung mit Reitas Freund Yusuke. Reita hält das aber keineswegs davon ab, sie weiter zu bedrängen! Und dann hört sie eines Tages auf dem Heimweg völlig unerwartete Worte von Yusuke ...

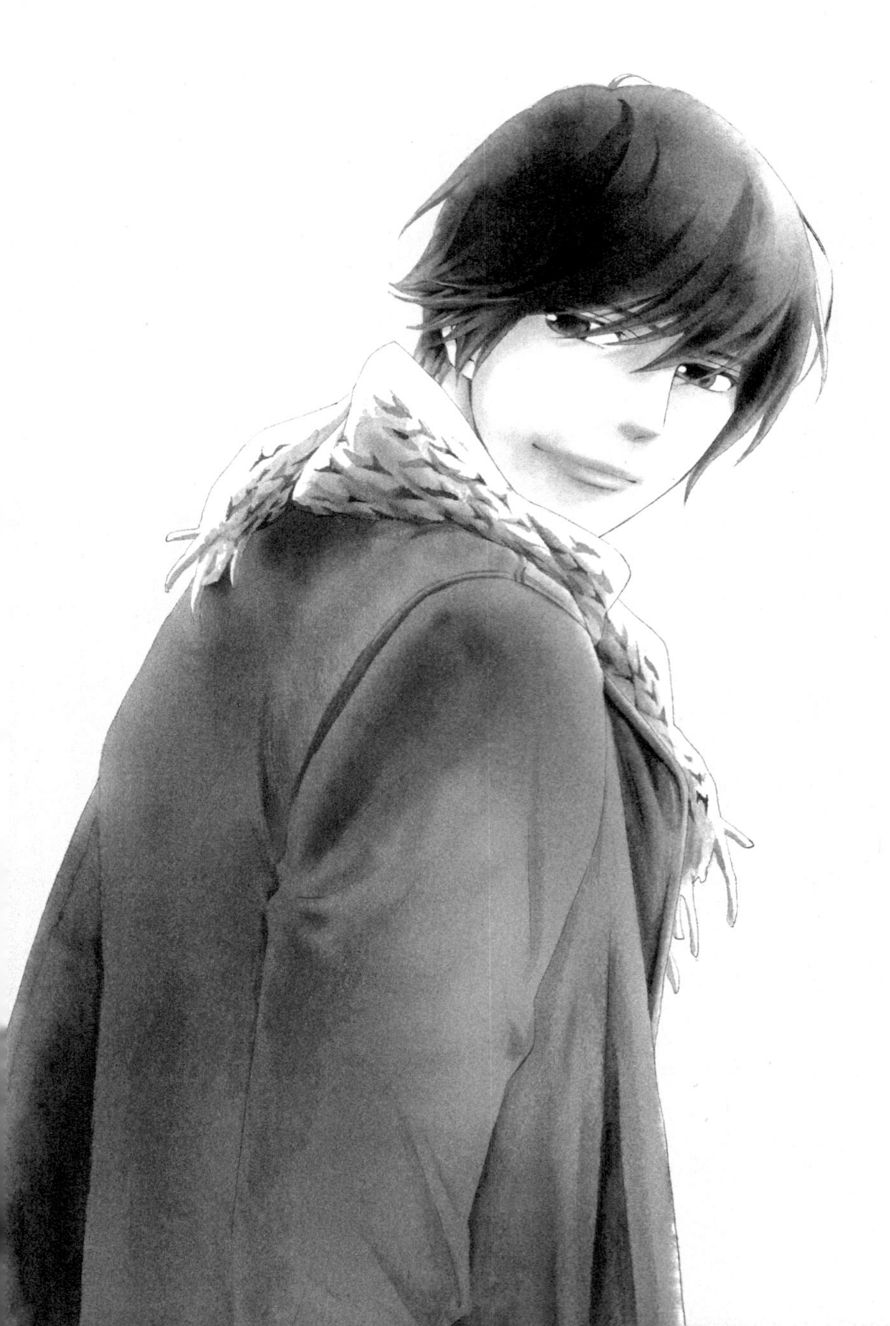

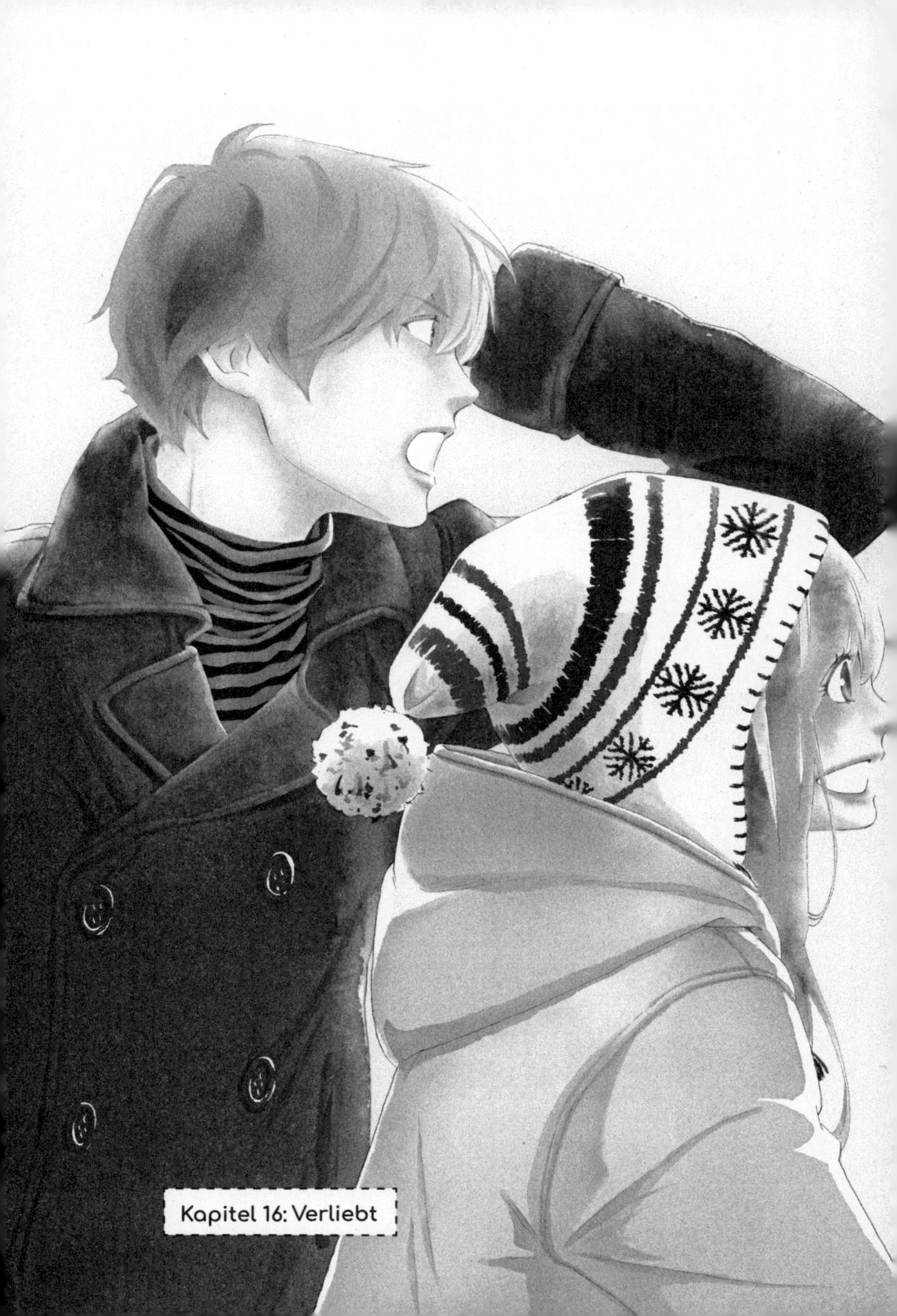
Kapitel 16: Verliebt

Makoto Sakurai

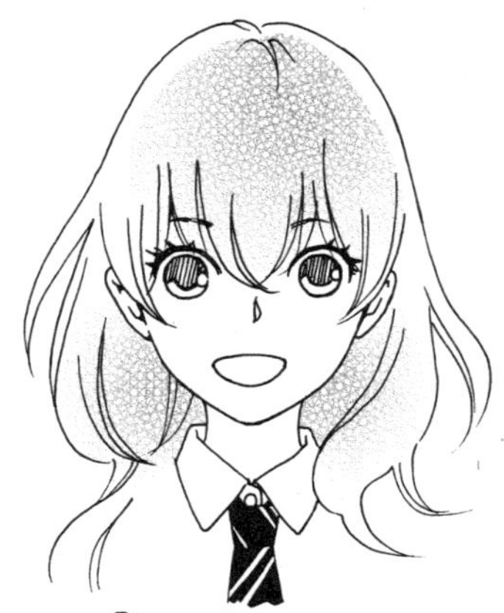

Geboren am 31. Oktober, Sternzeichen Skorpion, Blutgruppe B.
1,58 m groß, 47 kg schwer.
Lebt mit ihrer Mutter und ihrer jüngeren Schwester zusammen (ihren Vater sieht sie seit der Scheidung der Eltern ungefähr einmal alle zwei Monate).
Isst am liebsten: weißen Reis.
Isst nicht gern: überreifes Obst.
Bestes Schulfach: Englisch.
Schlechtestes Schulfach: Politik.
Hobbys: Pferderennen gucken.
Spezialität: mit Reita umgehen.

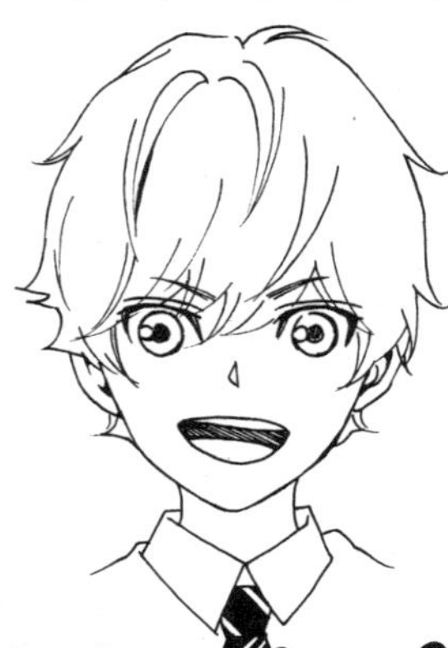

Reita Kikuchi

Geboren am 22. August, Sternzeichen Löwe, Blutgruppe 0.
1,77 m groß, 62 kg schwer.
Seine Familie besteht aus Vater, Mutter und Kuromame (Kater).
Isst am liebsten: Pasta, Eis.
Isst nicht gern: alles, was an den Zähnen klebt.
Bestes Schulfach: Gesundheitserziehung.
Schlechtestes Schulfach: gibt es keins (laut eigener Aussage).
Spezialität: die Sache mit der Wand.
Besonders toll an ihm: alles.

Yusuke Abiko

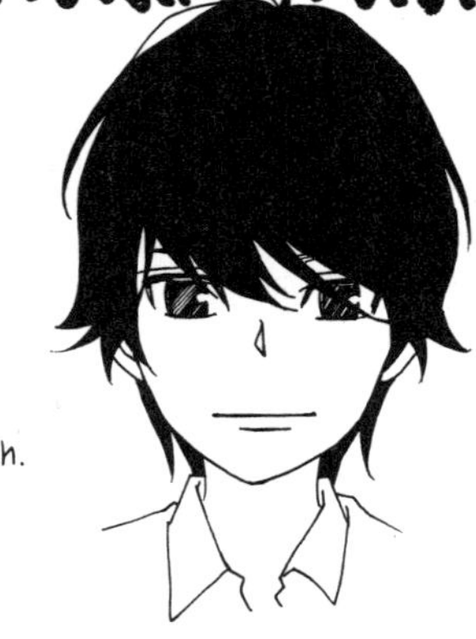

Geboren am 11. September, Sternzeichen Jungfrau, Blutgruppe A.
1,78 m groß, 64 kg schwer.
Er lebt zu fünft mit Vater, Mutter, großem Bruder und kleiner Schwester zusammen.
Isst am liebsten: Fleisch.
Mag nicht gern: süße Softdrinks.
Beste Schulfächer: Geschichte und modernes Japanisch.
Spezialität: Kopf tätscheln.
Besonders toll an ihm: einzelnes, abstehendes Haar (laut Reita).

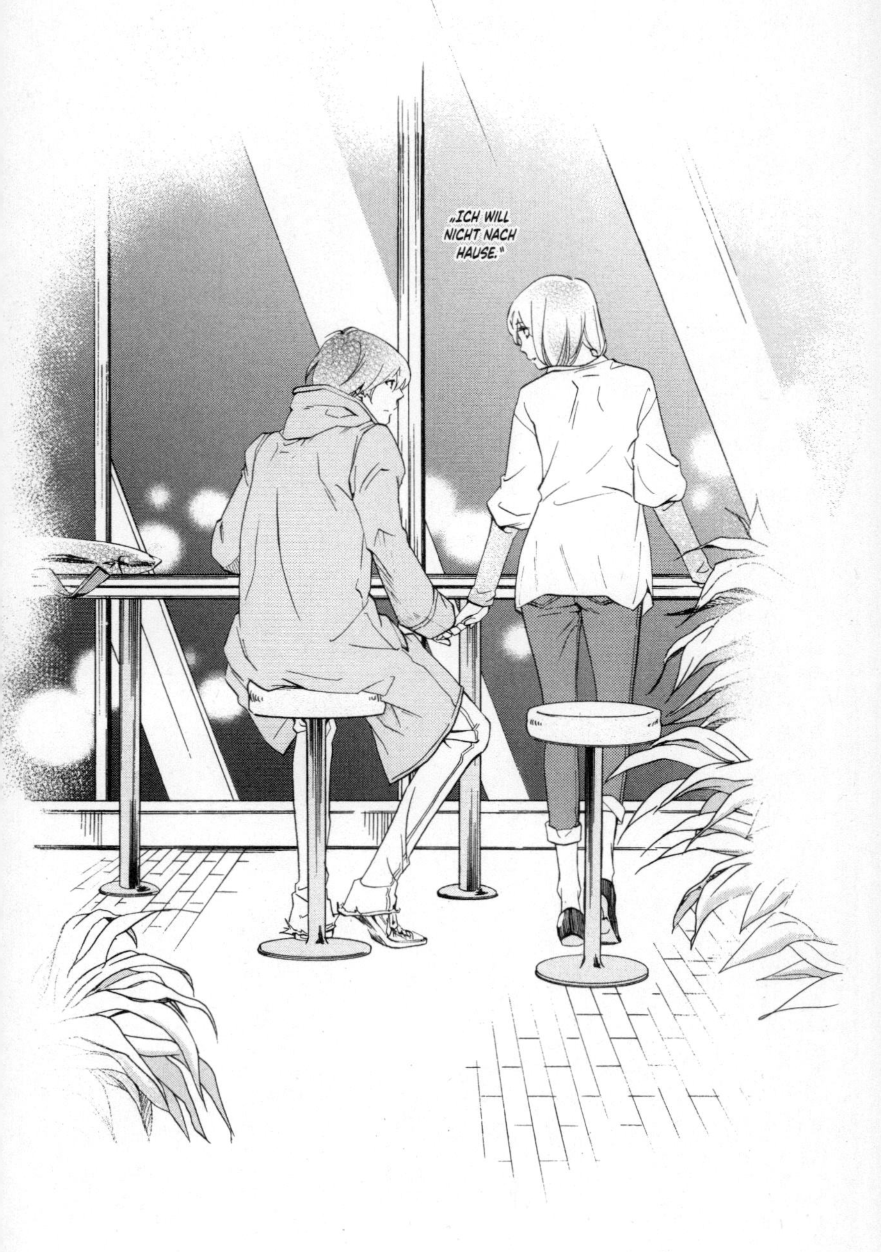
„ICH WILL NICHT NACH HAUSE."

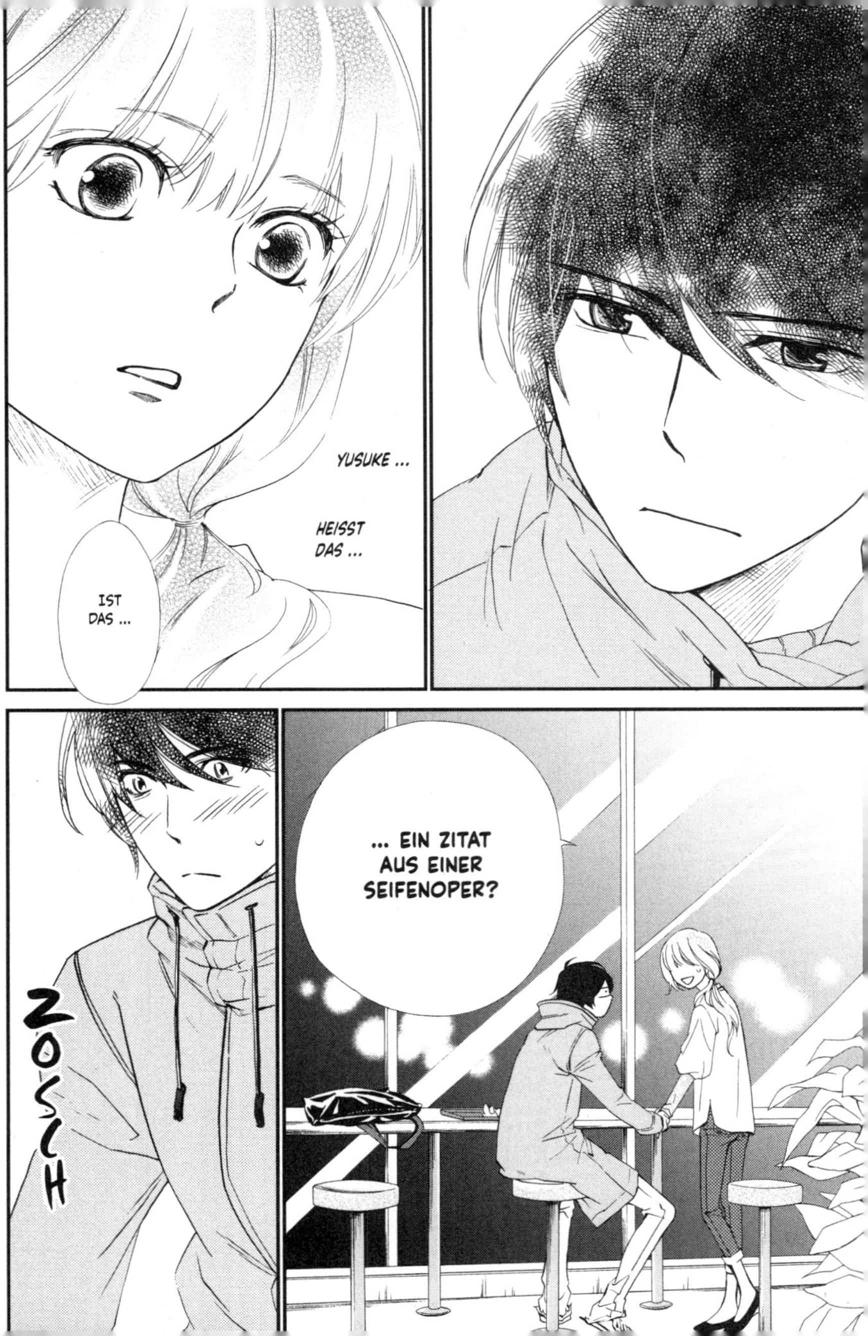

YUSUKE ...

HEISST DAS ...

IST DAS ...

... EIN ZITAT AUS EINER SEIFENOPER?

ZOSCH

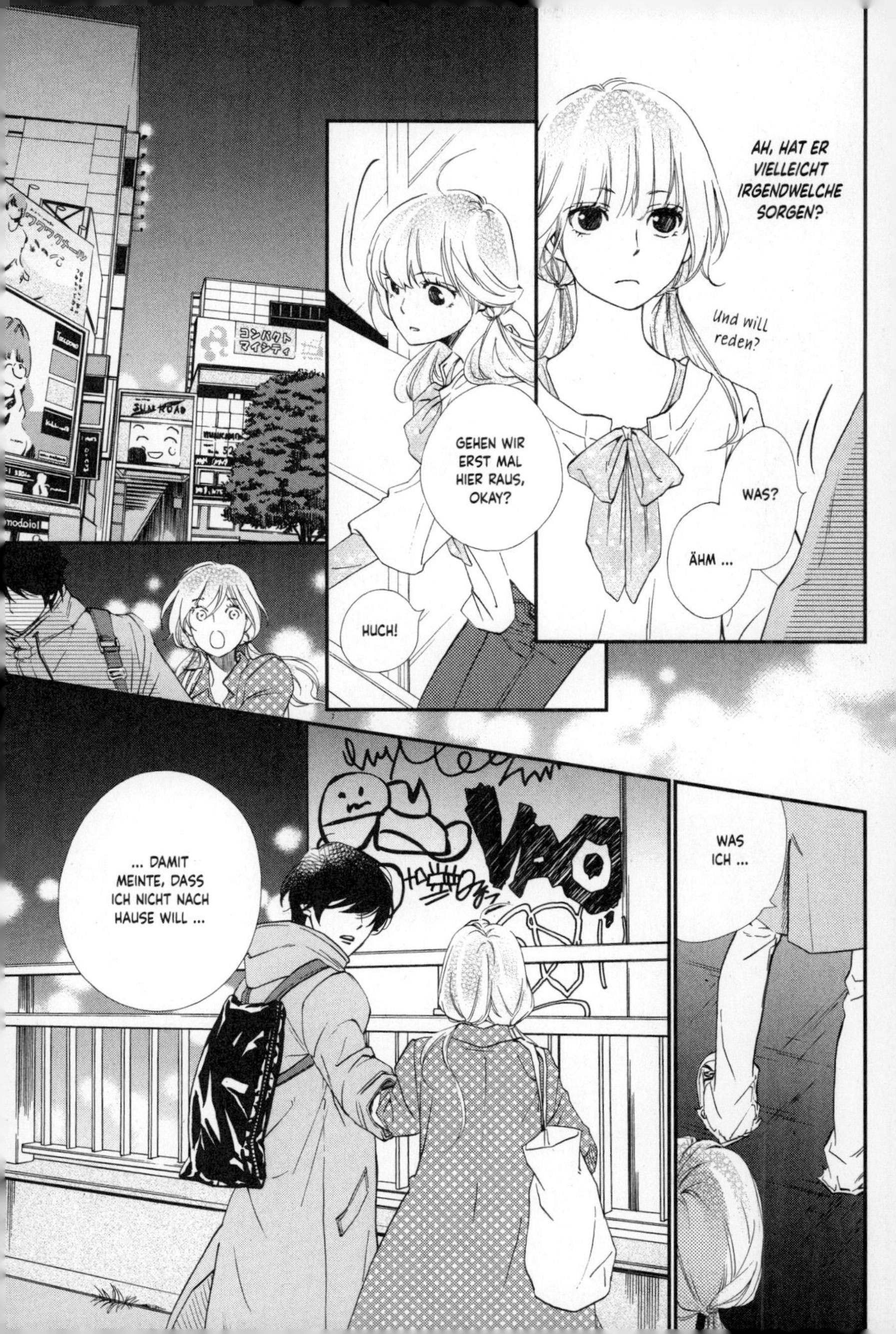

AH, HAT ER VIELLEICHT IRGENDWELCHE SORGEN?
Und will reden?
WAS?
ÄHM ...
GEHEN WIR ERST MAL HIER RAUS, OKAY?
HUCH!
WAS ICH ...
... DAMIT MEINTE, DASS ICH NICHT NACH HAUSE WILL ...

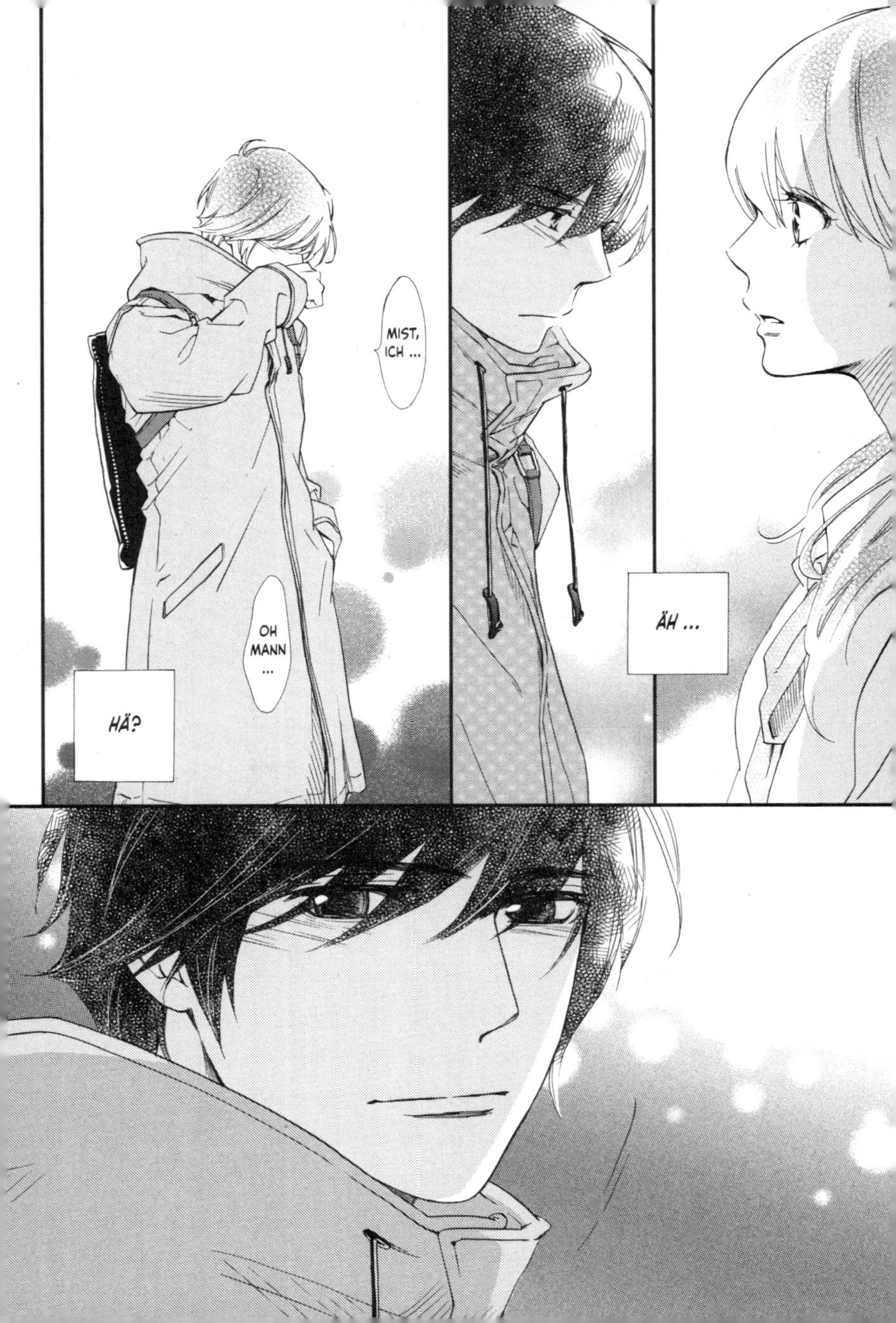
ÄH ...
MIST, ICH ...
OH MANN ...
HÄ?

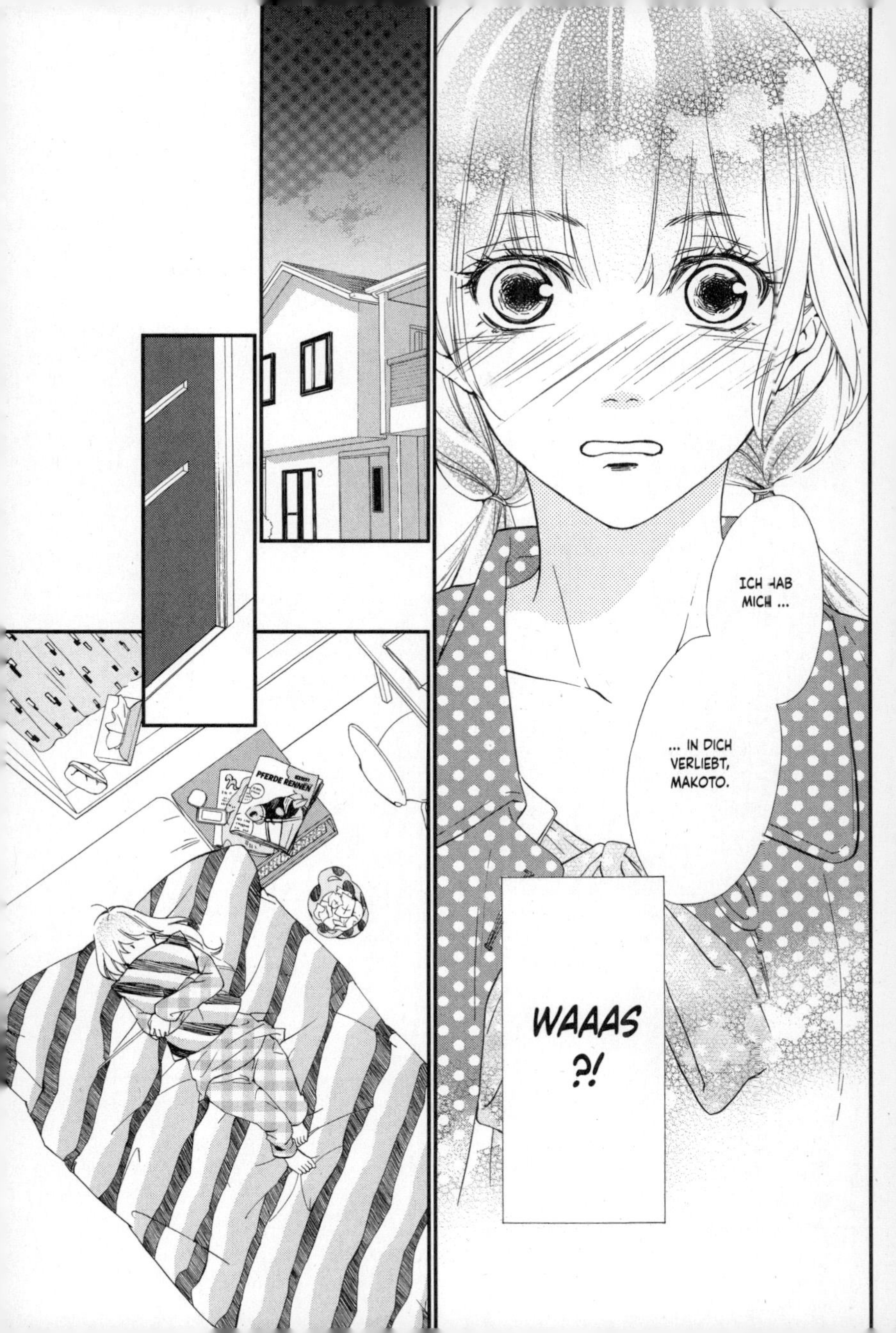
ICH HAB MICH ...
... IN DICH VERLIEBT, MAKOTO.
WAAAS ?!
PFERDE RENNEN

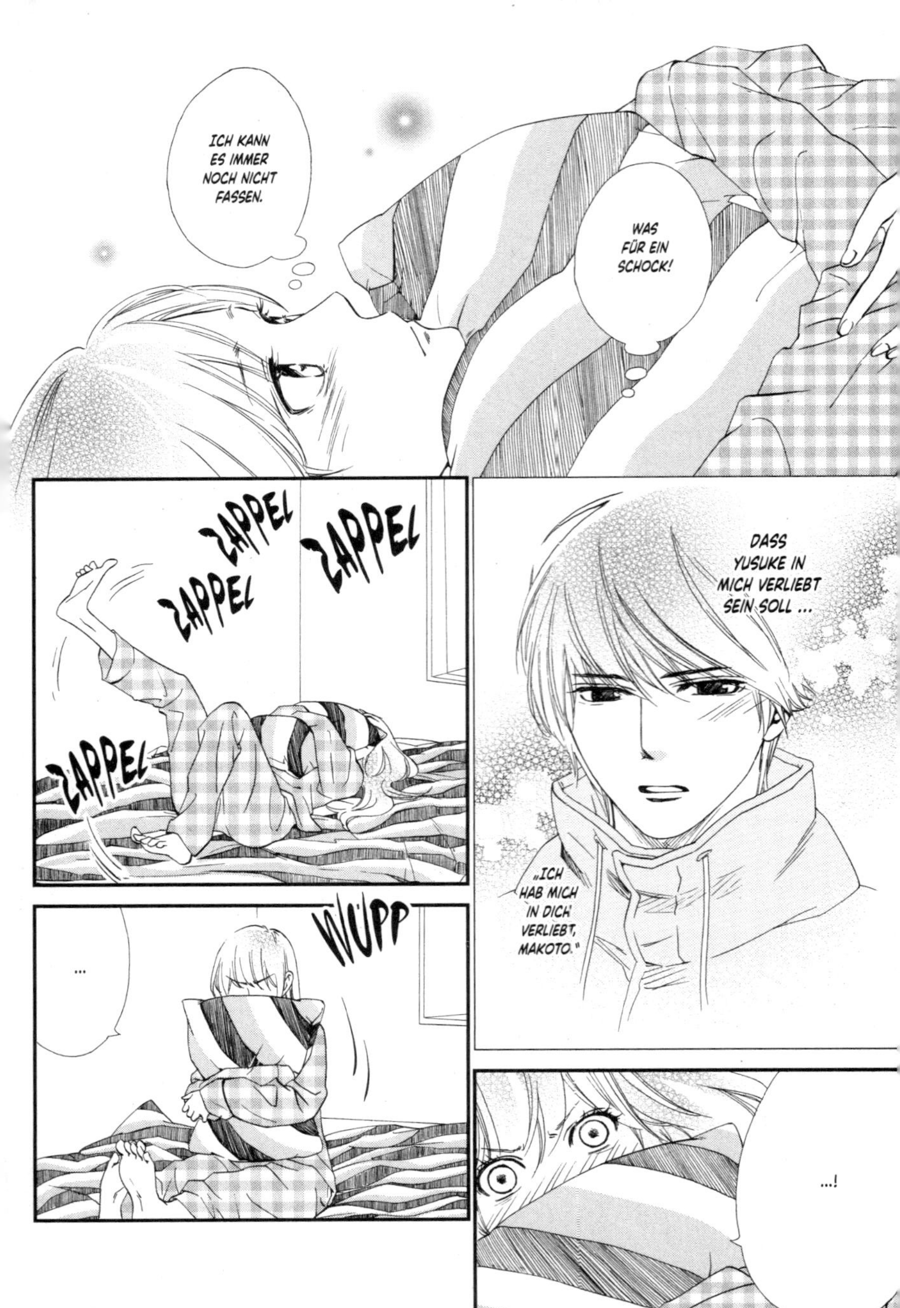
WAS FÜR EIN SCHOCK!
ICH KANN ES IMMER NOCH NICHT FASSEN.
DASS YUSUKE IN MICH VERLIEBT SEIN SOLL ...
„ICH HAB MICH IN DICH VERLIEBT, MAKOTO."
ZAPPEL
ZAPPEL
ZAPPEL
ZAPPEL
...!
WUPP
...

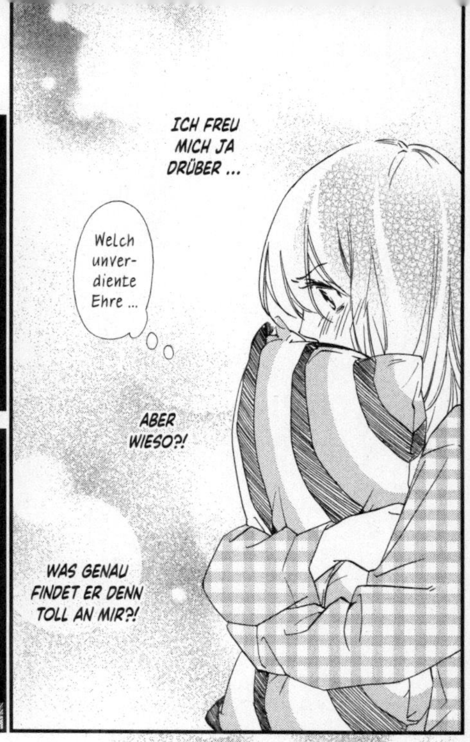

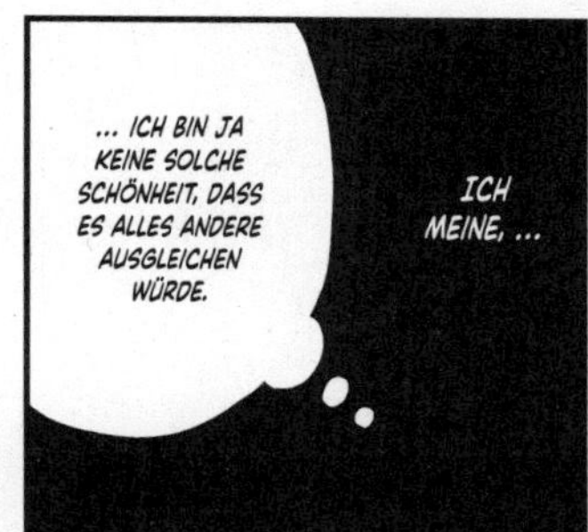

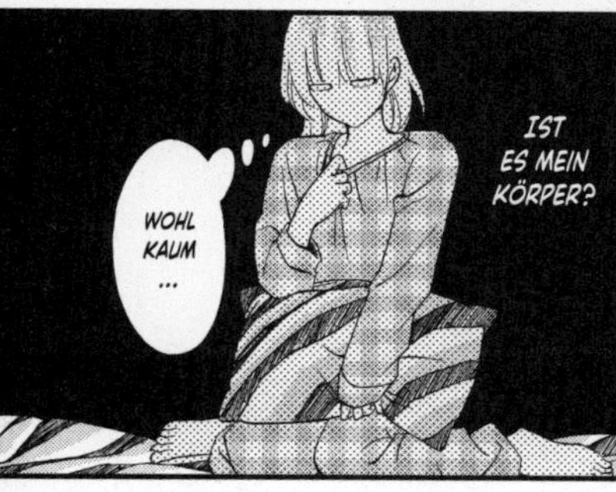

VON EINEM SO VERNÜNFTIGEN JUNGEN WIE IHM EINE LIEBESERKLÄRUNG ZU BEKOMMEN, DAMIT HÄTTE ICH NIE GERECHNET.

DAS WAR WAS VÖLLIG ANDERES, ALS BEI REITAS ERSTEM ANLAUF.

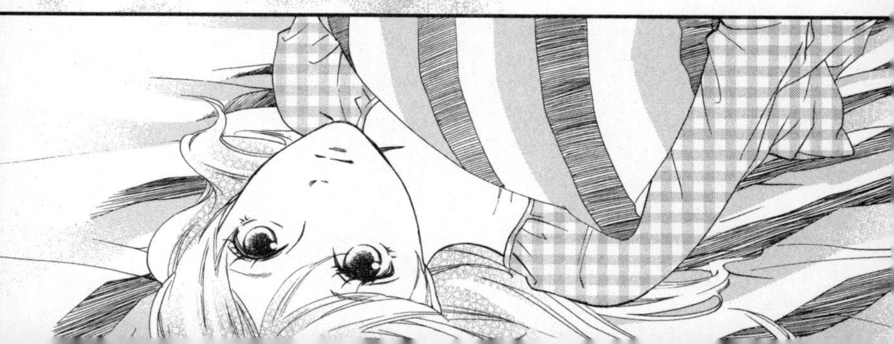

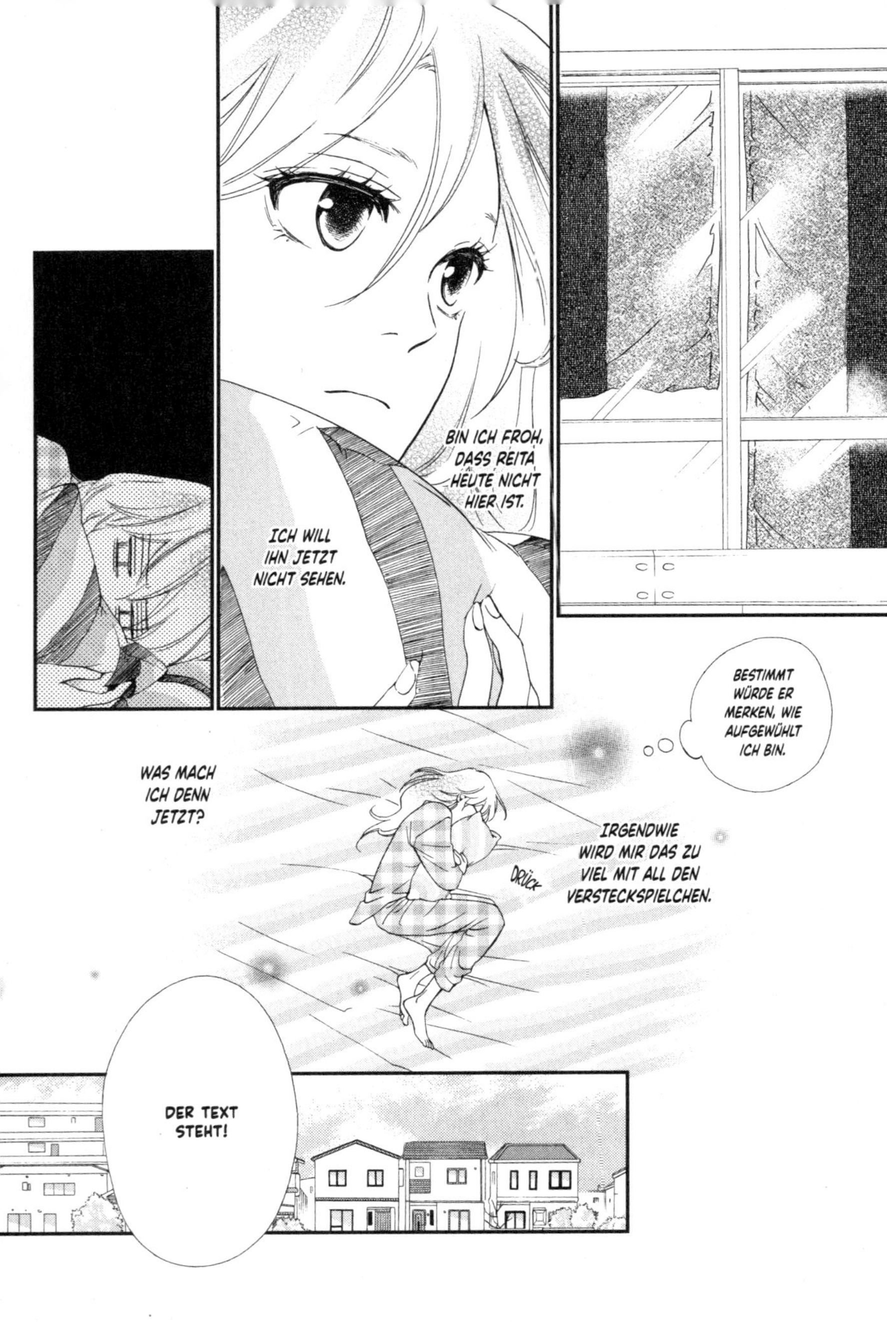
BIN ICH FROH, DASS REITA HEUTE NICHT HIER IST.
ICH WILL IHN JETZT NICHT SEHEN.
BESTIMMT WÜRDE ER MERKEN, WIE AUFGEWÜHLT ICH BIN.
IRGENDWIE WIRD MIR DAS ZU VIEL MIT ALL DEN VERSTECKSPIELCHEN.
DRÜCK
WAS MACH ICH DENN JETZT?
DER TEXT STEHT!

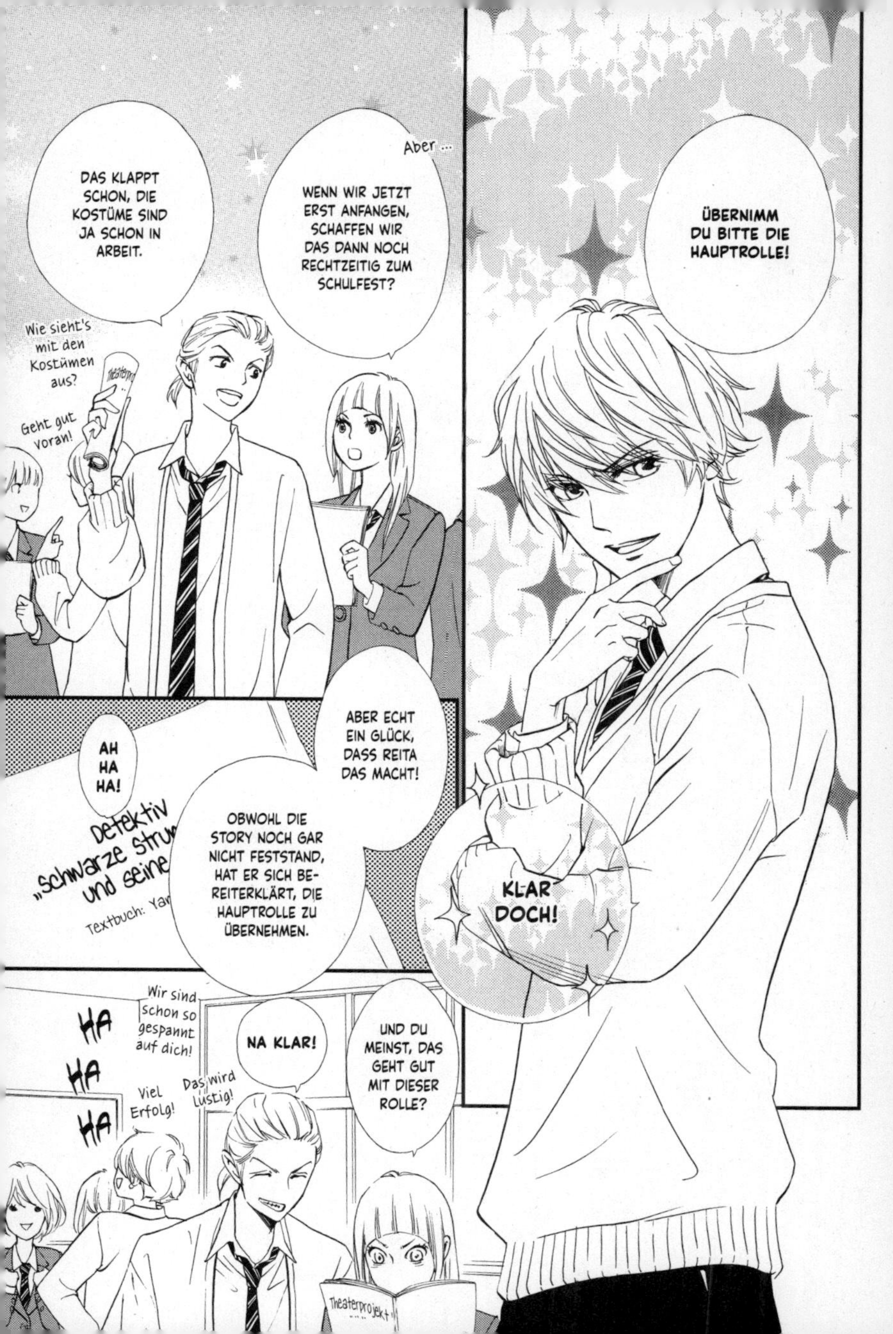
ÜBERNIMM DU BITTE DIE HAUPTROLLE!
KLAR DOCH!
Aber ...
WENN WIR JETZT ERST ANFANGEN, SCHAFFEN WIR DAS DANN NOCH RECHTZEITIG ZUM SCHULFEST?
DAS KLAPPT SCHON, DIE KOSTÜME SIND JA SCHON IN ARBEIT.
Wie sieht's mit den Kostümen aus?
Geht gut voran!
ABER ECHT EIN GLÜCK, DASS REITA DAS MACHT!
OBWOHL DIE STORY NOCH GAR NICHT FESTSTAND, HAT ER SICH BEREITERKLÄRT, DIE HAUPTROLLE ZU ÜBERNEHMEN.
AH HA HA!
Detektiv
UND DU MEINST, DAS GEHT GUT MIT DIESER ROLLE?
NA KLAR!
Wir sind schon so gespannt auf dich!
Das wird lustig!
Viel Erfolg!
HA HA HA
Theaterprojekt

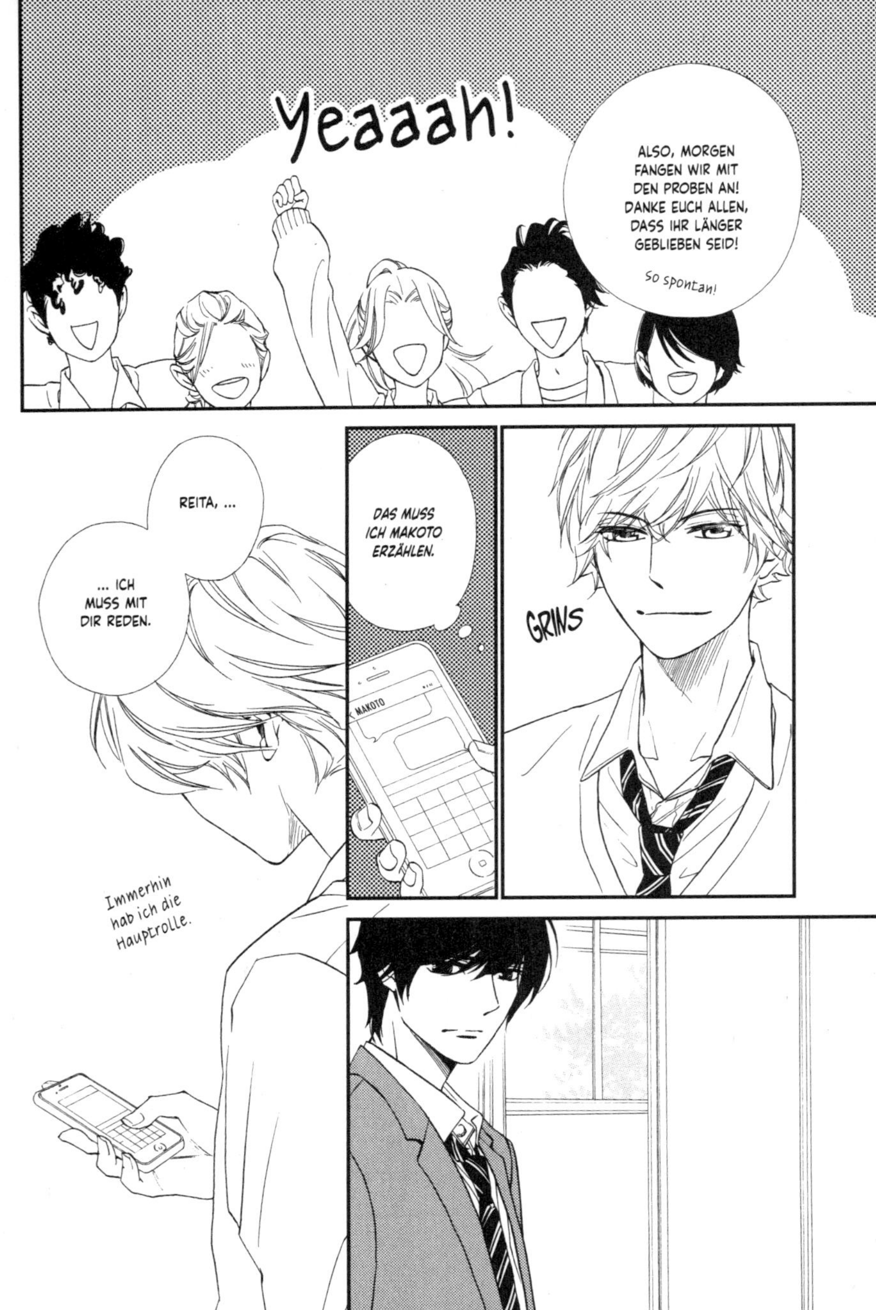
Yeaaaah!
ALSO, MORGEN FANGEN WIR MIT DEN PROBEN AN! DANKE EUCH ALLEN, DASS IHR LÄNGER GEBLIEBEN SEID!
So spontan!
GRINS
DAS MUSS ICH MAKOTO ERZÄHLEN.
MAKOTO
REITA, ...
... ICH MUSS MIT DIR REDEN.
Immerhin hab ich die Hauptrolle.

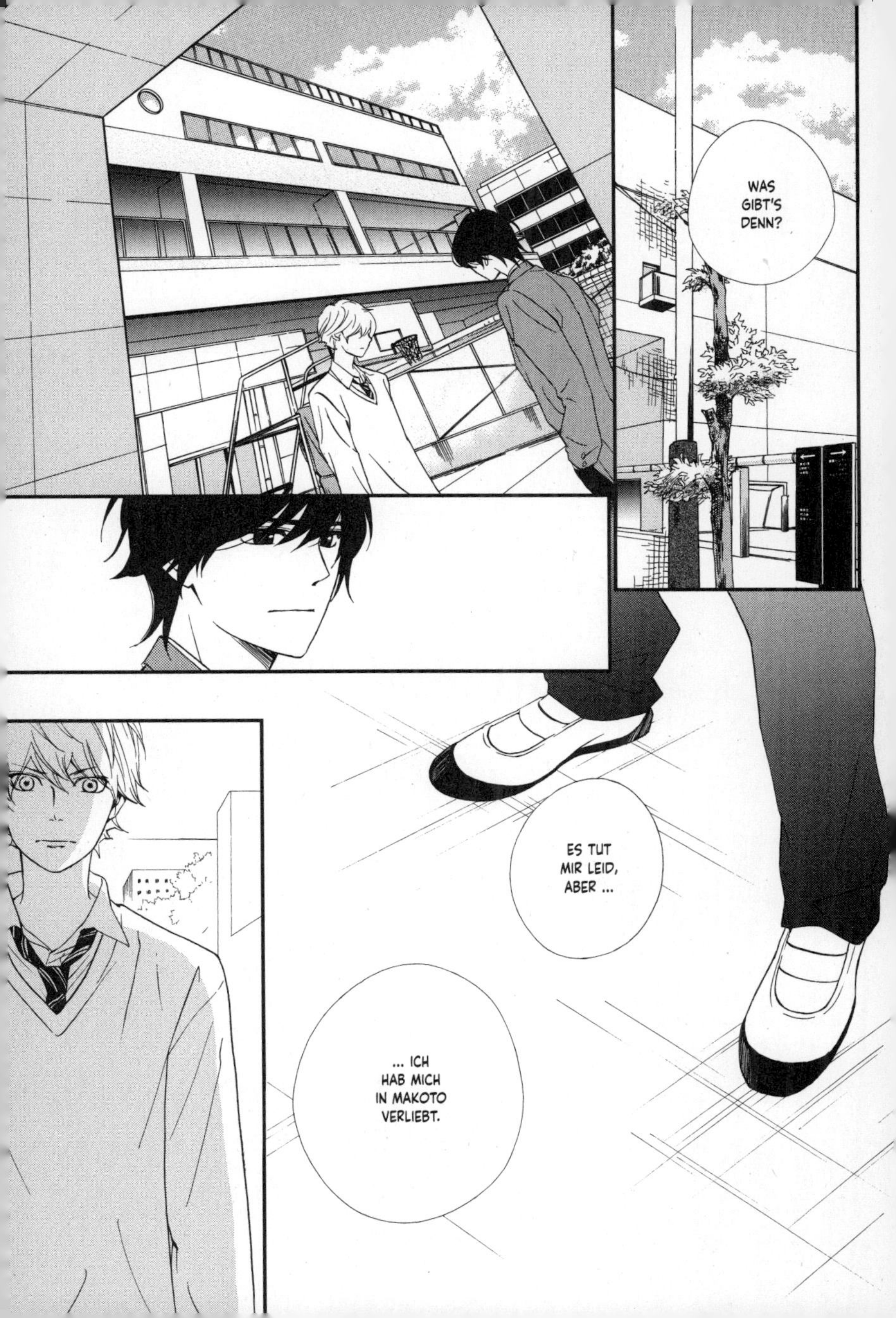
WAS GIBT'S DENN?
ES TUT MIR LEID, ABER ...
... ICH HAB MICH IN MAKOTO VERLIEBT.

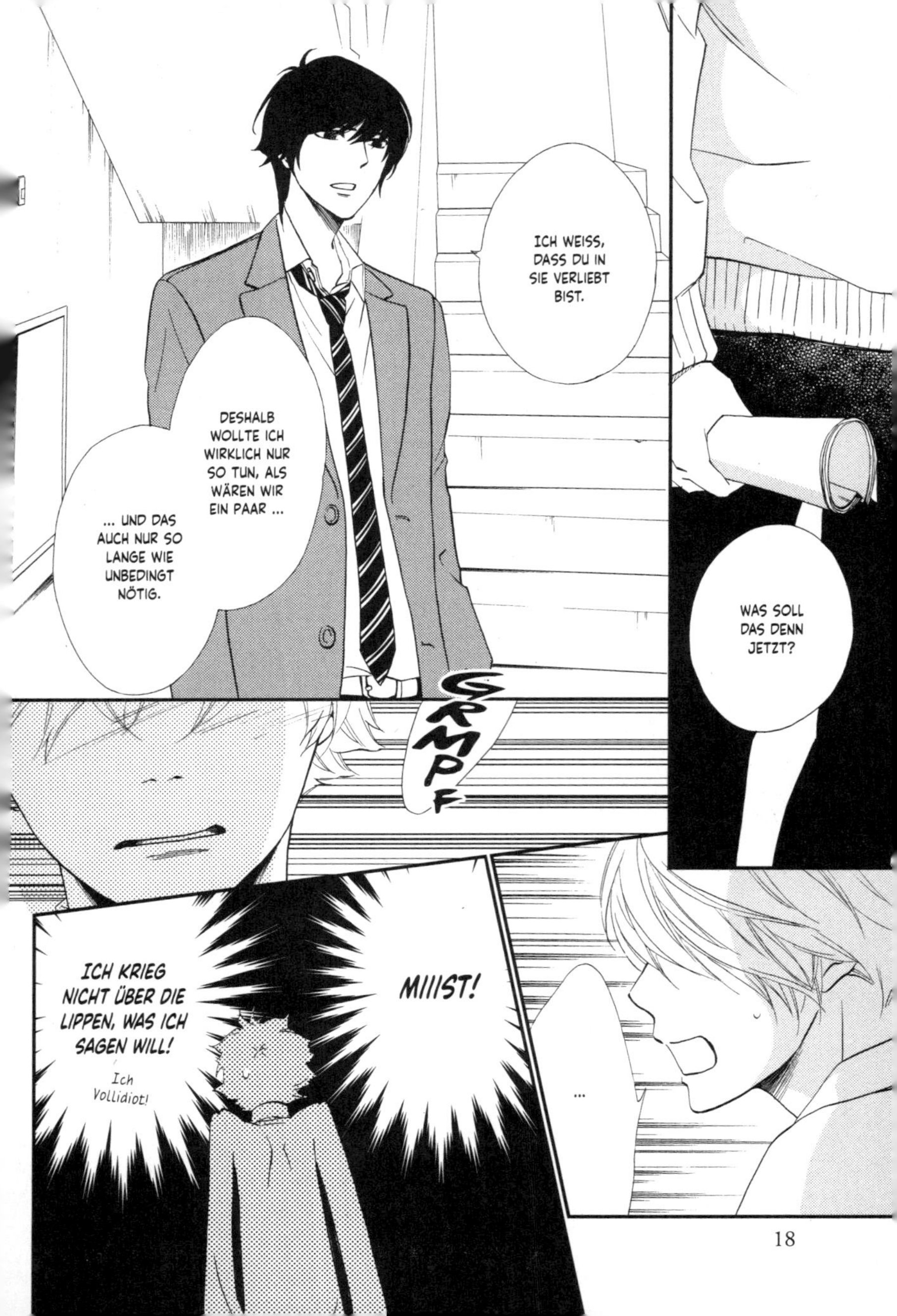
ICH WEISS, DASS DU IN SIE VERLIEBT BIST.
DESHALB WOLLTE ICH WIRKLICH NUR SO TUN, ALS WÄREN WIR EIN PAAR ...
... UND DAS AUCH NUR SO LANGE WIE UNBEDINGT NÖTIG.
WAS SOLL DAS DENN JETZT?
GRMPF
ICH KRIEG NICHT ÜBER DIE LIPPEN, WAS ICH SAGEN WILL!
Ich Vollidiot!
MIIIST!
...

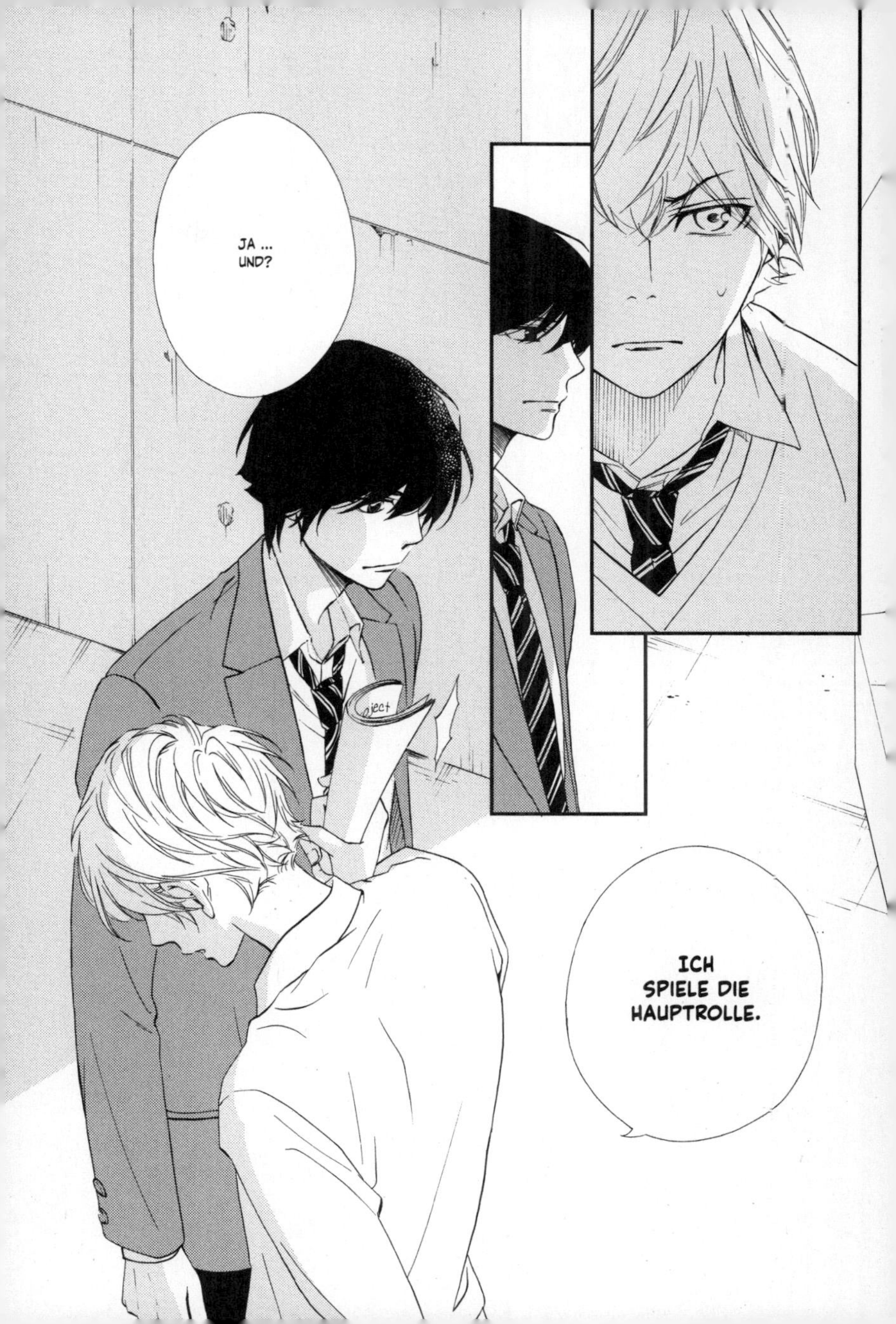
JA ... UND?
ICH SPIELE DIE HAUPTROLLE.

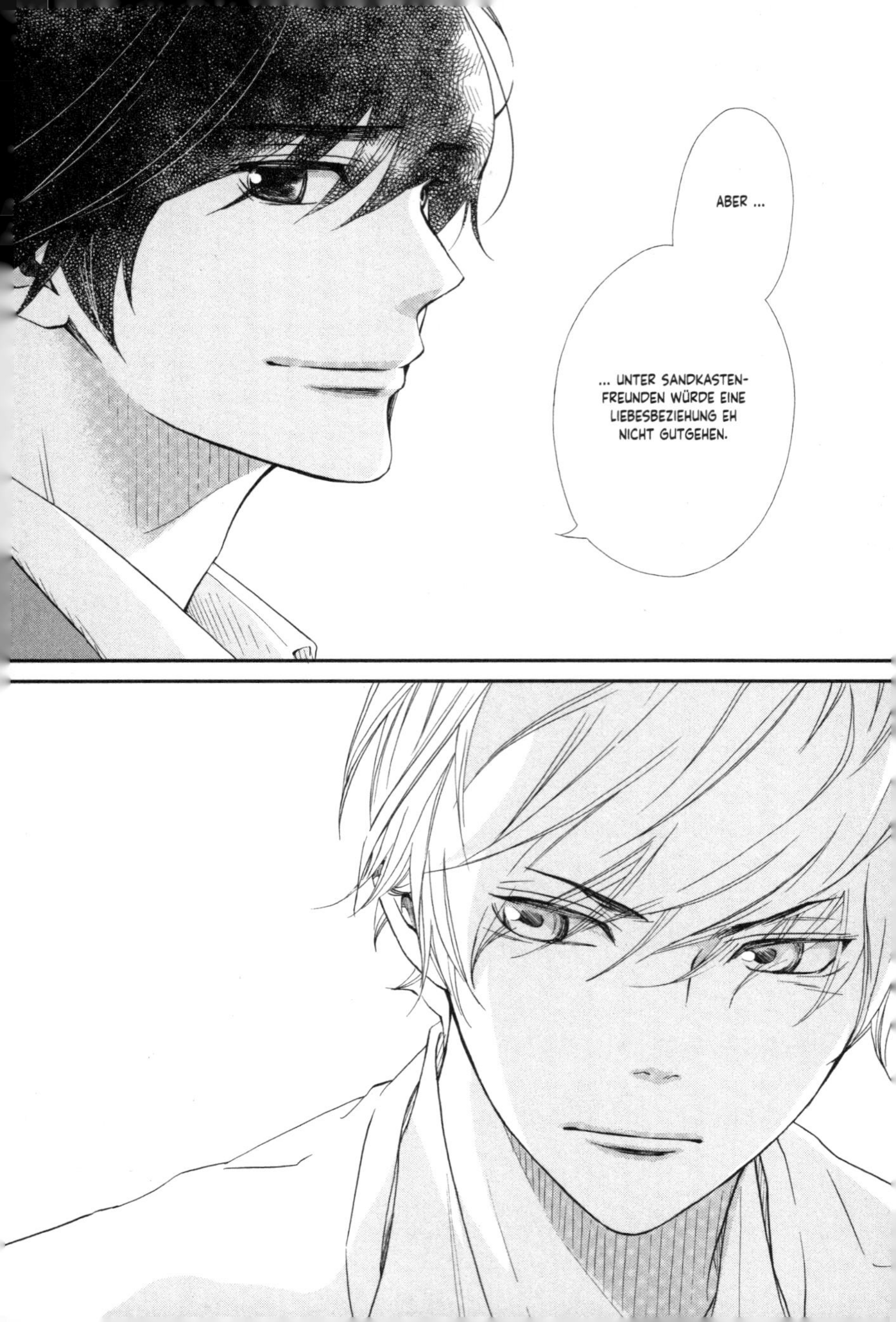
ABER ...
... UNTER SANDKASTEN-FREUNDEN WÜRDE EINE LIEBESBEZIEHUNG EH NICHT GUTGEHEN.

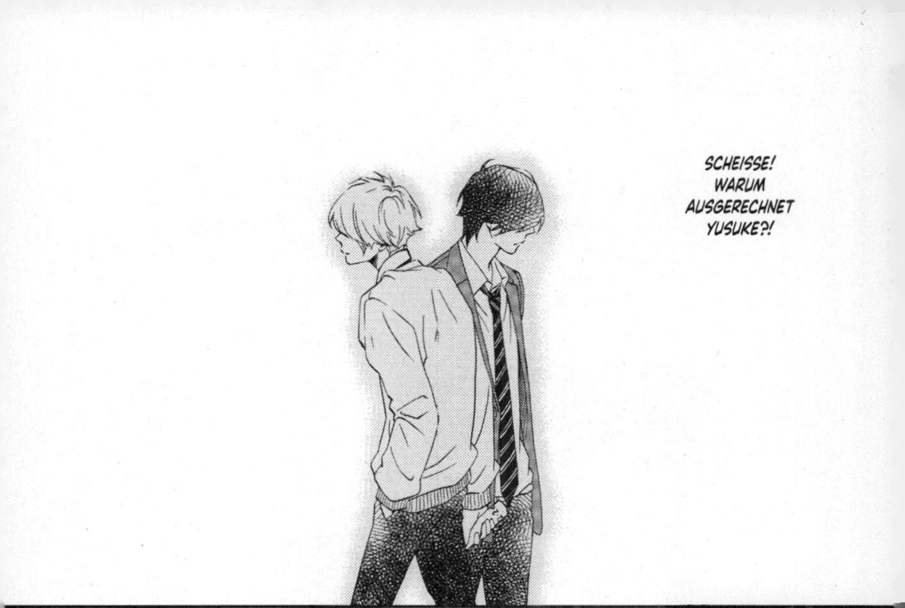

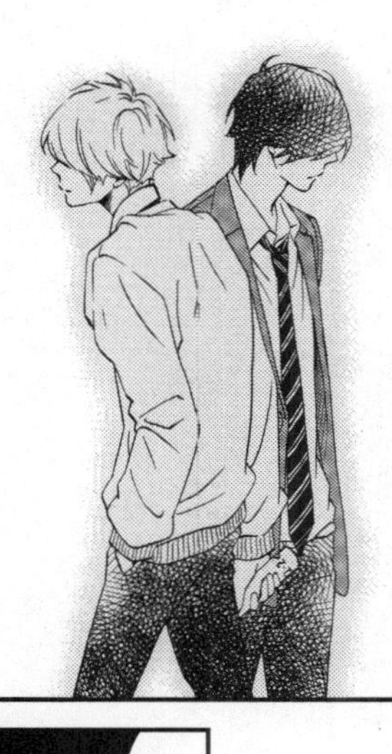

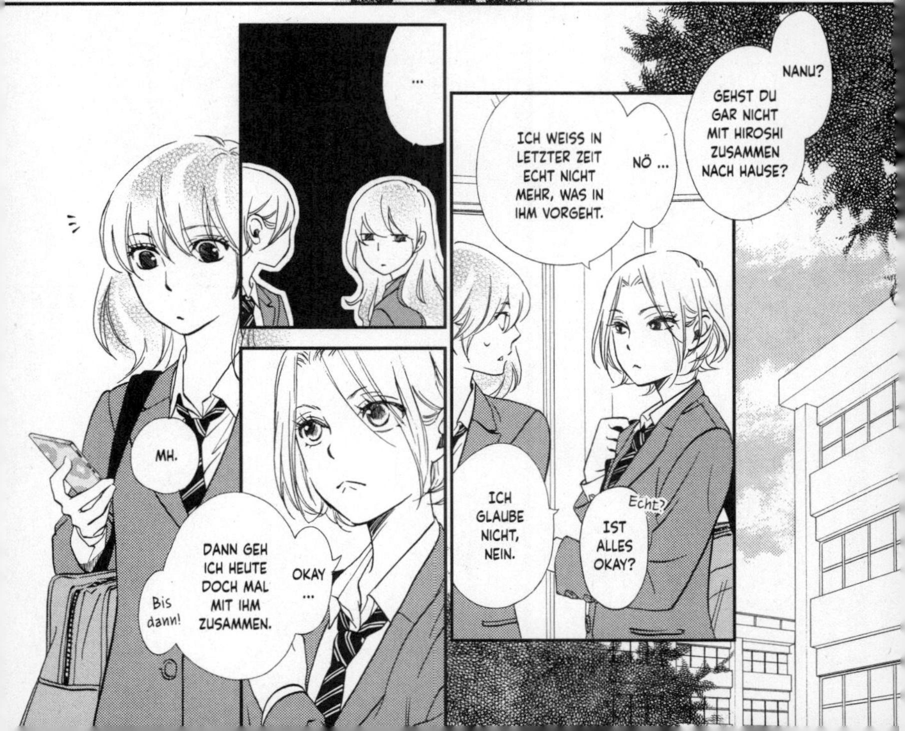

NANU?
GEHST DU GAR NICHT MIT HIROSHI ZUSAMMEN NACH HAUSE?
NÖ ...
ICH WEISS IN LETZTER ZEIT ECHT NICHT MEHR, WAS IN IHM VORGEHT.
Echt?
IST ALLES OKAY?
ICH GLAUBE NICHT, NEIN.
...
OKAY ...
MH.
DANN GEH ICH HEUTE DOCH MAL MIT IHM ZUSAMMEN.
Bis dann!

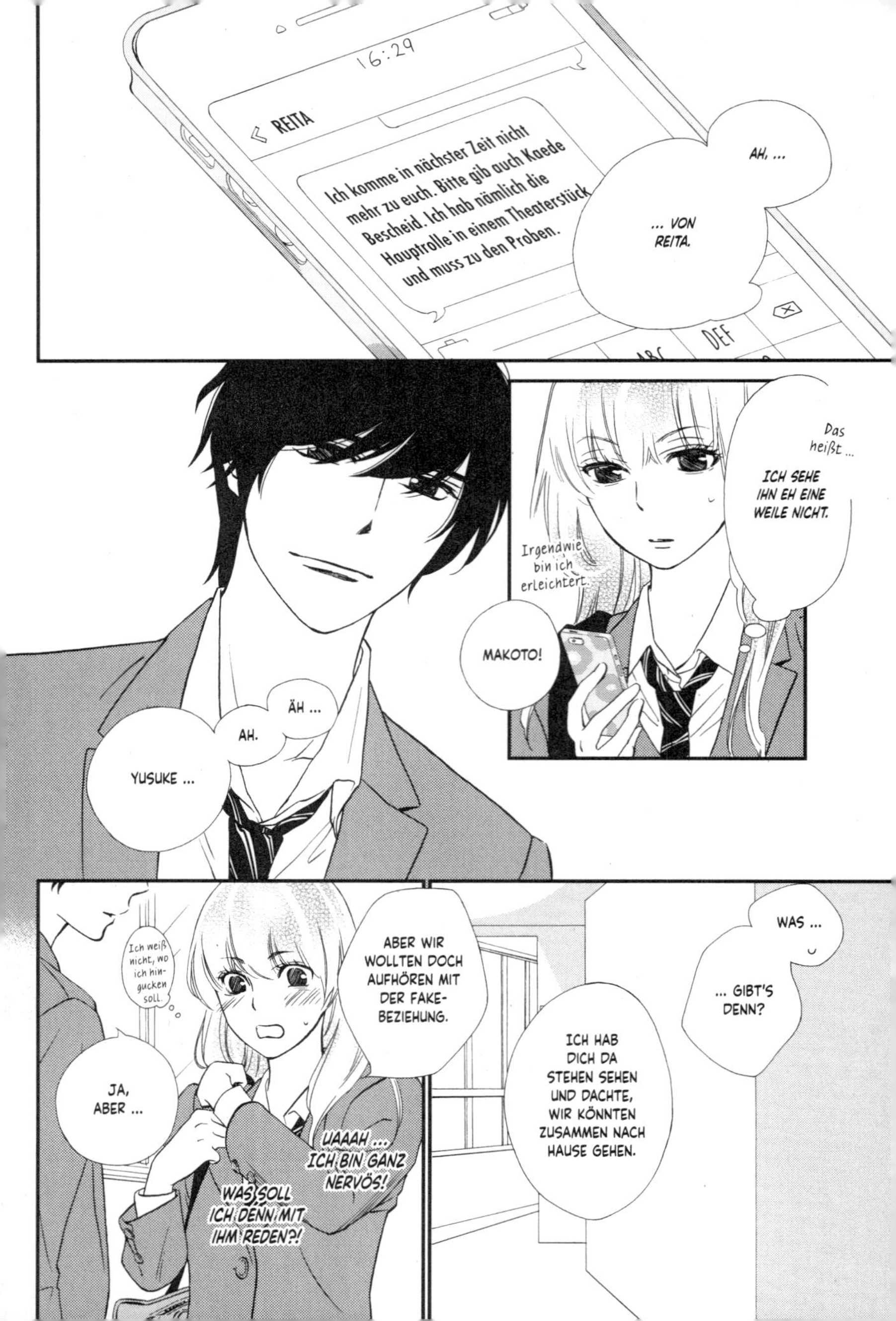
16:29
REITA
Ich komme in nächster Zeit nicht mehr zu euch. Bitte gib auch Kaede Bescheid. Ich hab nämlich die Hauptrolle in einem Theaterstück und muss zu den Proben.
DEF
AH, ...
... VON REITA.
Das heißt ...
ICH SEHE IHN EH EINE WEILE NICHT.
Irgendwie bin ich erleichtert.
MAKOTO!
ÄH ...
AH.
YUSUKE ...
WAS ...
... GIBT'S DENN?
ICH HAB DICH DA STEHEN SEHEN UND DACHTE, WIR KÖNNTEN ZUSAMMEN NACH HAUSE GEHEN.
ABER WIR WOLLTEN DOCH AUFHÖREN MIT DER FAKE-BEZIEHUNG.
Ich weiß nicht, wo ich hingucken soll.
JA, ABER ...
UAAAH ... ICH BIN GANZ NERVÖS!
WAS SOLL ICH DENN MIT IHM REDEN?!

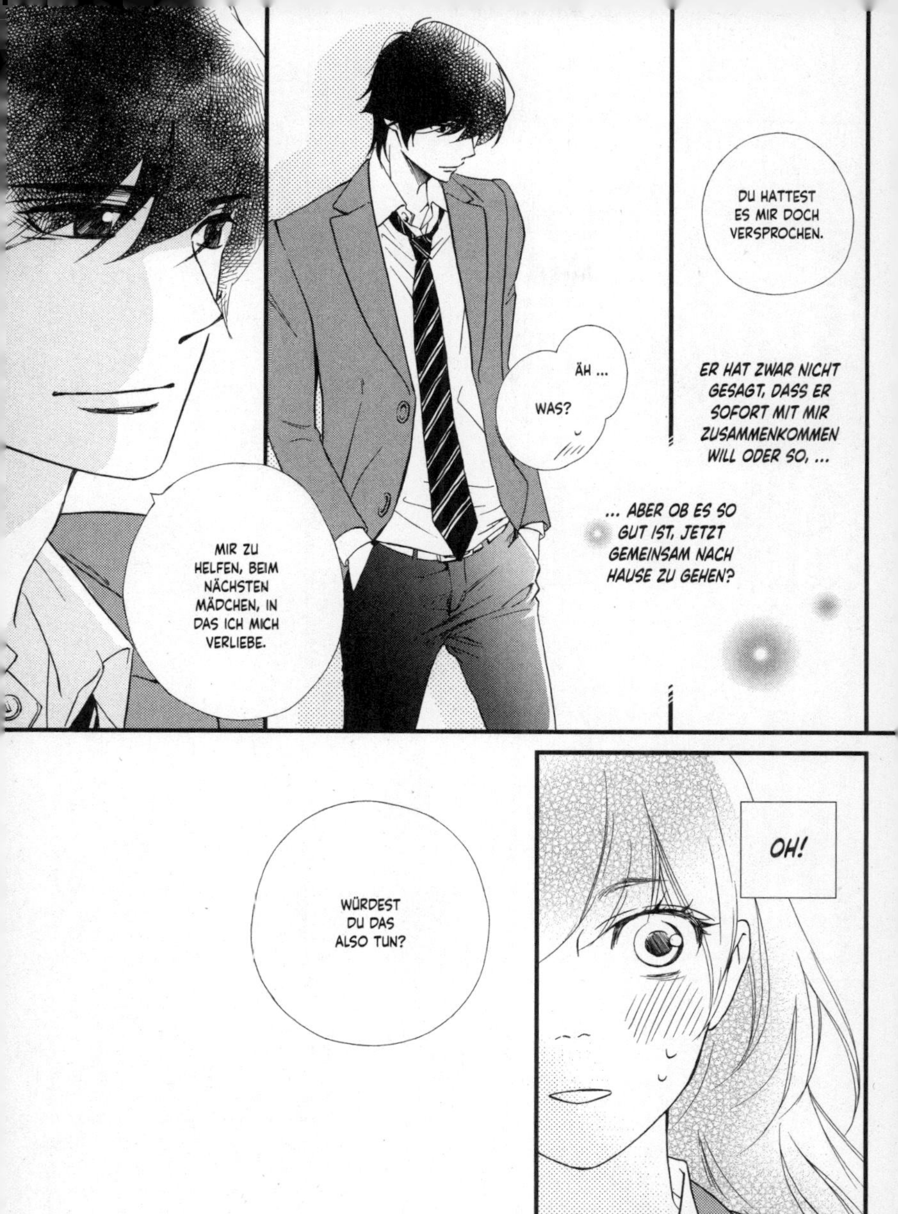
DU HATTEST ES MIR DOCH VERSPROCHEN.
ER HAT ZWAR NICHT GESAGT, DASS ER SOFORT MIT MIR ZUSAMMENKOMMEN WILL ODER SO, ...
... ABER OB ES SO GUT IST, JETZT GEMEINSAM NACH HAUSE ZU GEHEN?
ÄH ...
WAS?
MIR ZU HELFEN, BEIM NÄCHSTEN MÄDCHEN, IN DAS ICH MICH VERLIEBE.
OH!
WÜRDEST DU DAS ALSO TUN?

OH, OH!

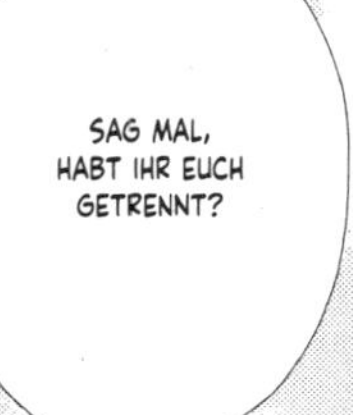
SAG MAL, HABT IHR EUCH GETRENNT?

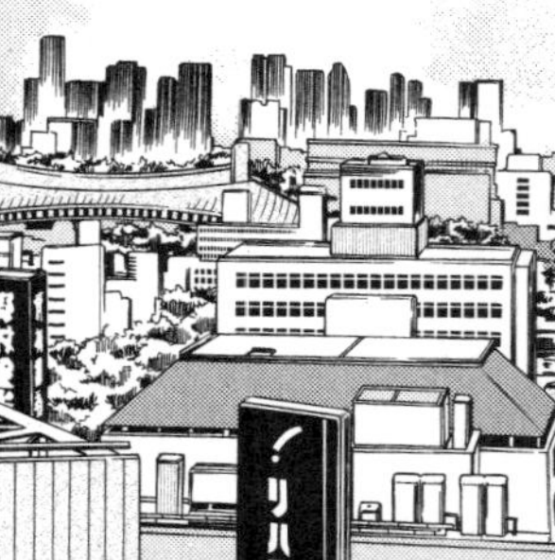

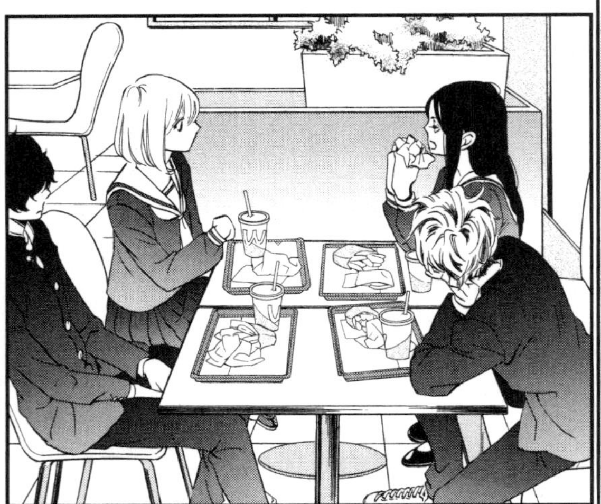

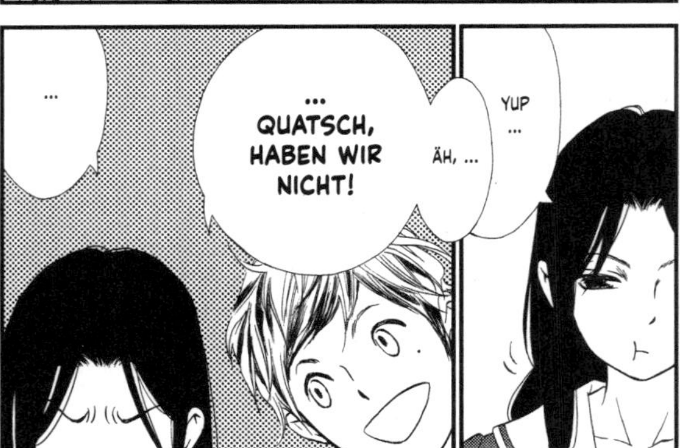
YUP ...
ÄH, ...
... QUATSCH, HABEN WIR NICHT!
...

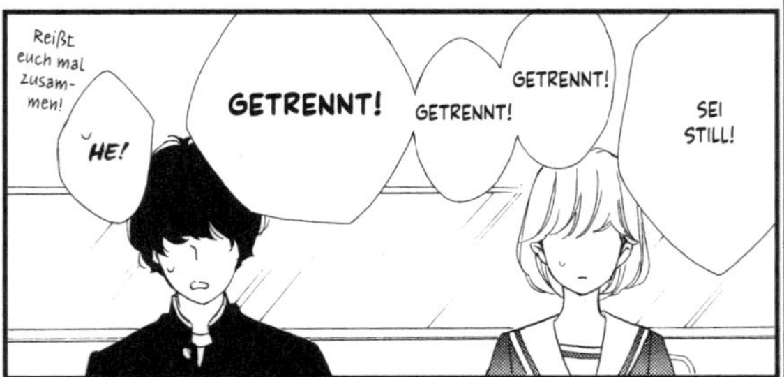
SEI STILL!
GETRENNT!
GETRENNT!
GETRENNT!
HE!
Reißt euch mal zusammen!

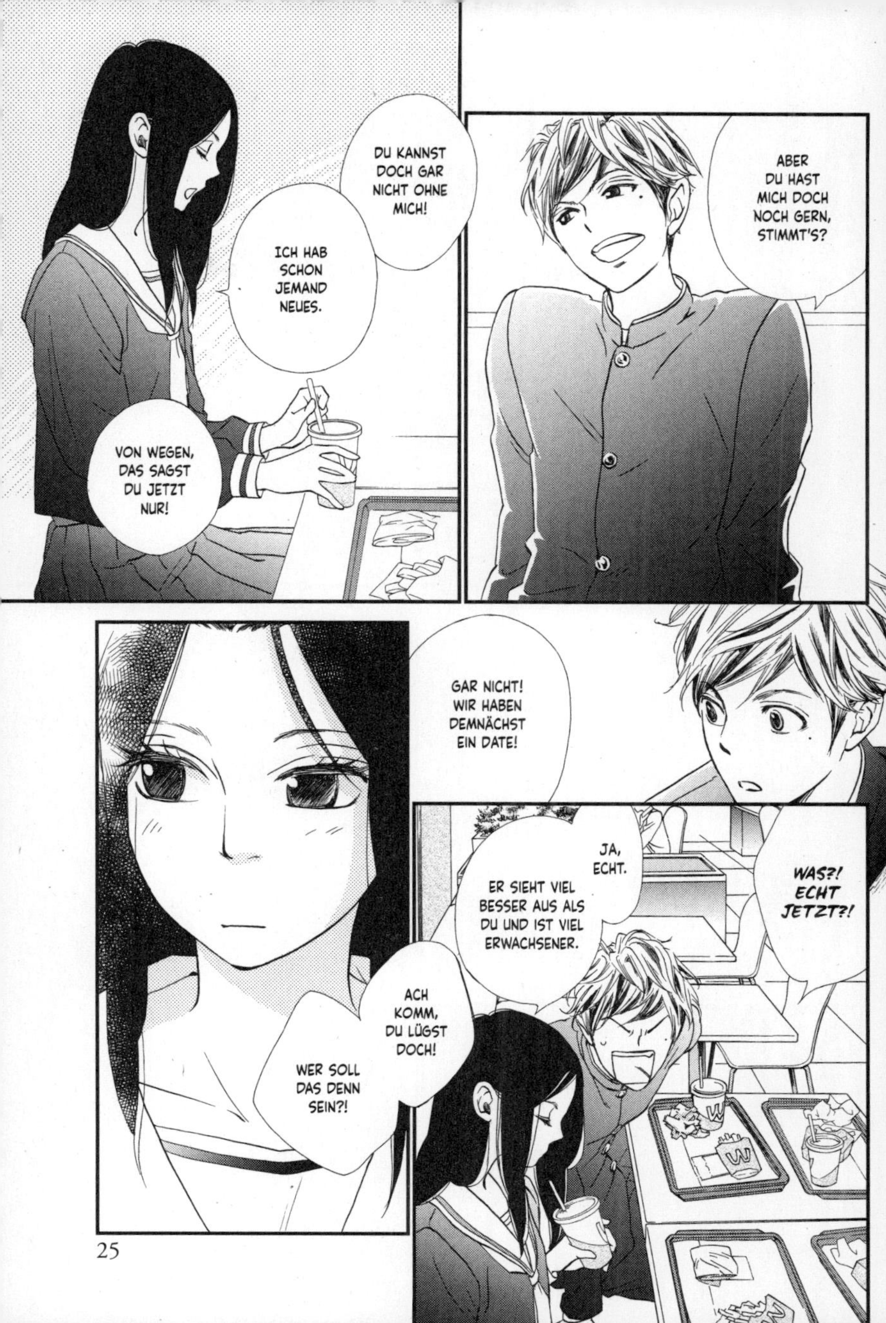
ABER DU HAST MICH DOCH NOCH GERN, STIMMT'S?
DU KANNST DOCH GAR NICHT OHNE MICH!
ICH HAB SCHON JEMAND NEUES.
VON WEGEN, DAS SAGST DU JETZT NUR!
GAR NICHT! WIR HABEN DEMNÄCHST EIN DATE!
WAS?! ECHT JETZT?!
JA, ECHT.
ER SIEHT VIEL BESSER AUS ALS DU UND IST VIEL ERWACHSENER.
ACH KOMM, DU LÜGST DOCH!
WER SOLL DAS DENN SEIN?!

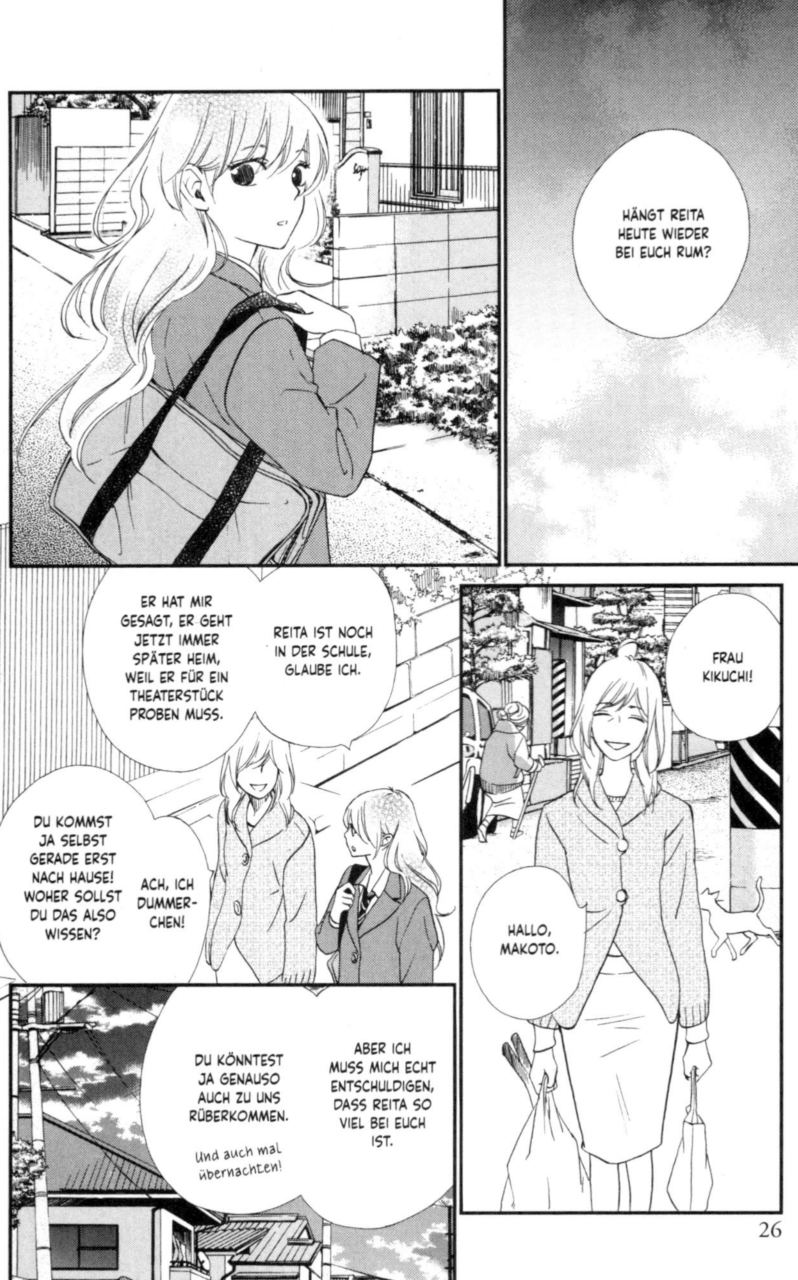
HÄNGT REITA HEUTE WIEDER BEI EUCH RUM?
REITA IST NOCH IN DER SCHULE, GLAUBE ICH.
ER HAT MIR GESAGT, ER GEHT JETZT IMMER SPÄTER HEIM, WEIL ER FÜR EIN THEATERSTÜCK PROBEN MUSS.
FRAU KIKUCHI!
HALLO, MAKOTO.
ACH, ICH DUMMERCHEN!
DU KOMMST JA SELBST GERADE ERST NACH HAUSE! WOHER SOLLST DU DAS ALSO WISSEN?
ABER ICH MUSS MICH ECHT ENTSCHULDIGEN, DASS REITA SO VIEL BEI EUCH IST.
DU KÖNNTEST JA GENAUSO AUCH ZU UNS RÜBERKOMMEN.
Und auch mal übernachten!

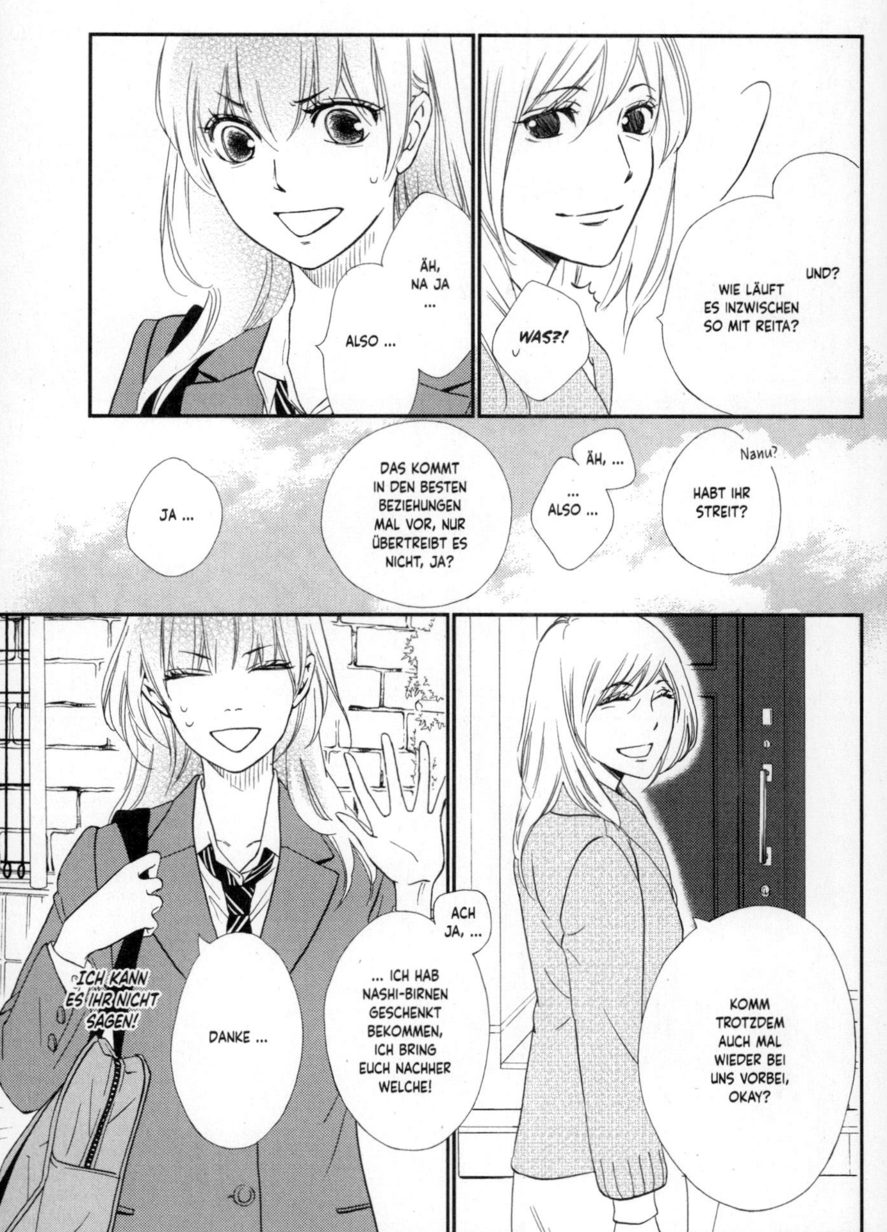

UND?
WIE LÄUFT ES INZWISCHEN SO MIT REITA?
WAS?!
ÄH, NA JA ...
ALSO ...
Nanu?
HABT IHR STREIT?
ÄH, ...
... ALSO ...
DAS KOMMT IN DEN BESTEN BEZIEHUNGEN MAL VOR, NUR ÜBERTREIBT ES NICHT, JA?
JA ...
KOMM TROTZDEM AUCH MAL WIEDER BEI UNS VORBEI, OKAY?
ACH JA, ...
... ICH HAB NASHI-BIRNEN GESCHENKT BEKOMMEN, ICH BRING EUCH NACHHER WELCHE!
DANKE ...
ICH KANN ES IHR NICHT SAGEN!

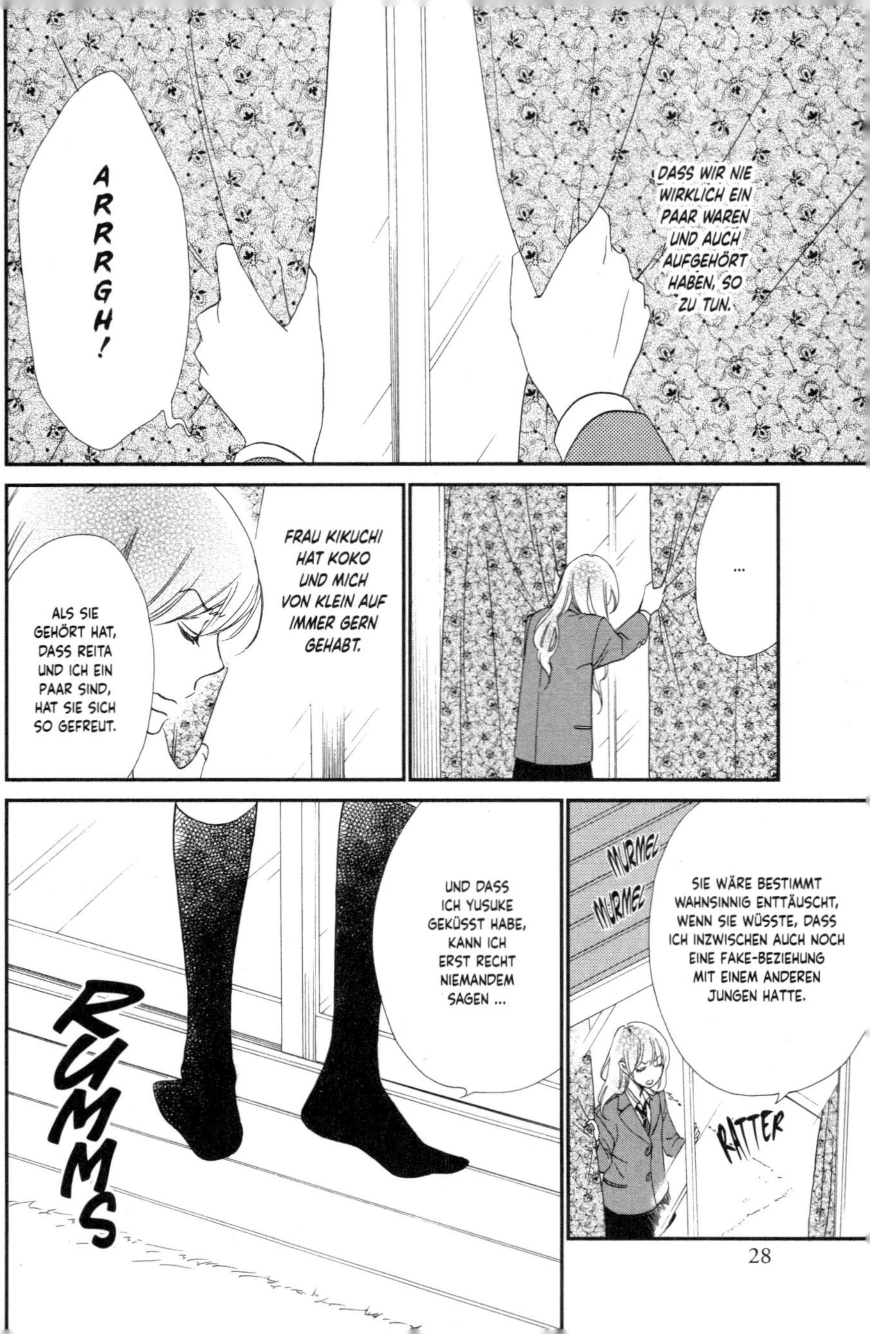

DASS WIR NIE WIRKLICH EIN PAAR WAREN UND AUCH AUFGEHÖRT HABEN, SO ZU TUN.

ARRRGH!

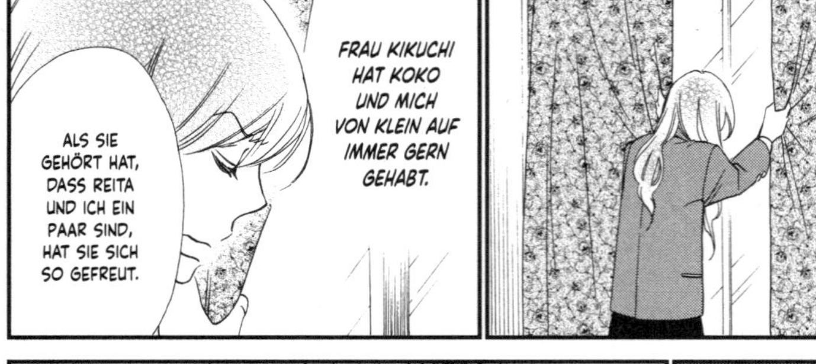

MURMEL MURMEL

SIE WÄRE BESTIMMT WAHNSINNIG ENTTÄUSCHT, WENN SIE WÜSSTE, DASS ICH INZWISCHEN AUCH NOCH EINE FAKE-BEZIEHUNG MIT EINEM ANDEREN JUNGEN HATTE.

RATTER

UND DASS ICH YUSUKE GEKÜSST HABE, KANN ICH ERST RECHT NIEMANDEM SAGEN ...

RUMMS

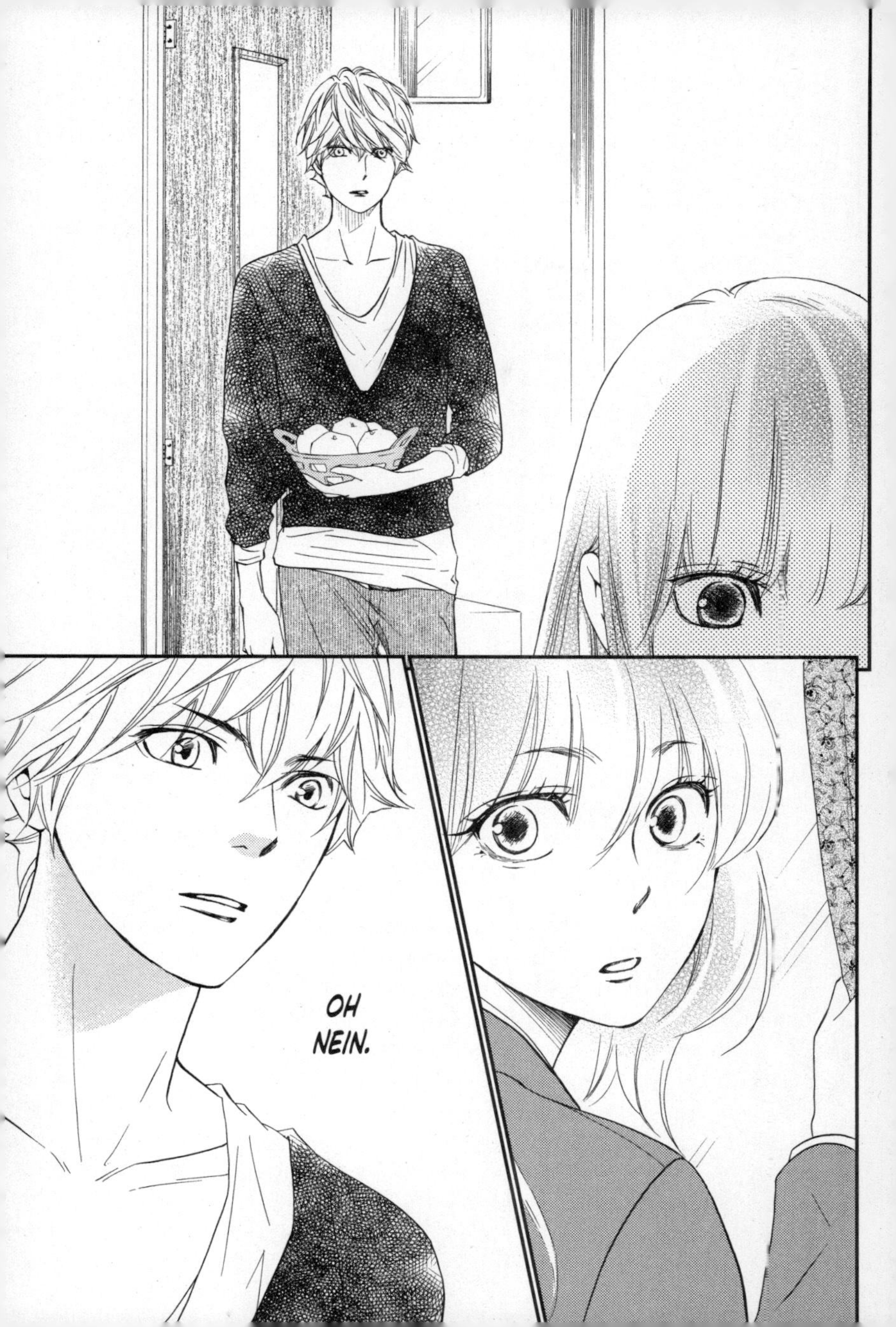
OH
NEIN.

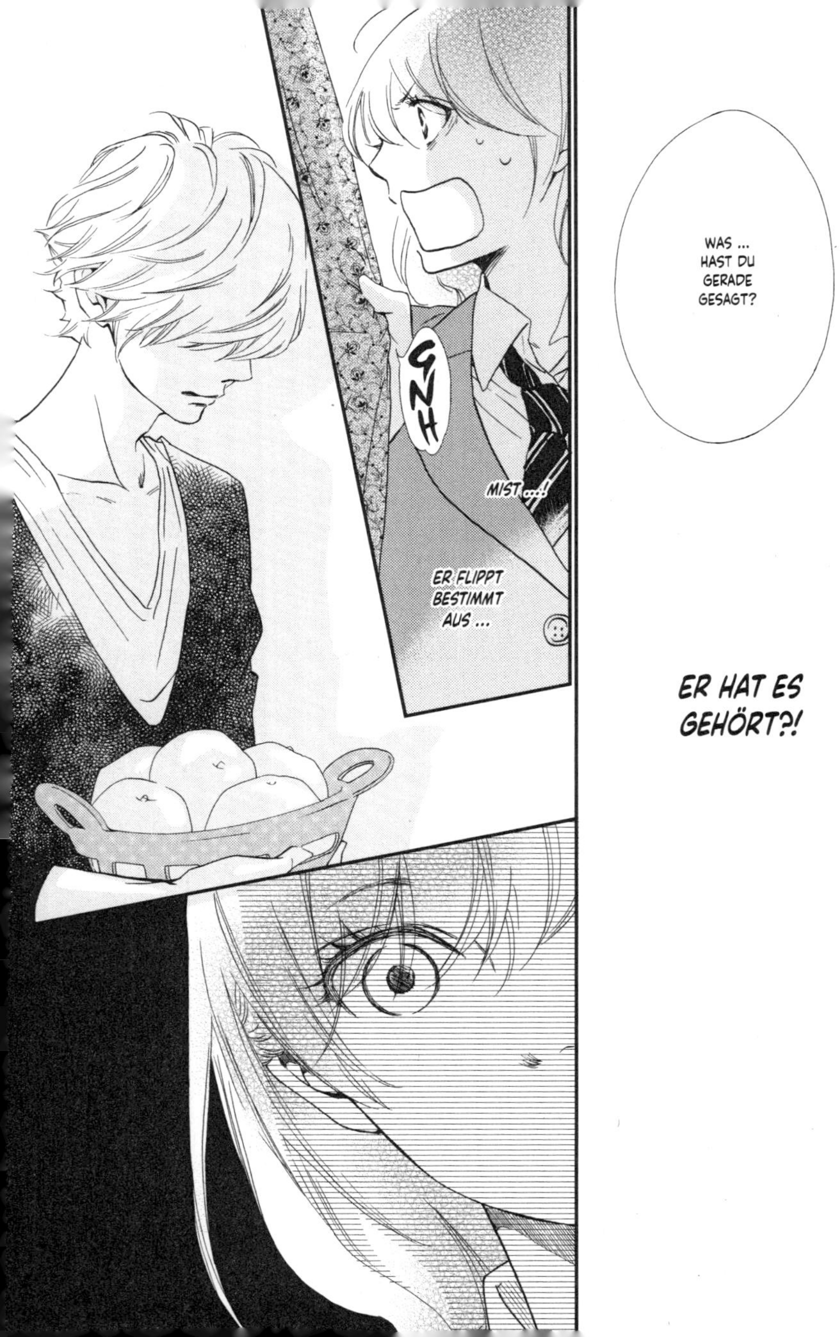

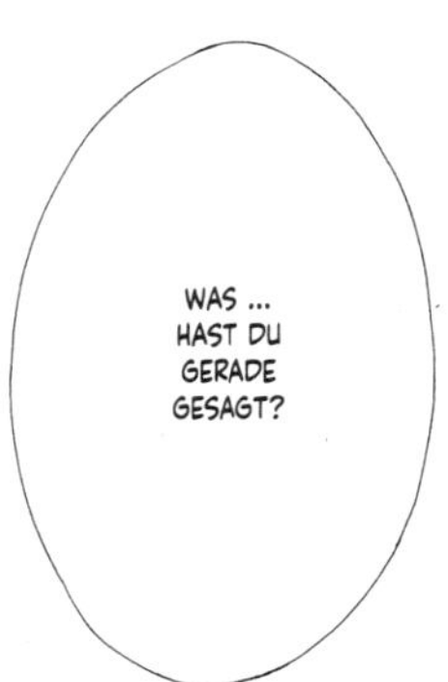

GNH

MIST ...!

ER FLIPPT
BESTIMMT
AUS ...

ER HAT ES
GEHÖRT?!

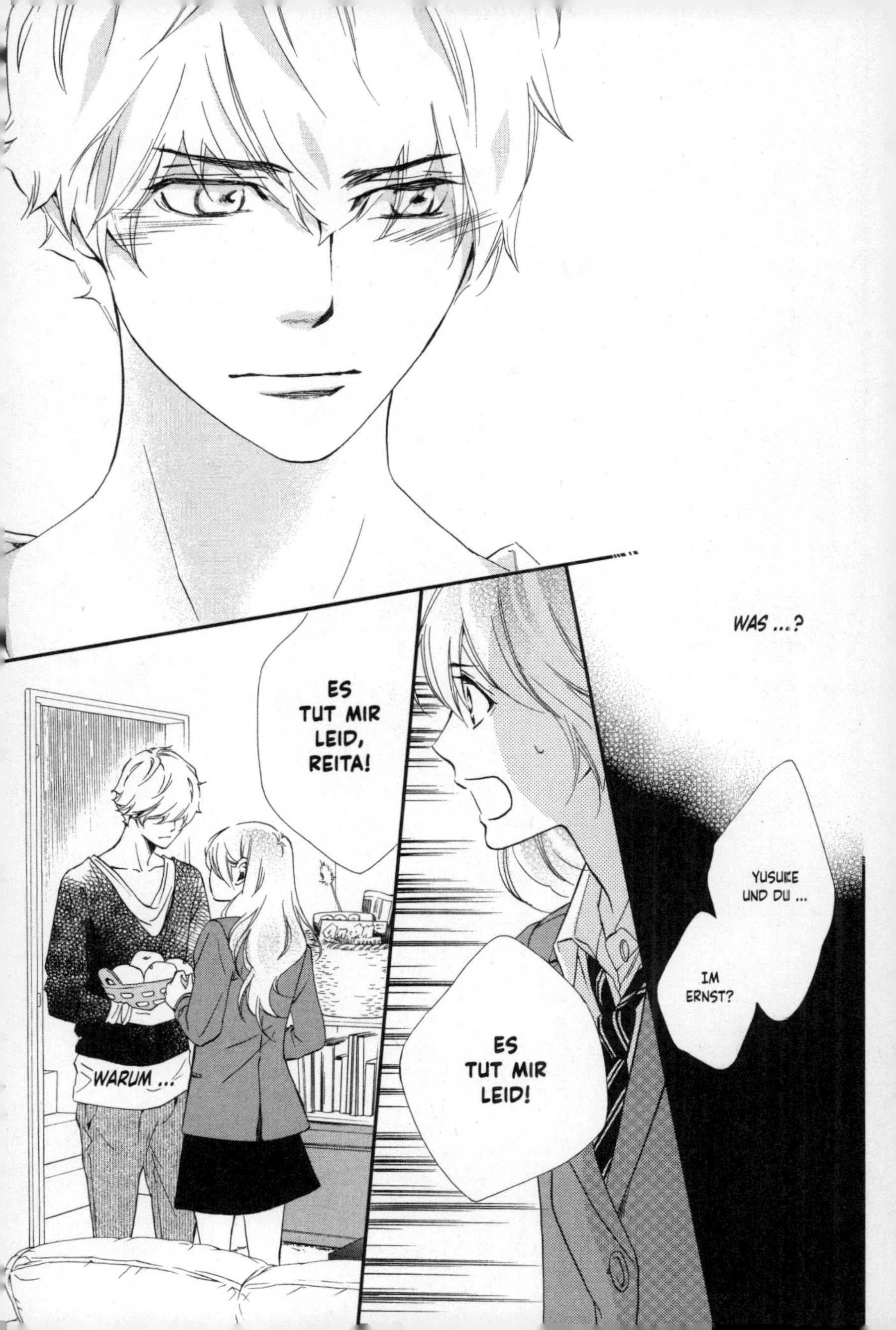
WAS ...?
YUSUKE UND DU ...
IM ERNST?
ES TUT MIR LEID!
ES TUT MIR LEID, REITA!
WARUM ...

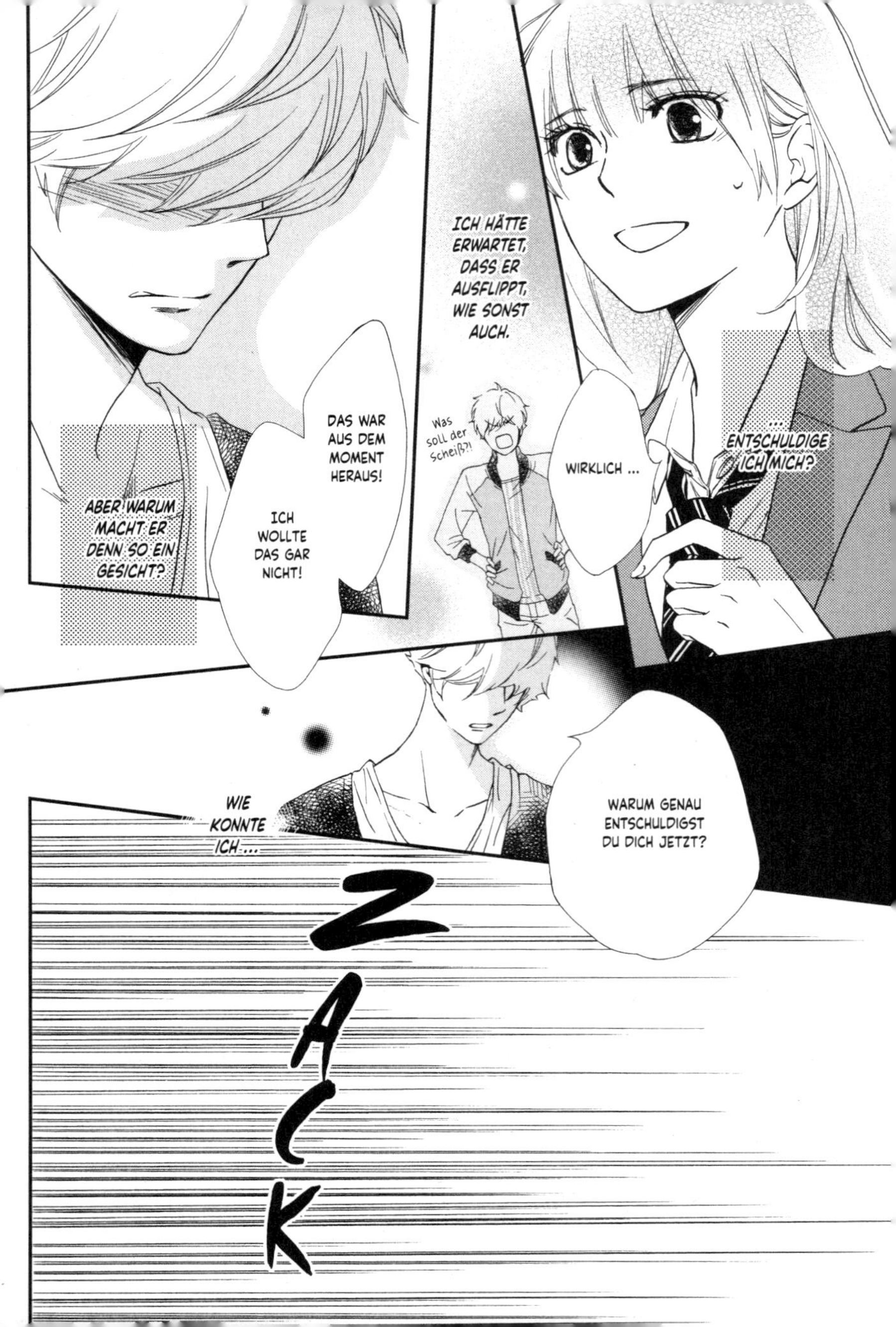
ICH HÄTTE ERWARTET, DASS ER AUSFLIPPT, WIE SONST AUCH.
... ENTSCHULDIGE ICH MICH?
WIRKLICH ...
Was soll der Scheiß?!
DAS WAR AUS DEM MOMENT HERAUS!
ICH WOLLTE DAS GAR NICHT!
ABER WARUM MACHT ER DENN SO EIN GESICHT?
WARUM GENAU ENTSCHULDIGST DU DICH JETZT?
WIE KONNTE ICH ...
ZACK

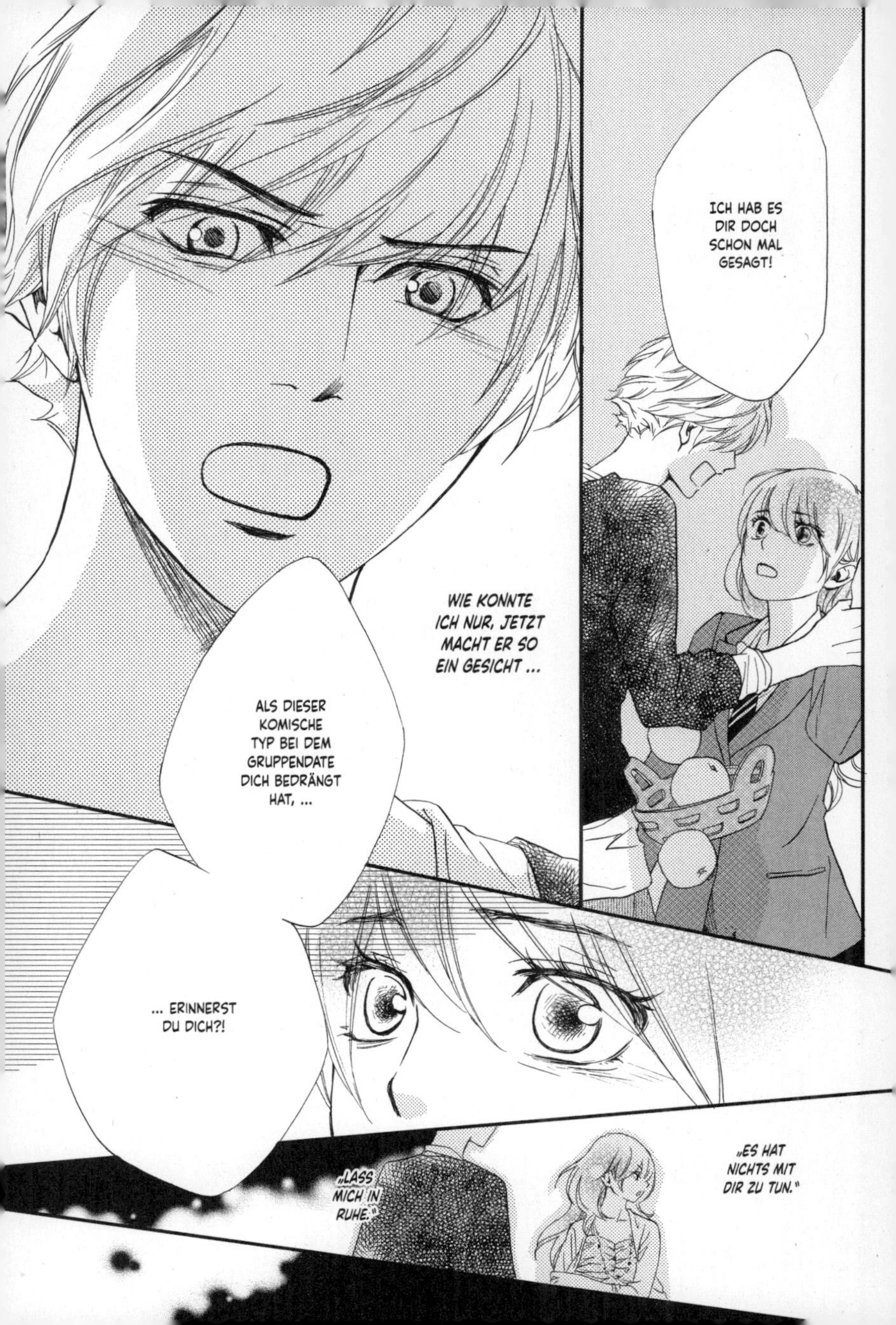
ICH HAB ES DIR DOCH SCHON MAL GESAGT!
WIE KONNTE ICH NUR, JETZT MACHT ER SO EIN GESICHT ...
ALS DIESER KOMISCHE TYP BEI DEM GRUPPENDATE DICH BEDRÄNGT HAT, ...
... ERINNERST DU DICH?!
„ES HAT NICHTS MIT DIR ZU TUN."
„LASS MICH IN RUHE."

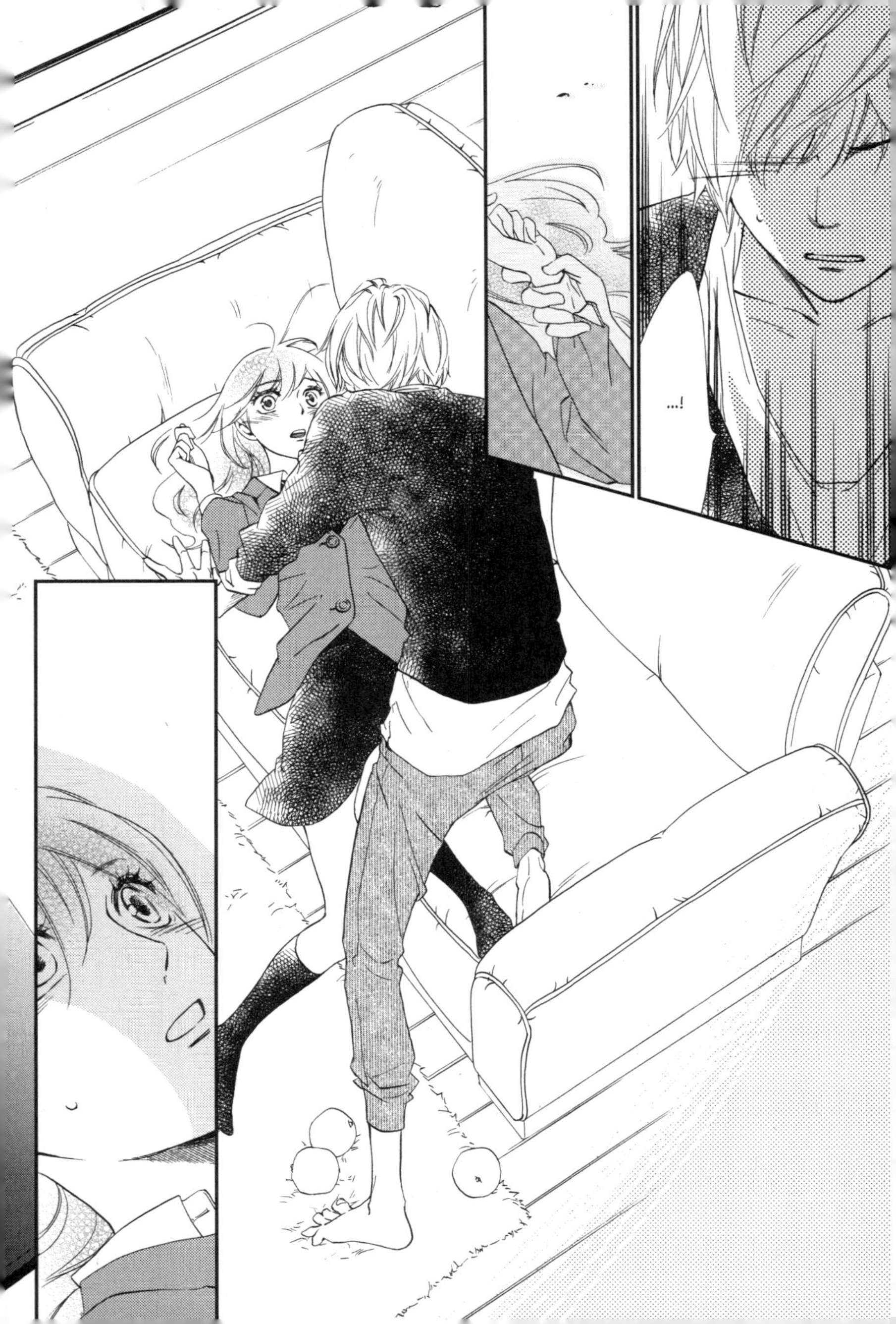

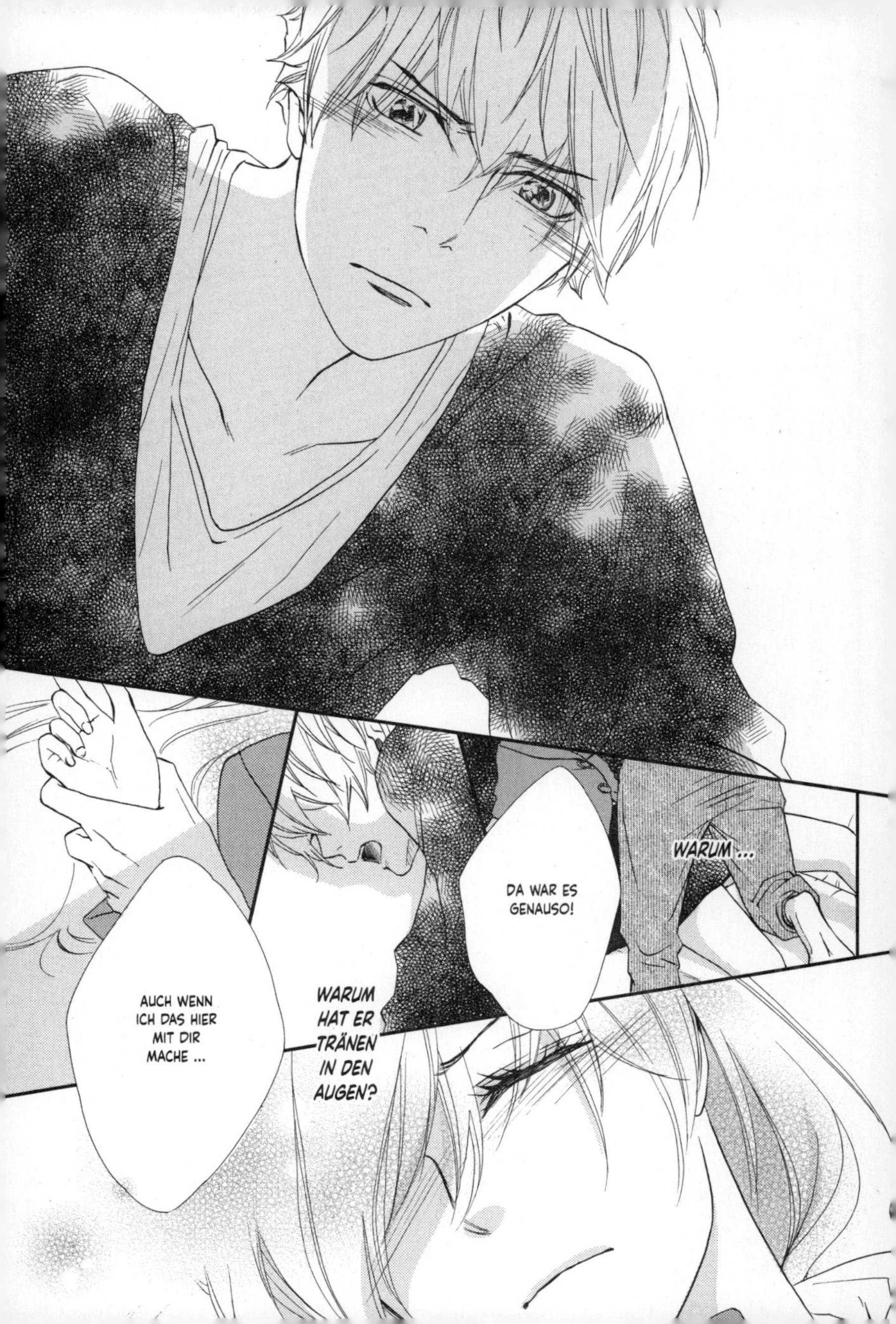
WARUM ...
DA WAR ES GENAUSO!
WARUM HAT ER TRÄNEN IN DEN AUGEN?
AUCH WENN ICH DAS HIER MIT DIR MACHE ...

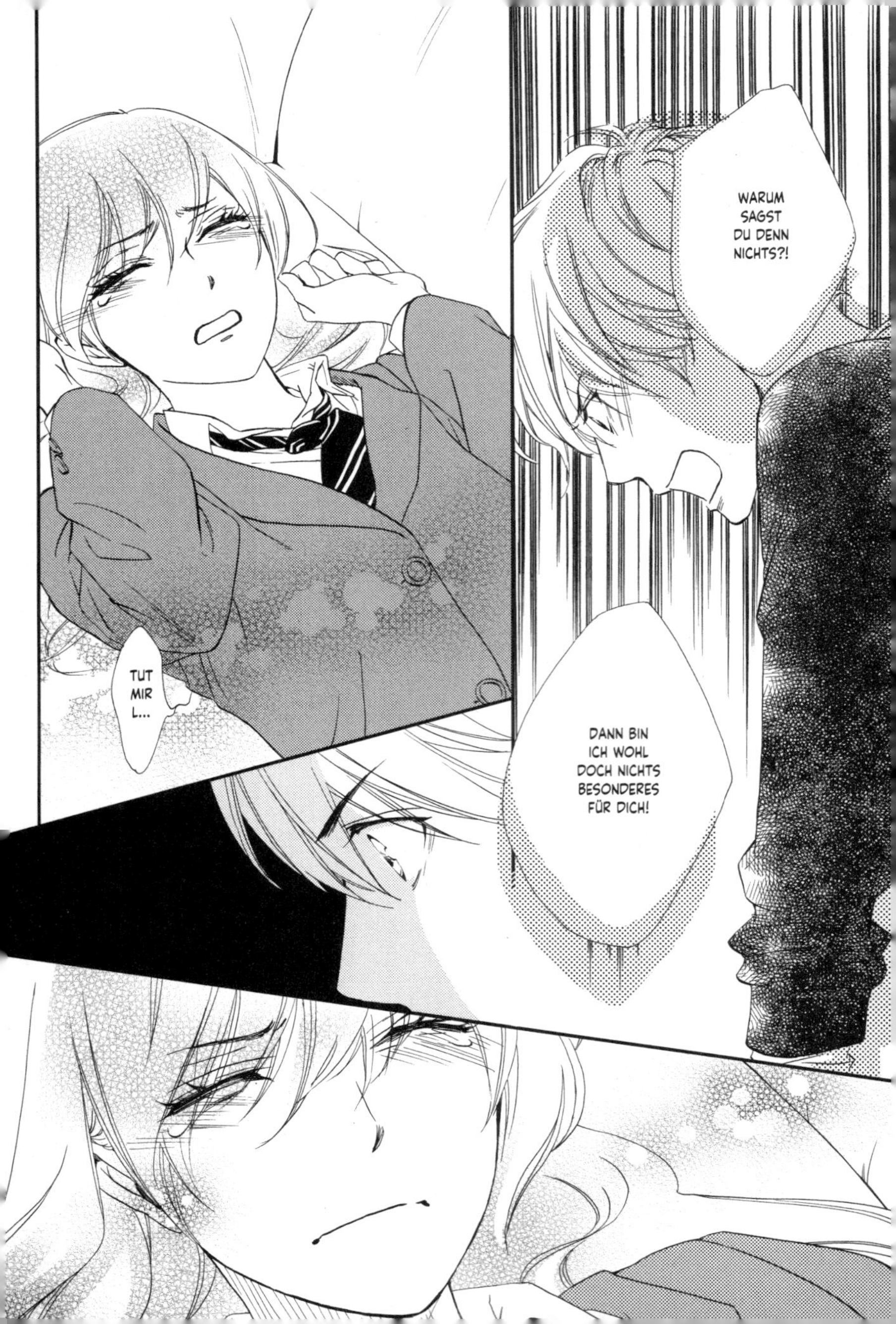
WARUM SAGST DU DENN NICHTS?!
DANN BIN ICH WOHL DOCH NICHTS BESONDERES FÜR DICH!
TUT MIR L...

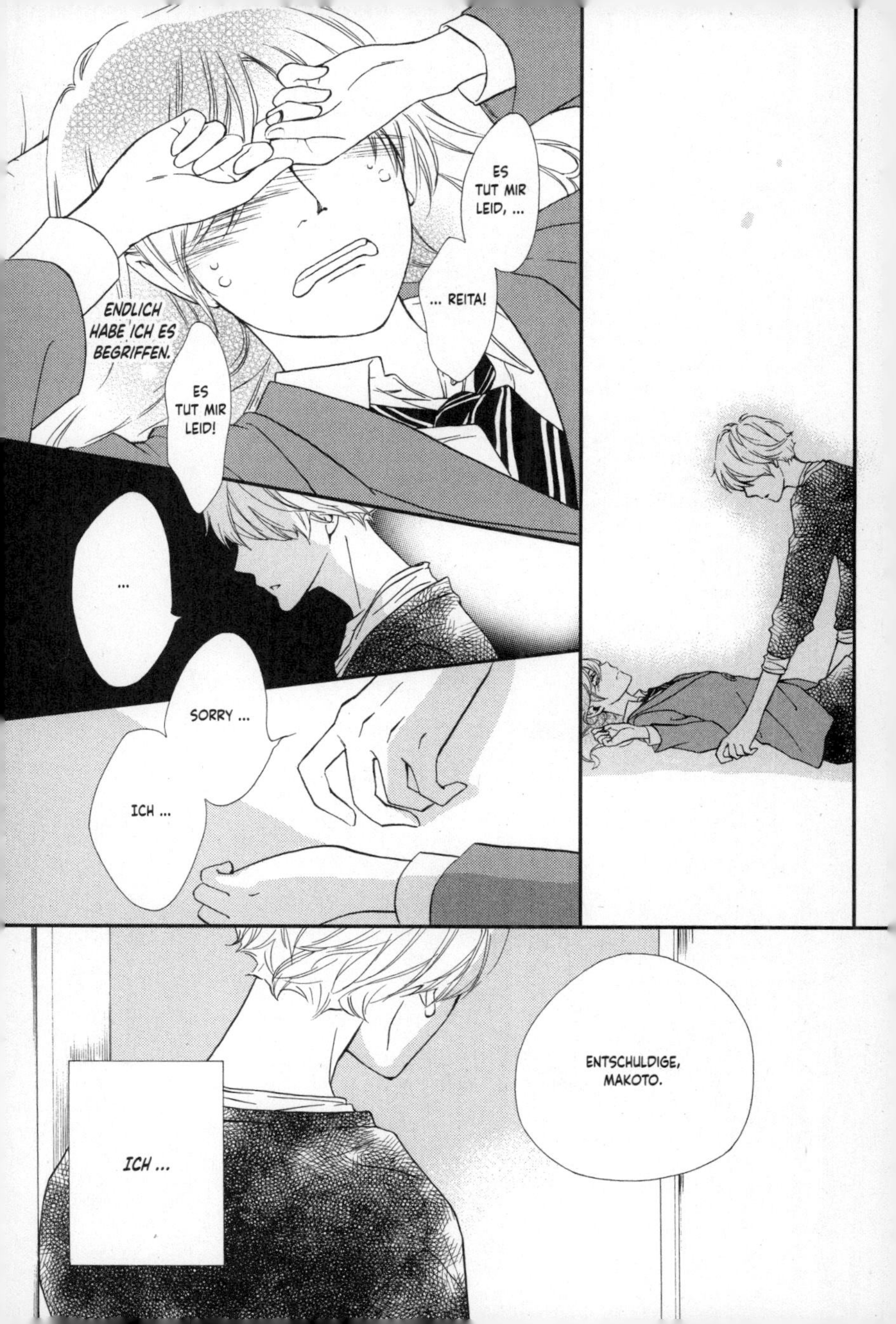

ES TUT MIR LEID, ...
... REITA!
ENDLICH HABE ICH ES BEGRIFFEN.
ES TUT MIR LEID!
...
SORRY ...
ICH ...
ENTSCHULDIGE, MAKOTO.
ICH ...

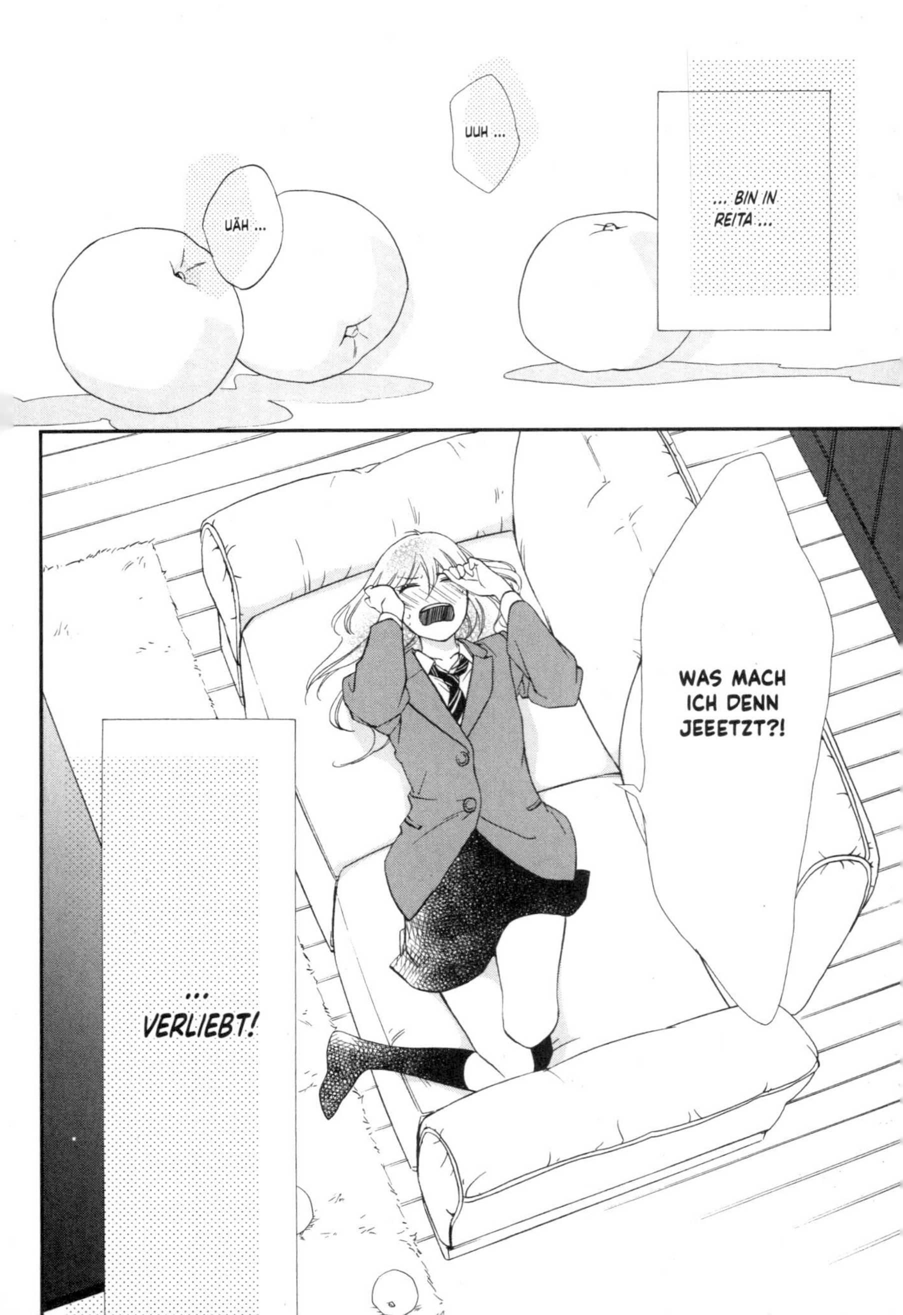

... BIN IN REITA ...
UUH ...
UÄH ...
WAS MACH ICH DENN JEEETZT?!
... VERLIEBT!

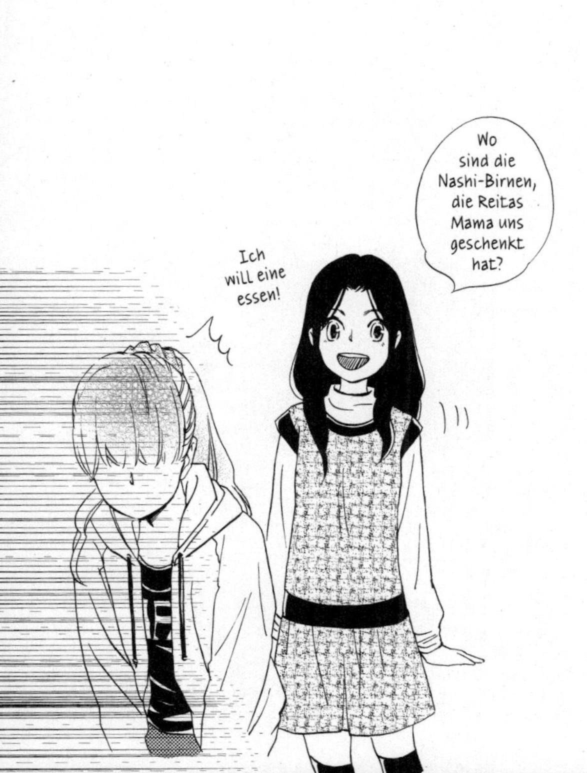
Wo sind die Nashi-Birnen, die Reitas Mama uns geschenkt hat?
Ich will eine essen!

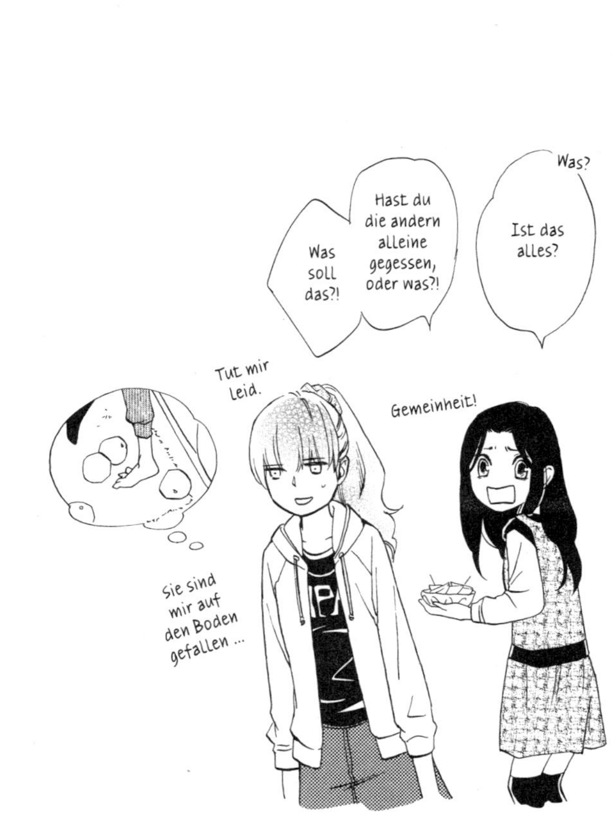

Was?
Ist das alles?
Hast du die andern alleine gegessen, oder was?!
Was soll das?!
Gemeinheit!
Tut mir leid.
Sie sind mir auf den Boden gefallen ...

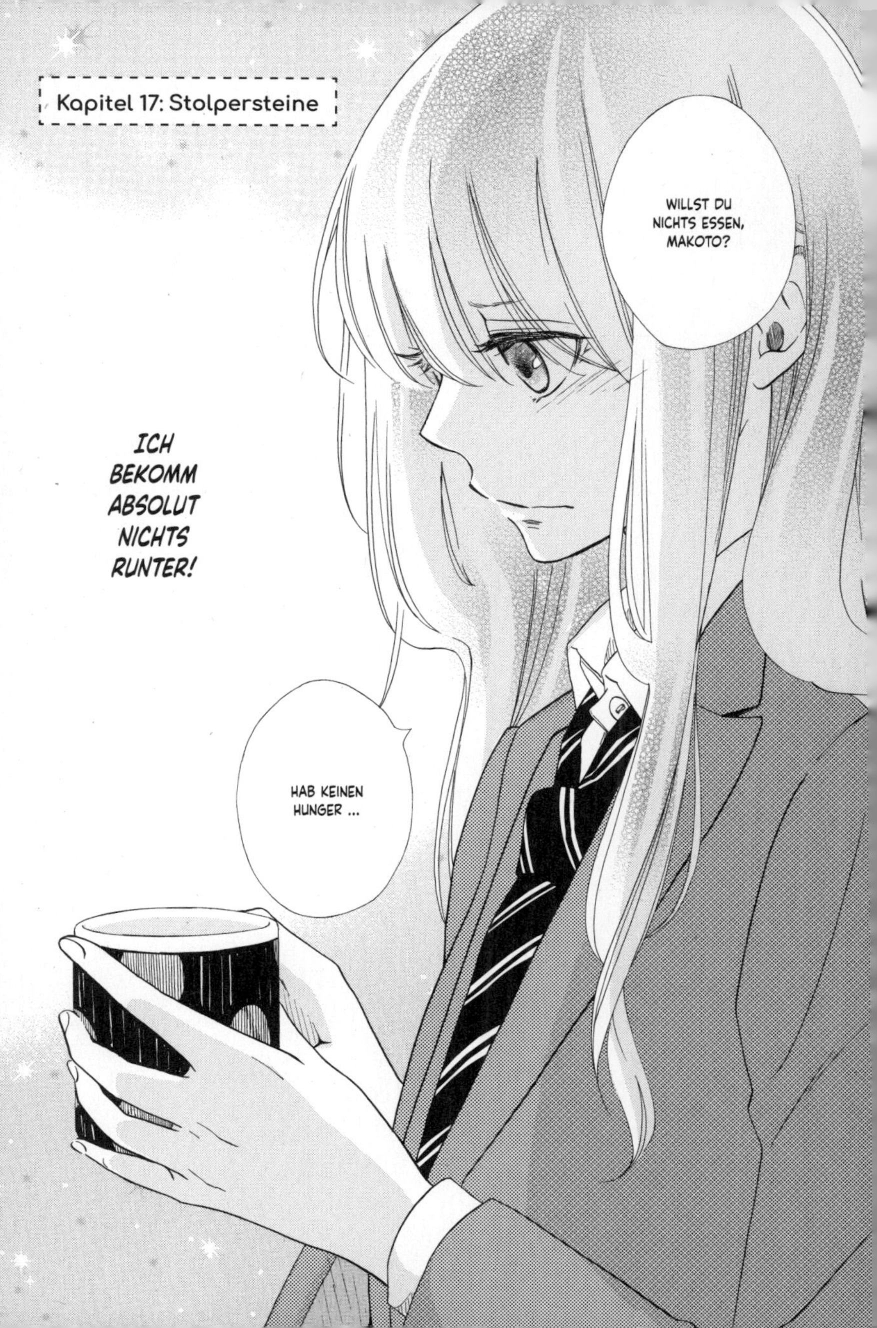
Kapitel 17: Stolpersteine
WILLST DU NICHTS ESSEN, MAKOTO?
ICH BEKOMM ABSOLUT NICHTS RUNTER!
HAB KEINEN HUNGER ...

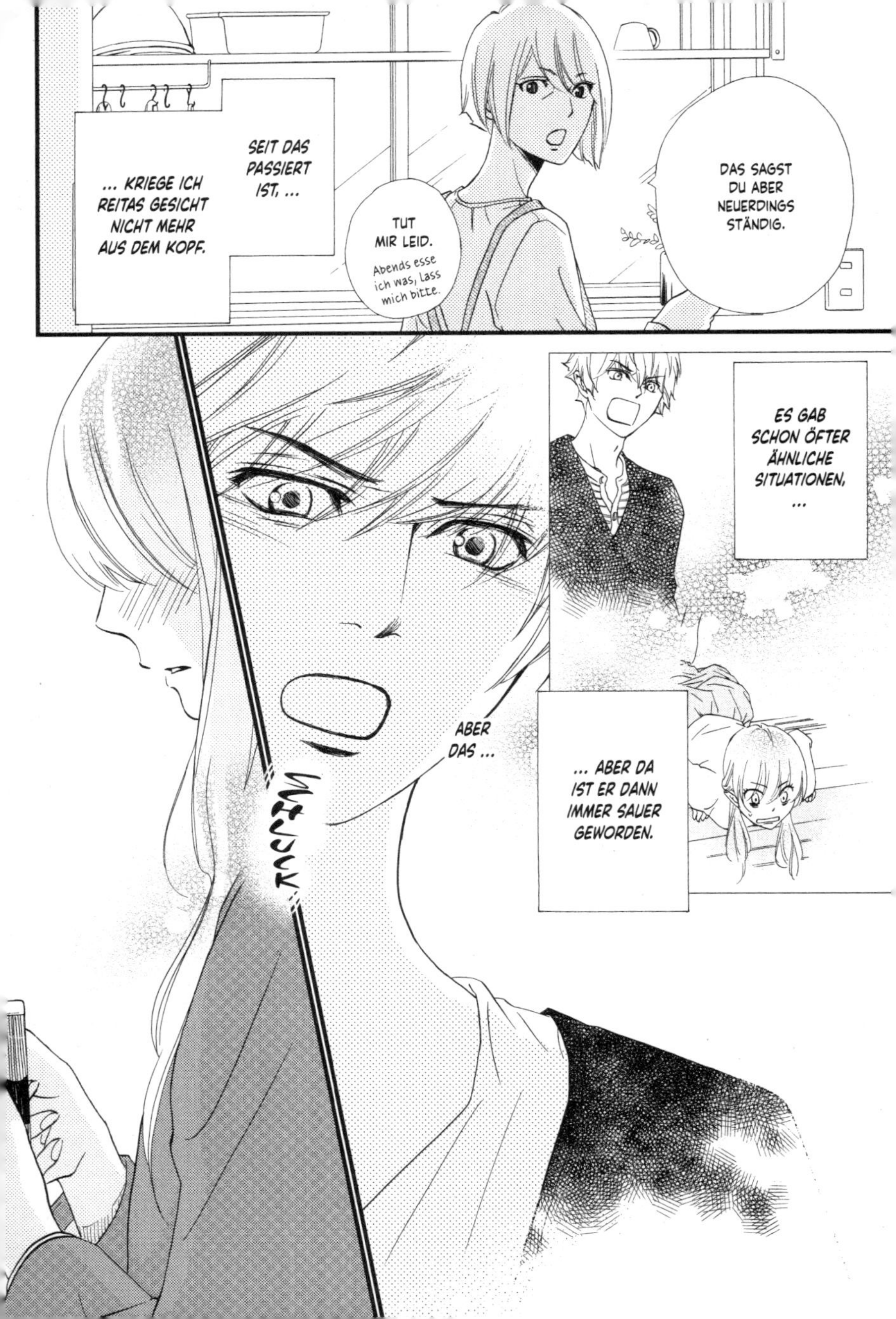
DAS SAGST DU ABER NEUERDINGS STÄNDIG.
TUT MIR LEID.
Abends esse ich was, lass mich bitte.
SEIT DAS PASSIERT IST, …
… KRIEGE ICH REITAS GESICHT NICHT MEHR AUS DEM KOPF.
ES GAB SCHON ÖFTER ÄHNLICHE SITUATIONEN, …
… ABER DA IST ER DANN IMMER SAUER GEWORDEN.
ABER DAS …
SHUCK

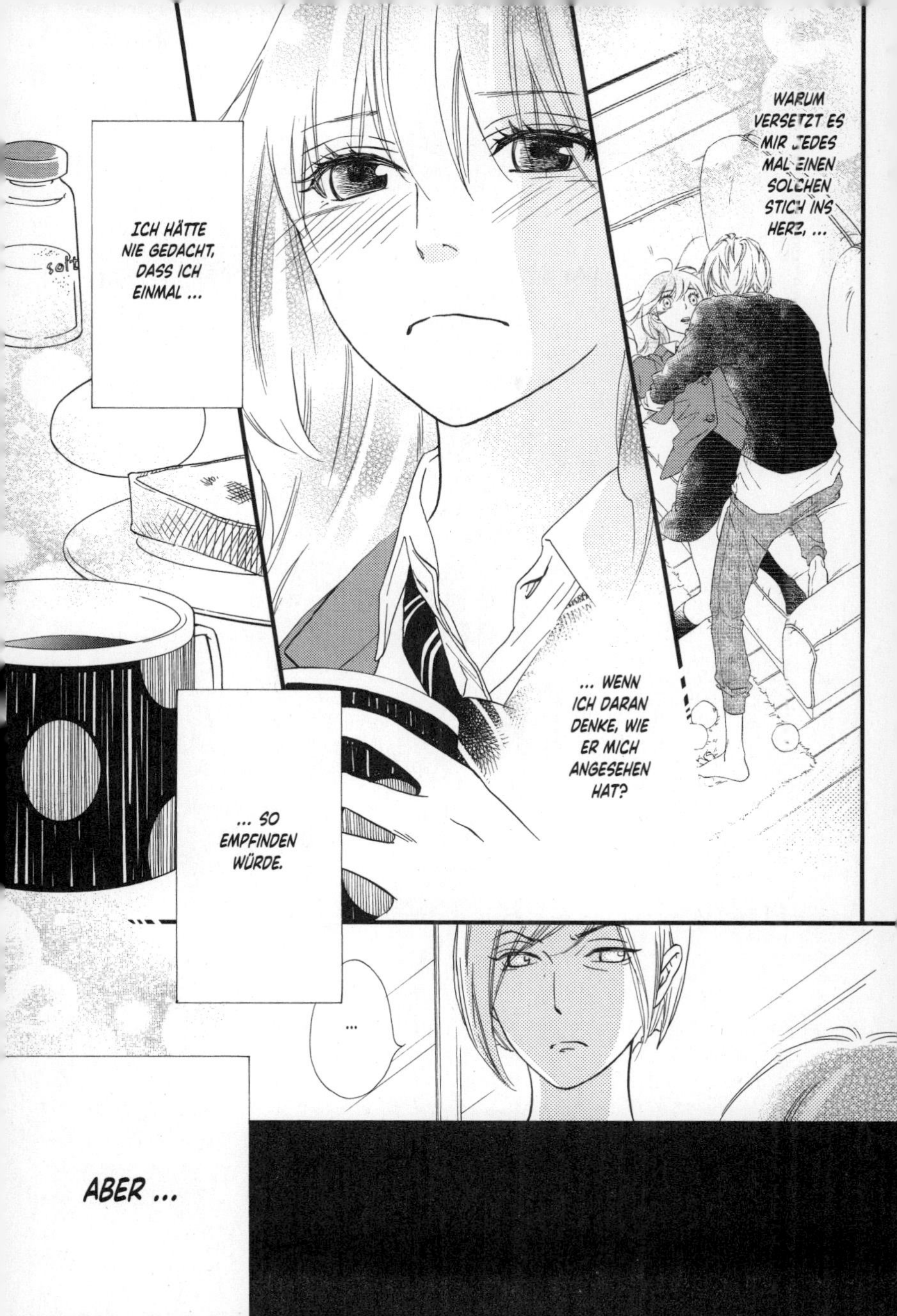
WARUM VERSETZT ES MIR JEDES MAL EINEN SOLCHEN STICH INS HERZ, ...
... WENN ICH DARAN DENKE, WIE ER MICH ANGESEHEN HAT?
ICH HÄTTE NIE GEDACHT, DASS ICH EINMAL ...
... SO EMPFINDEN WÜRDE.
...
ABER ...

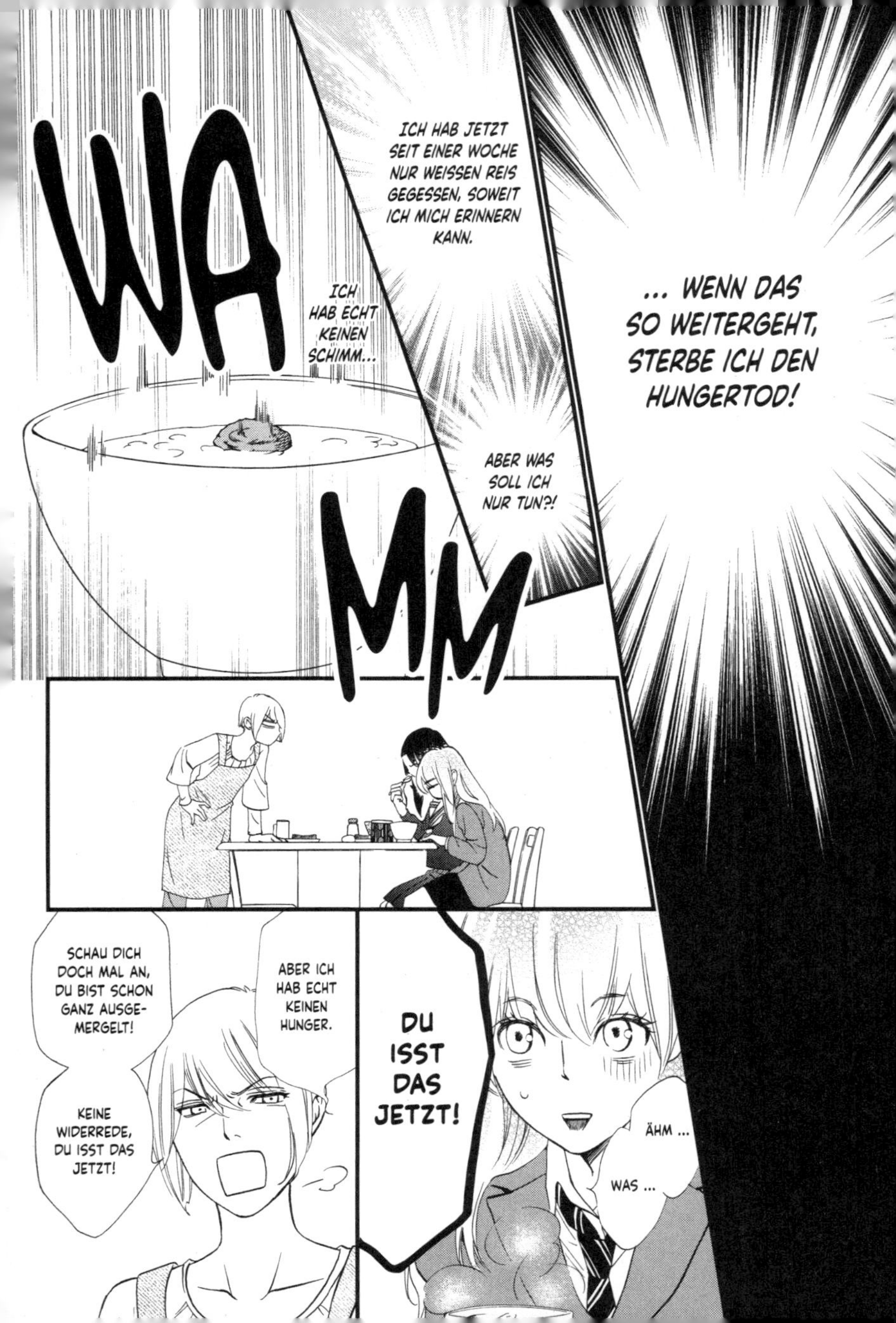
... WENN DAS SO WEITERGEHT, STERBE ICH DEN HUNGERTOD!
ICH HAB JETZT SEIT EINER WOCHE NUR WEISSEN REIS GEGESSEN, SOWEIT ICH MICH ERINNERN KANN.
ABER WAS SOLL ICH NUR TUN?!
ICH HAB ECHT KEINEN SCHIMM...
WA
MMM
ÄHM ...
WAS ...
DU ISST DAS JETZT!
ABER ICH HAB ECHT KEINEN HUNGER.
SCHAU DICH DOCH MAL AN, DU BIST SCHON GANZ AUSGE-MERGELT!
KEINE WIDERREDE, DU ISST DAS JETZT!

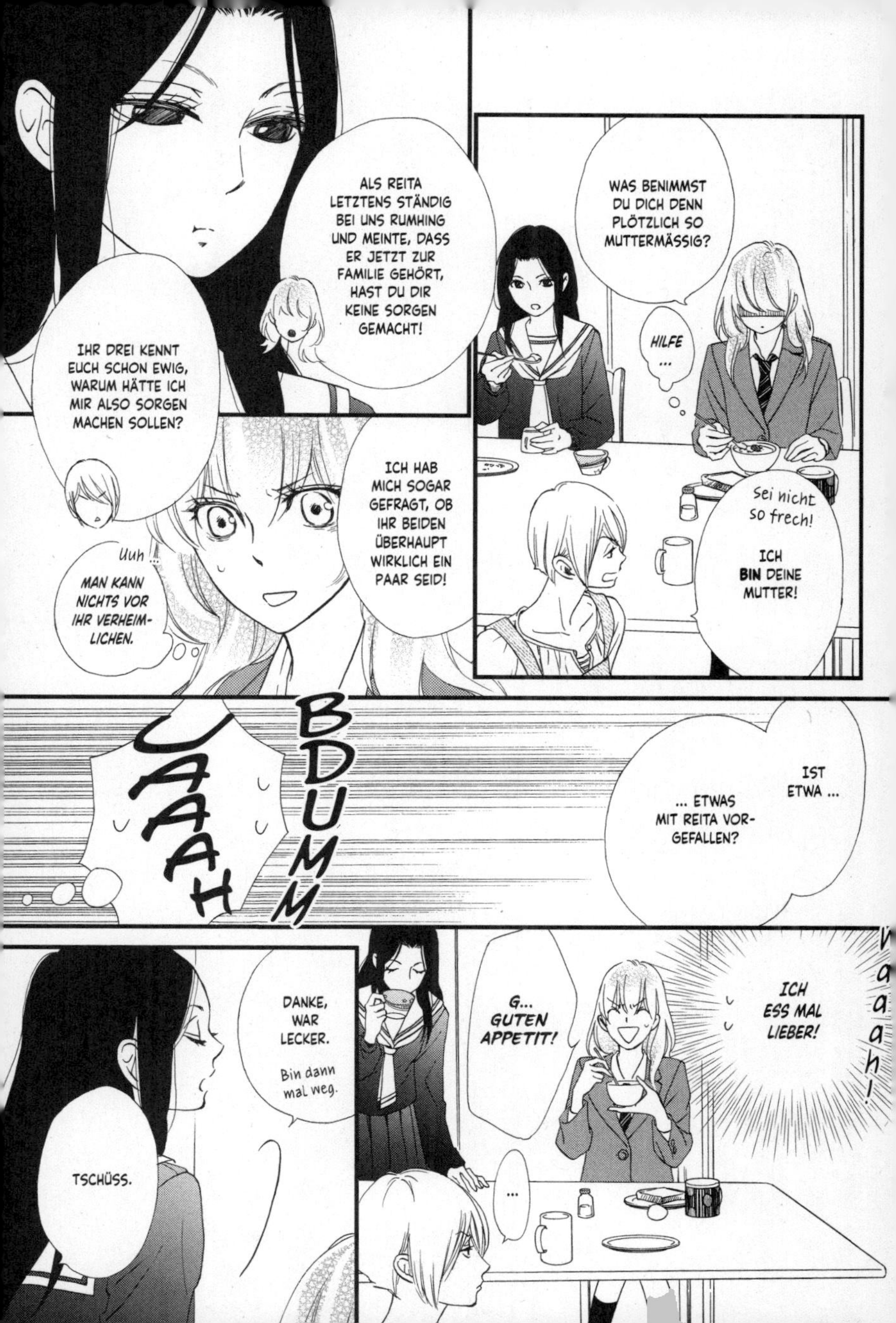
WAS BENIMMST DU DICH DENN PLÖTZLICH SO MUTTERMÄSSIG?
HILFE ...
Sei nicht so frech!
ICH BIN DEINE MUTTER!
ALS REITA LETZTENS STÄNDIG BEI UNS RUMHING UND MEINTE, DASS ER JETZT ZUR FAMILIE GEHÖRT, HAST DU DIR KEINE SORGEN GEMACHT!
IHR DREI KENNT EUCH SCHON EWIG, WARUM HÄTTE ICH MIR ALSO SORGEN MACHEN SOLLEN?
ICH HAB MICH SOGAR GEFRAGT, OB IHR BEIDEN ÜBERHAUPT WIRKLICH EIN PAAR SEID!
Uuh ...
MAN KANN NICHTS VOR IHR VERHEIM-LICHEN.
IST ETWA ...
... ETWAS MIT REITA VOR-GEFALLEN?
BDUMM
UAAAH
ICH ESS MAL LIEBER!
Waaah!
G... GUTEN APPETIT!
...
DANKE, WAR LECKER.
Bin dann mal weg.
TSCHÜSS.

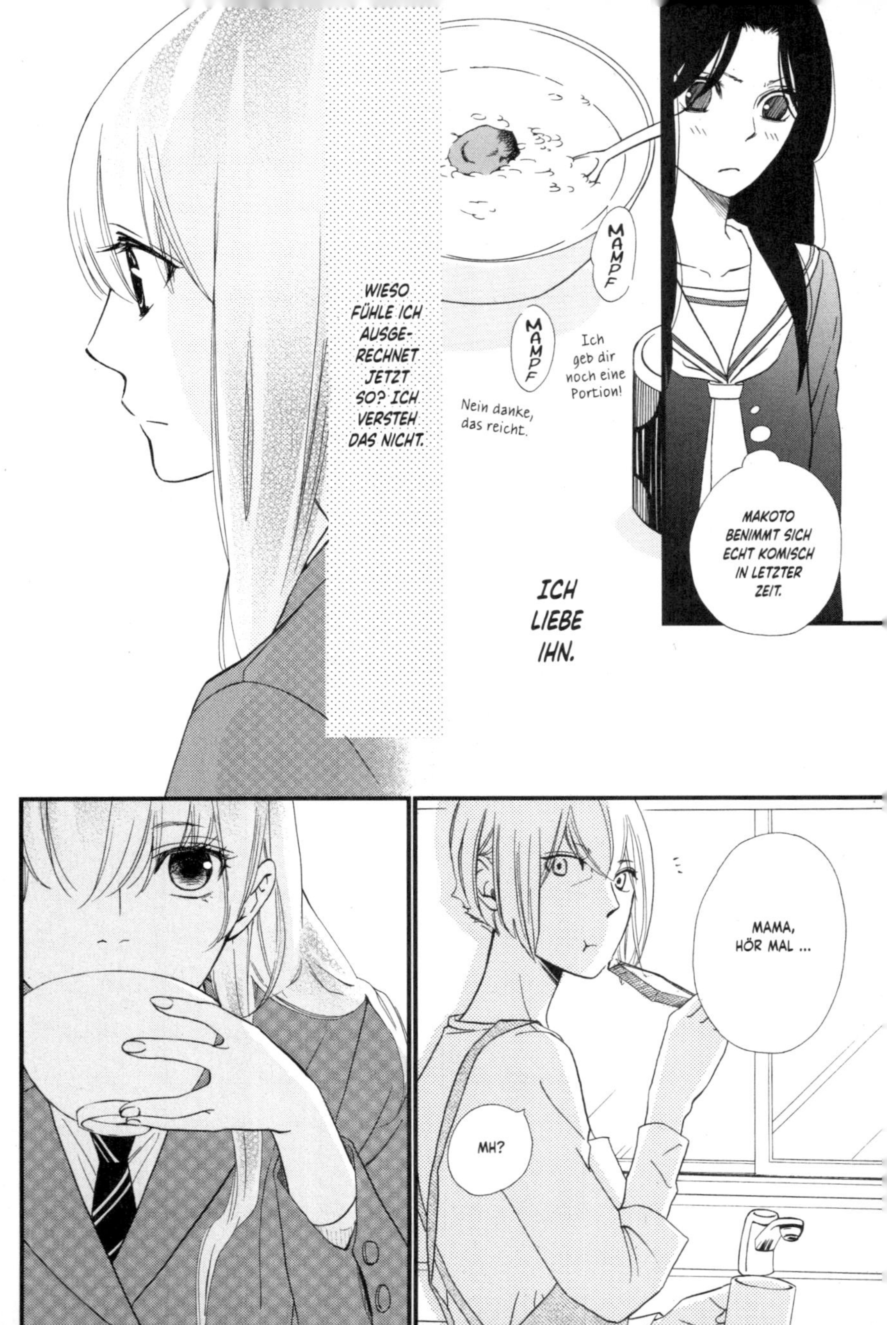
Makoto benimmt sich echt komisch in letzter Zeit.
Ich geb dir noch eine Portion!
MAMPF
MAMPF
Nein danke, das reicht.
Ich liebe ihn.
Wieso fühle ich ausgerechnet jetzt so? Ich versteh das nicht.
Mama, hör mal ...
Mh?

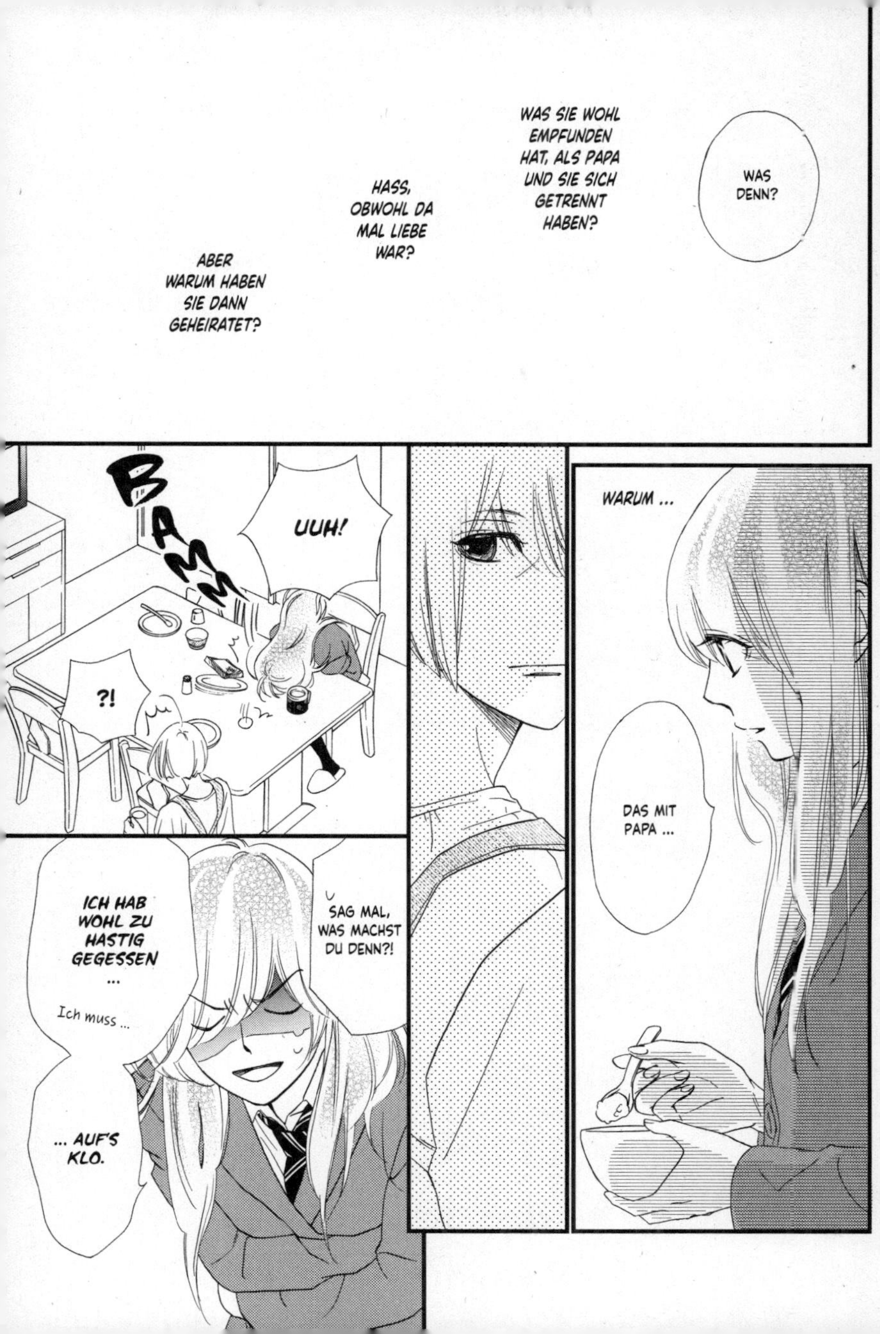

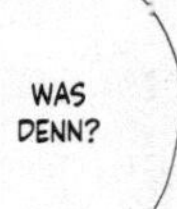

WAS SIE WOHL EMPFUNDEN HAT, ALS PAPA UND SIE SICH GETRENNT HABEN?

HASS, OBWOHL DA MAL LIEBE WAR?

ABER WARUM HABEN SIE DANN GEHEIRATET?

WARUM ...

DAS MIT PAPA ...

BAMM

UUH!

?!

SAG MAL, WAS MACHST DU DENN?!

ICH HAB WOHL ZU HASTIG GEGESSEN ...

Ich muss ...

... AUF'S KLO.

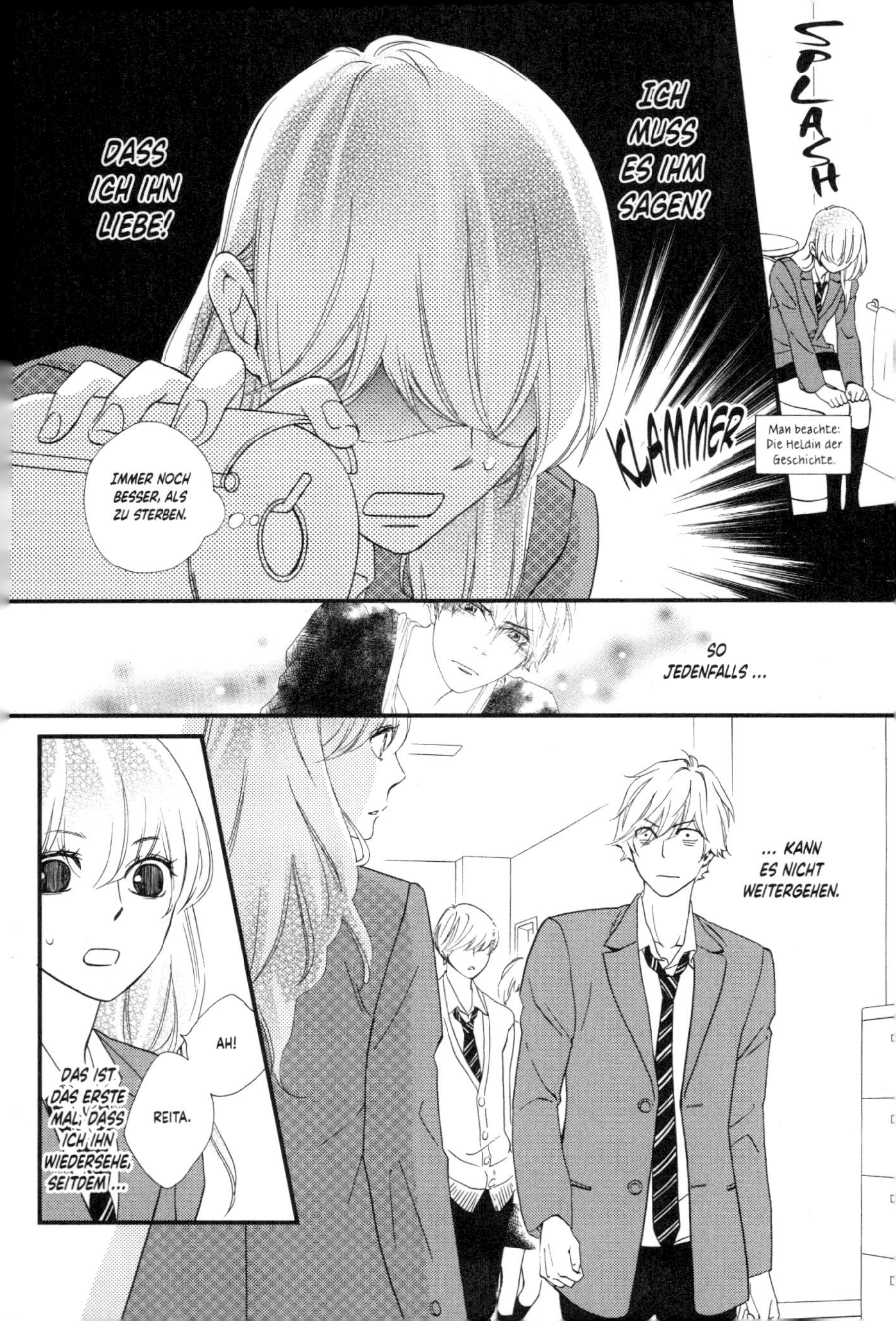
SPLASH
Man beachte: Die Heldin der Geschichte.
KLAMMER
ICH MUSS ES IHM SAGEN!
DASS ICH IHN LIEBE!
IMMER NOCH BESSER, ALS ZU STERBEN.
SO JEDENFALLS ...
... KANN ES NICHT WEITERGEHEN.
AH!
REITA.
DAS IST DAS ERSTE MAL, DASS ICH IHN WIEDERSEHE, SEITDEM ...

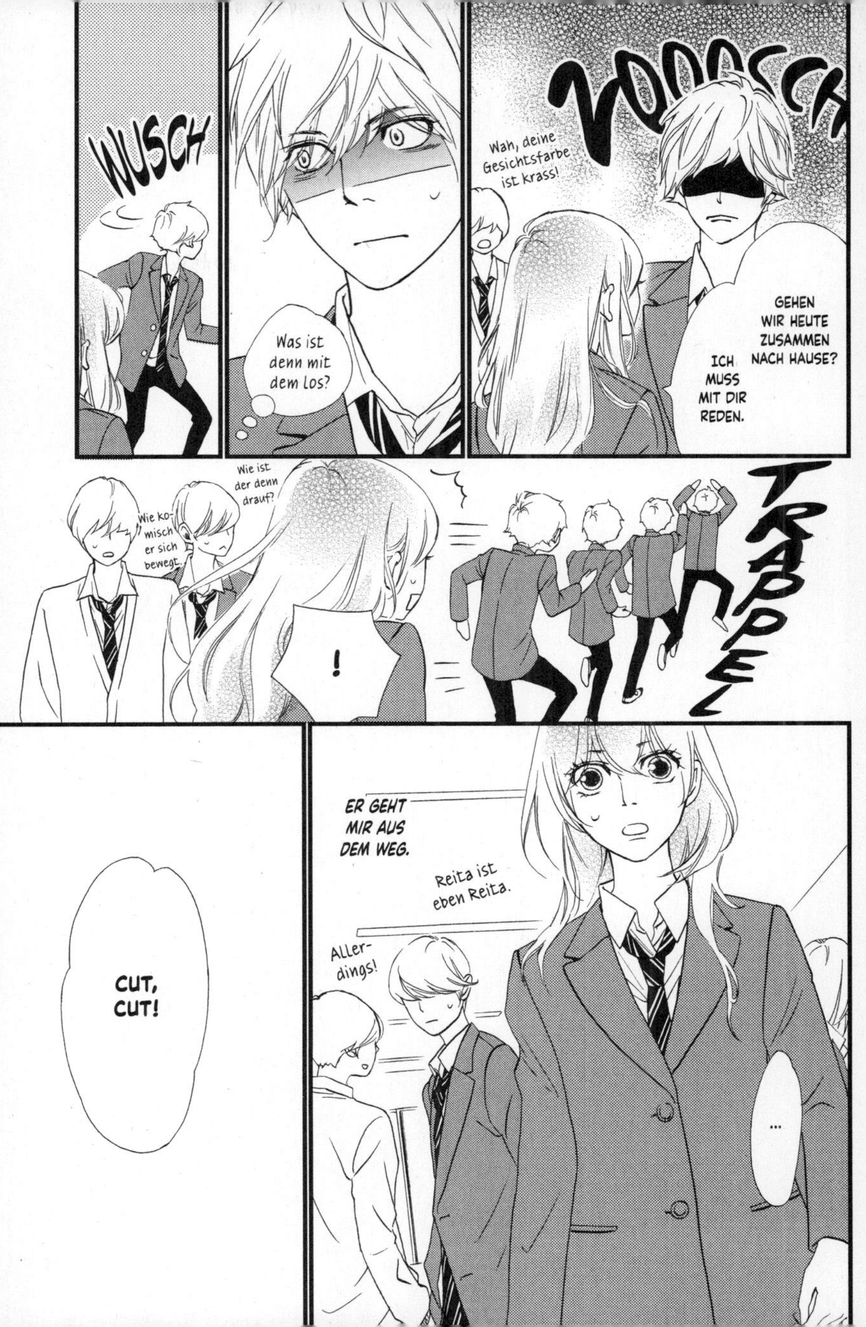
ZOOOSCH
Wah, deine Gesichtsfarbe ist krass!
GEHEN WIR HEUTE ZUSAMMEN NACH HAUSE?
ICH MUSS MIT DIR REDEN.
Was ist denn mit dem los?
WUSCH
TRAPPEL
!
Wie ist der denn drauf?
Wie komisch er sich bewegt.
ER GEHT MIR AUS DEM WEG.
Reita ist eben Reita.
Allerdings!
...
CUT, CUT!

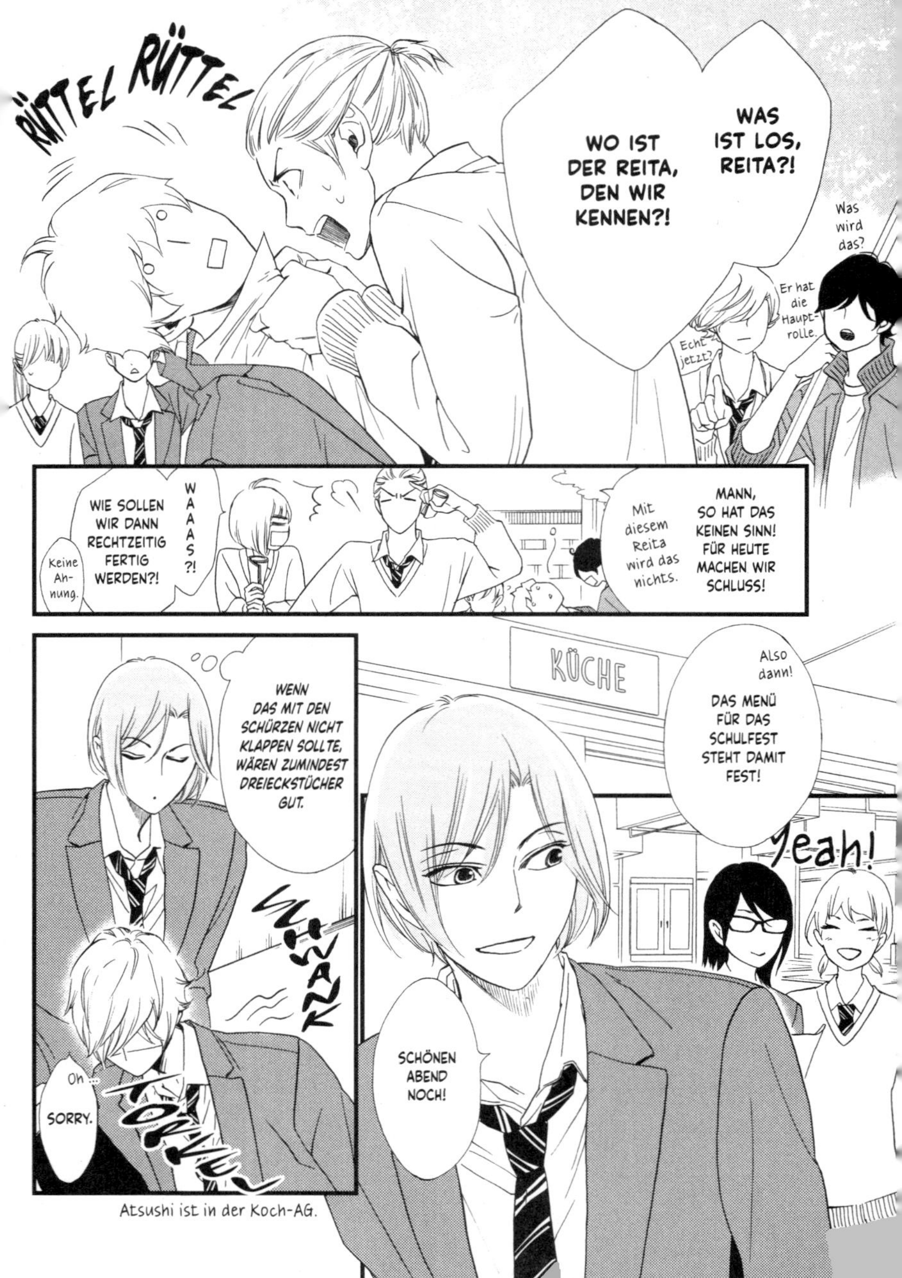

Atsushi ist in der Koch-AG.

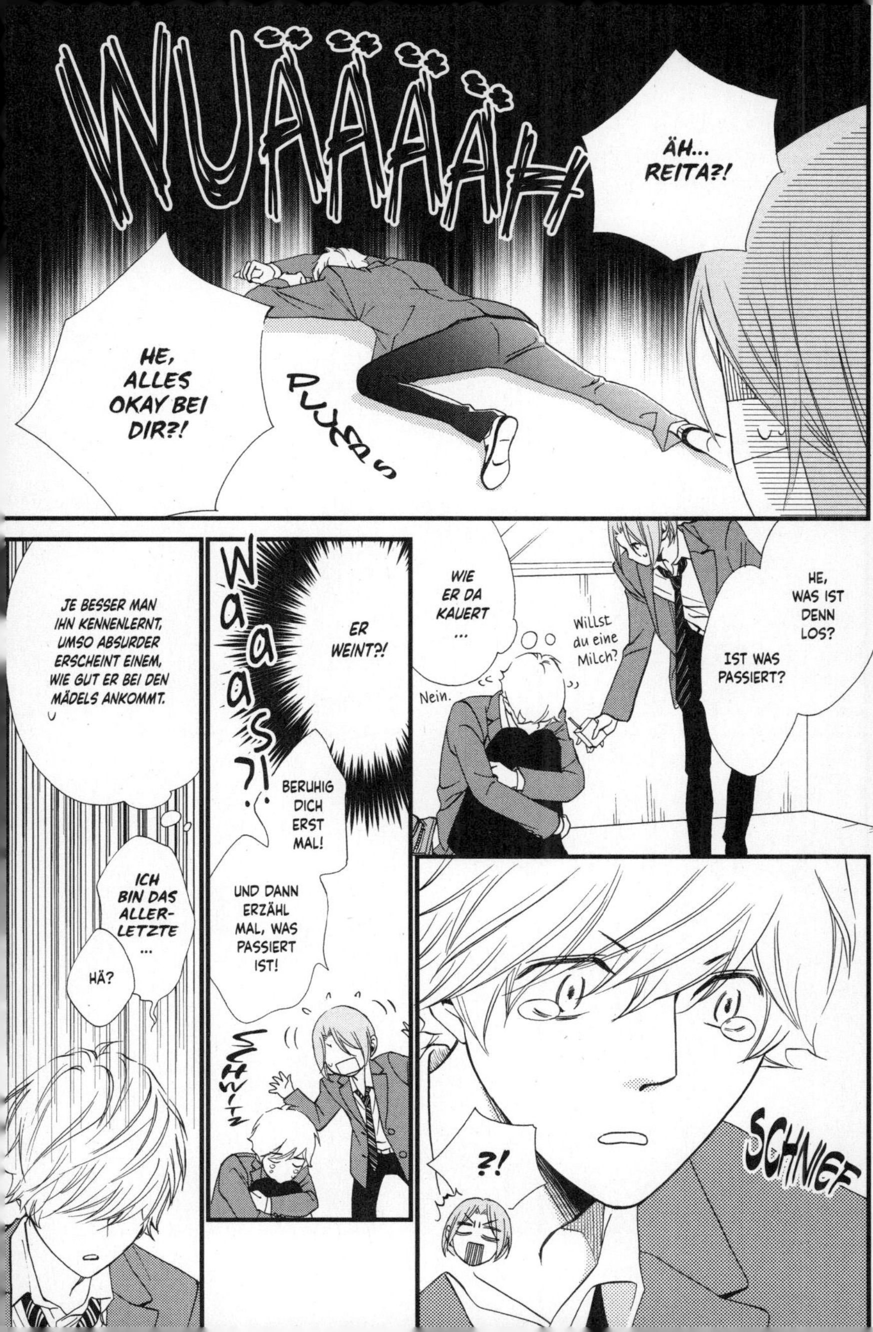

ÄH... REITA?!

WUÄÄÄÄH

HE, ALLES OKAY BEI DIR?!

PLUMPS

HE, WAS IST DENN LOS?

IST WAS PASSIERT?

WIE ER DA KAUERT ...

Willst du eine Milch?

Nein.

ER WEINT?!

Waaas?!

BERUHIG DICH ERST MAL!

UND DANN ERZÄHL MAL, WAS PASSIERT IST!

SCHWITZ

JE BESSER MAN IHN KENNENLERNT, UMSO ABSURDER ERSCHEINT EINEM, WIE GUT ER BEI DEN MÄDELS ANKOMMT.

ICH BIN DAS ALLER-LETZTE ...

HÄ?

SCHNIEF

?!

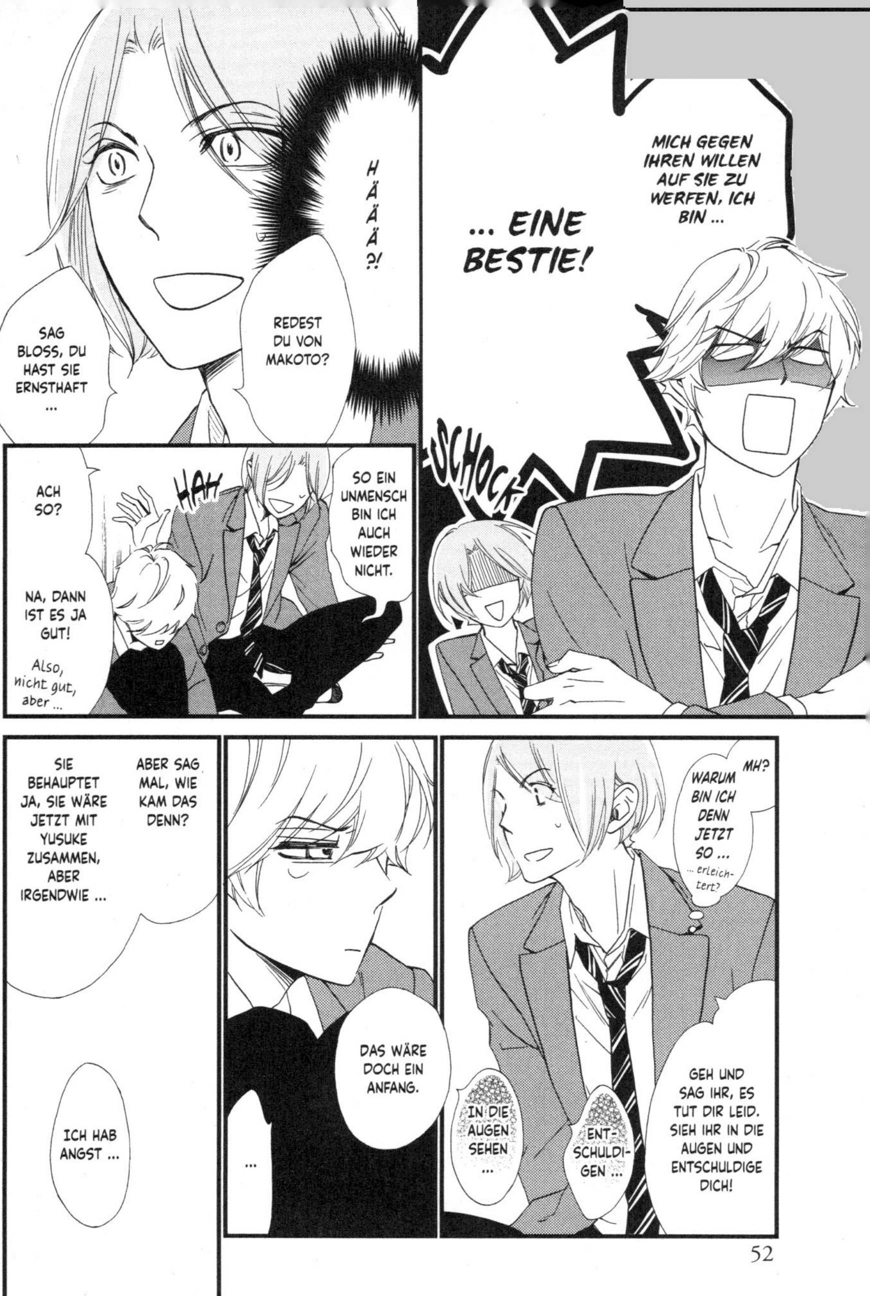

HÄÄÄ?!

REDEST DU VON MAKOTO?

SAG BLOSS, DU HAST SIE ERNSTHAFT ...

MICH GEGEN IHREN WILLEN AUF SIE ZU WERFEN, ICH BIN ...

... EINE BESTIE!

SCHOCK

SO EIN UNMENSCH BIN ICH AUCH WIEDER NICHT.

HAH

ACH SO?

NA, DANN IST ES JA GUT!

Also, nicht gut, aber ...

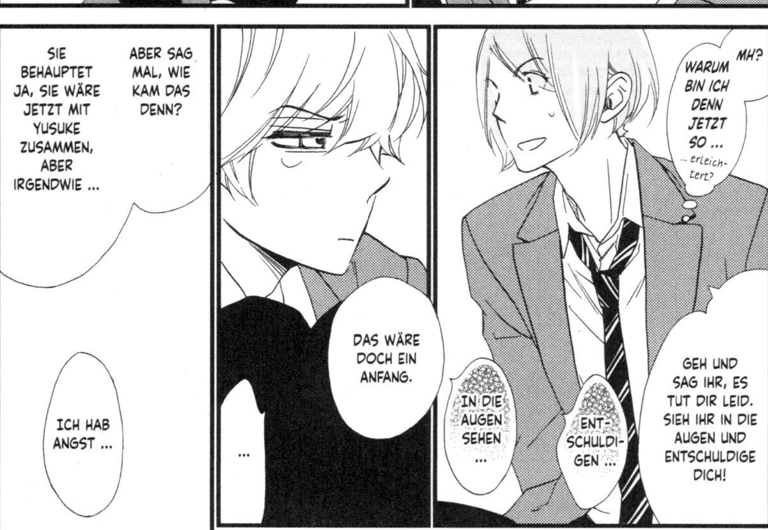

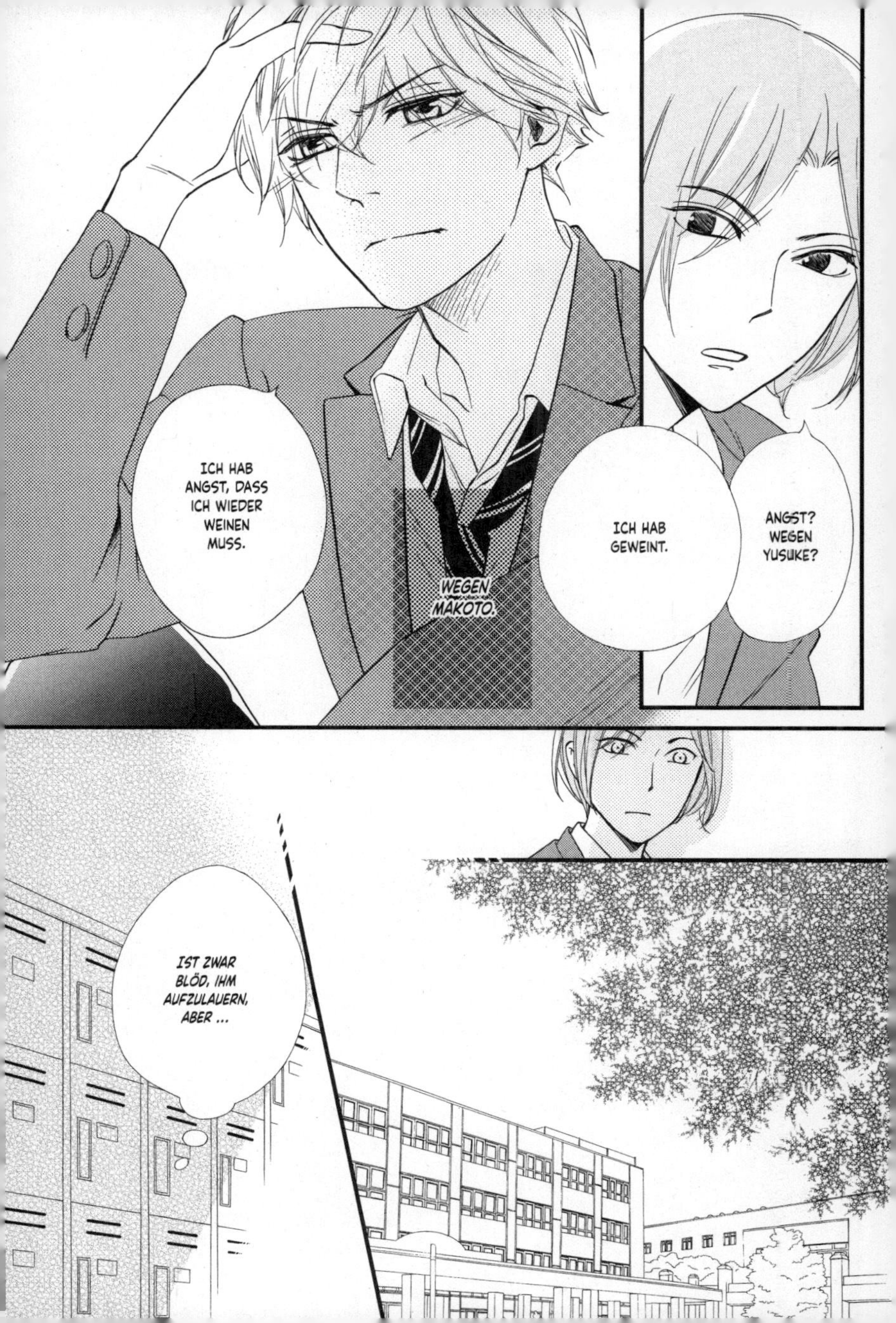
ANGST? WEGEN YUSUKE?
ICH HAB GEWEINT.
WEGEN MAKOTO.
ICH HAB ANGST, DASS ICH WIEDER WEINEN MUSS.
IST ZWAR BLÖD, IHM AUFZULAUERN, ABER …

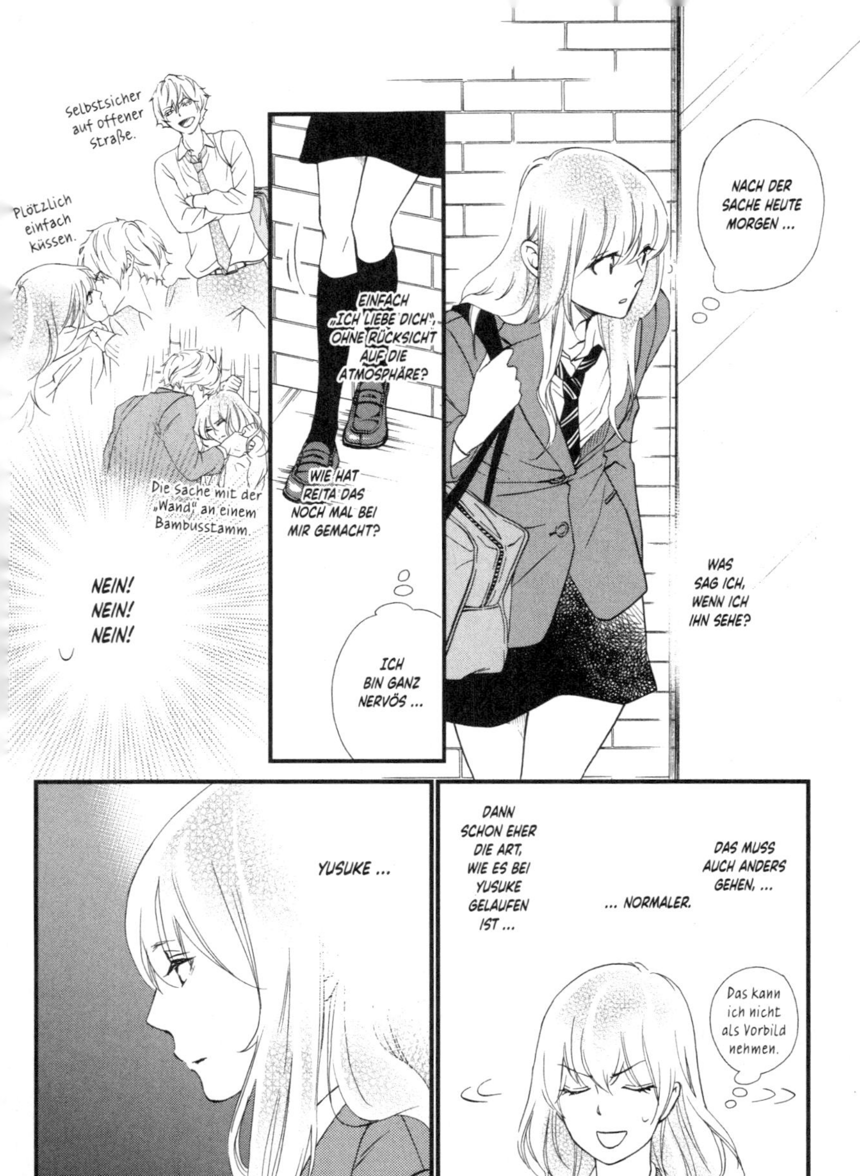
NACH DER SACHE HEUTE MORGEN ...
WAS SAG ICH, WENN ICH IHN SEHE?
EINFACH „ICH LIEBE DICH", OHNE RÜCKSICHT AUF DIE ATMOSPHÄRE?
WIE HAT REITA DAS NOCH MAL BEI MIR GEMACHT?
ICH BIN GANZ NERVÖS ...
Selbstsicher auf offener Straße.
Plötzlich einfach küssen.
Die Sache mit der „Wand" an einem Bambusstamm.
NEIN! NEIN! NEIN!
DAS MUSS AUCH ANDERS GEHEN, ...
... NORMALER.
DANN SCHON EHER DIE ART, WIE ES BEI YUSUKE GELAUFEN IST ...
Das kann ich nicht als Vorbild nehmen.
YUSUKE ...

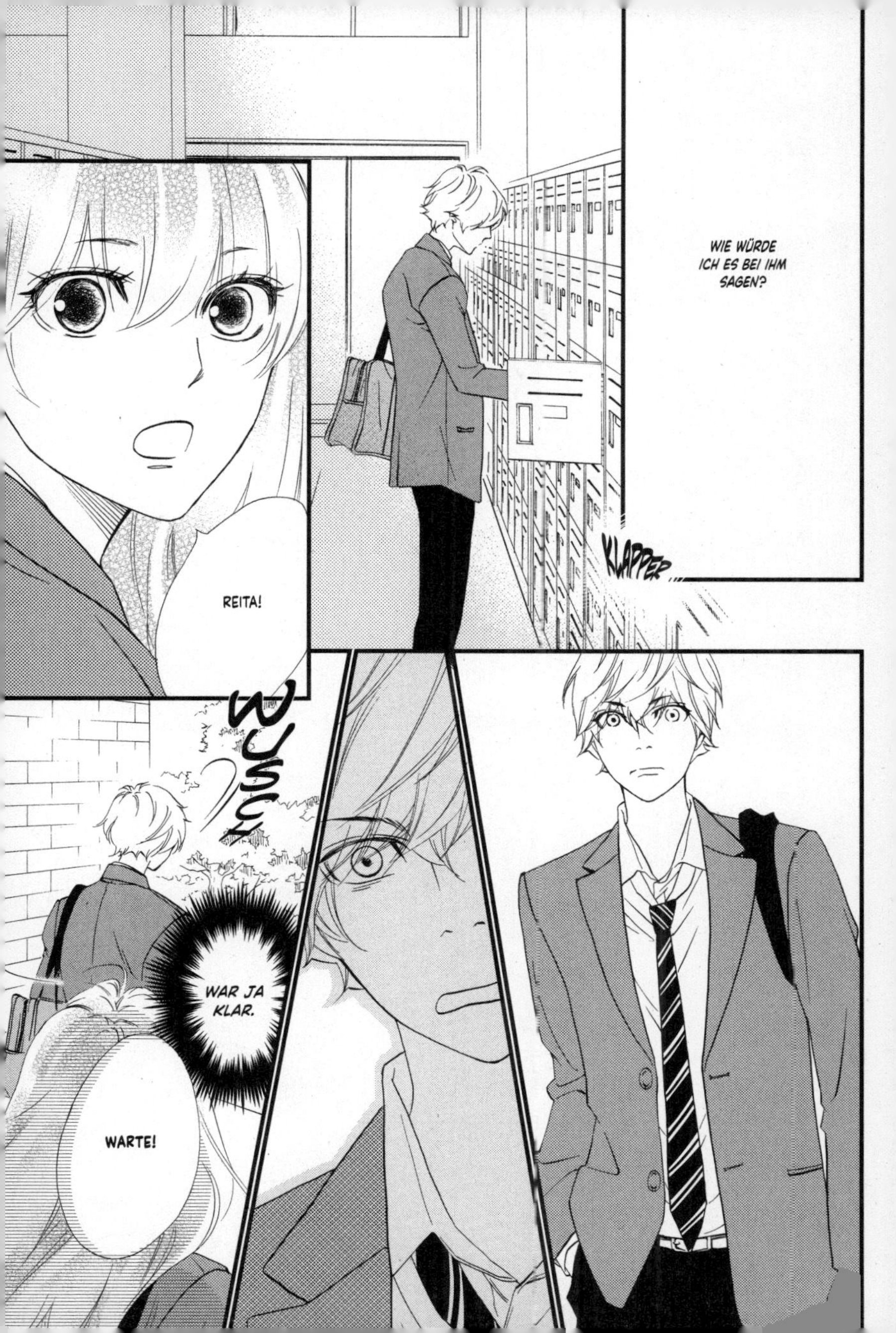
WIE WÜRDE ICH ES BEI IHM SAGEN?
KLAPPER
REITA!
WUSCH
WAR JA KLAR.
WARTE!

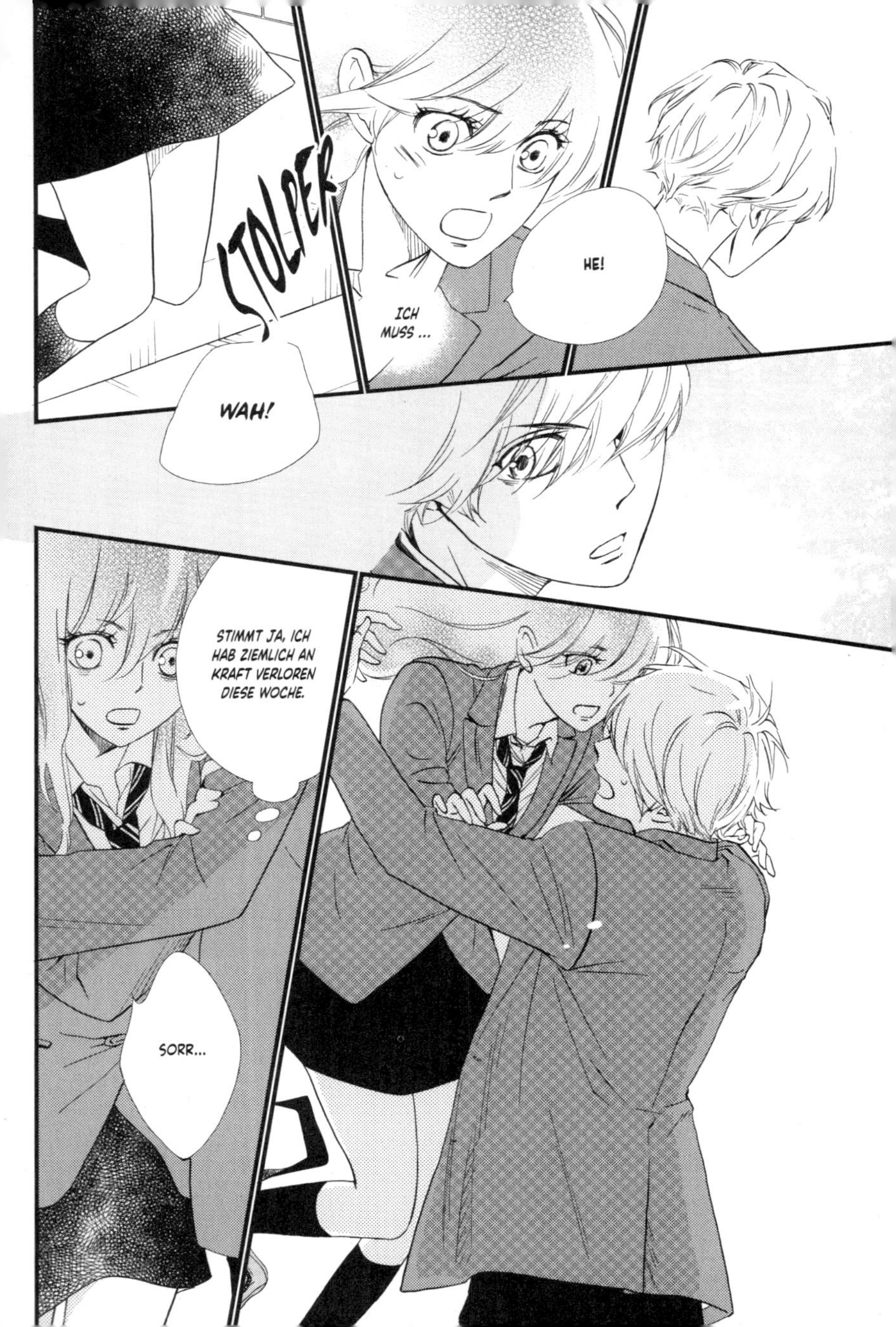
HE!
ICH MUSS ...
STOLPER
WAH!
STIMMT JA, ICH HAB ZIEMLICH AN KRAFT VERLOREN DIESE WOCHE.
SORR...

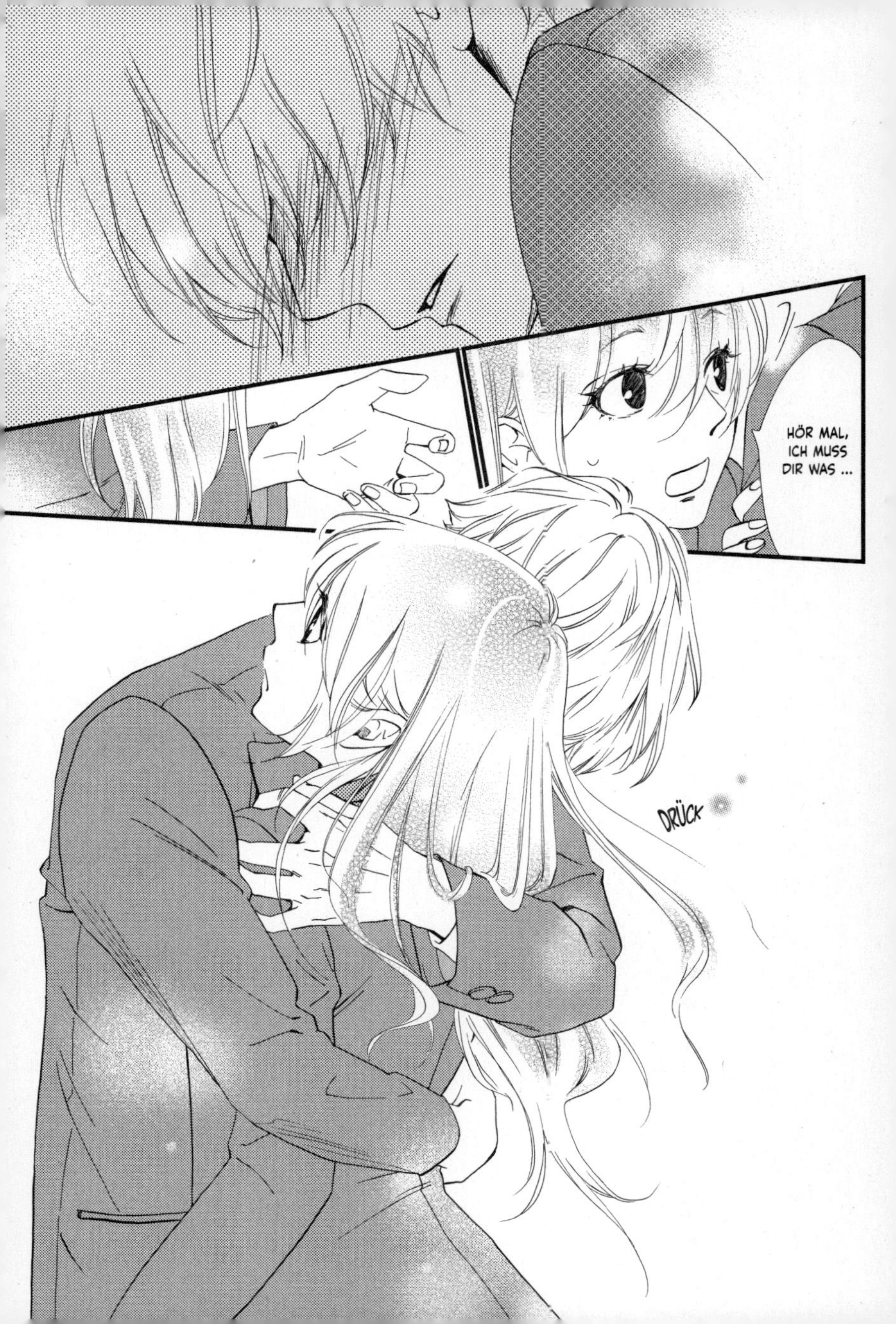
HÖR MAL,
ICH MUSS
DIR WAS ...
DRÜCK

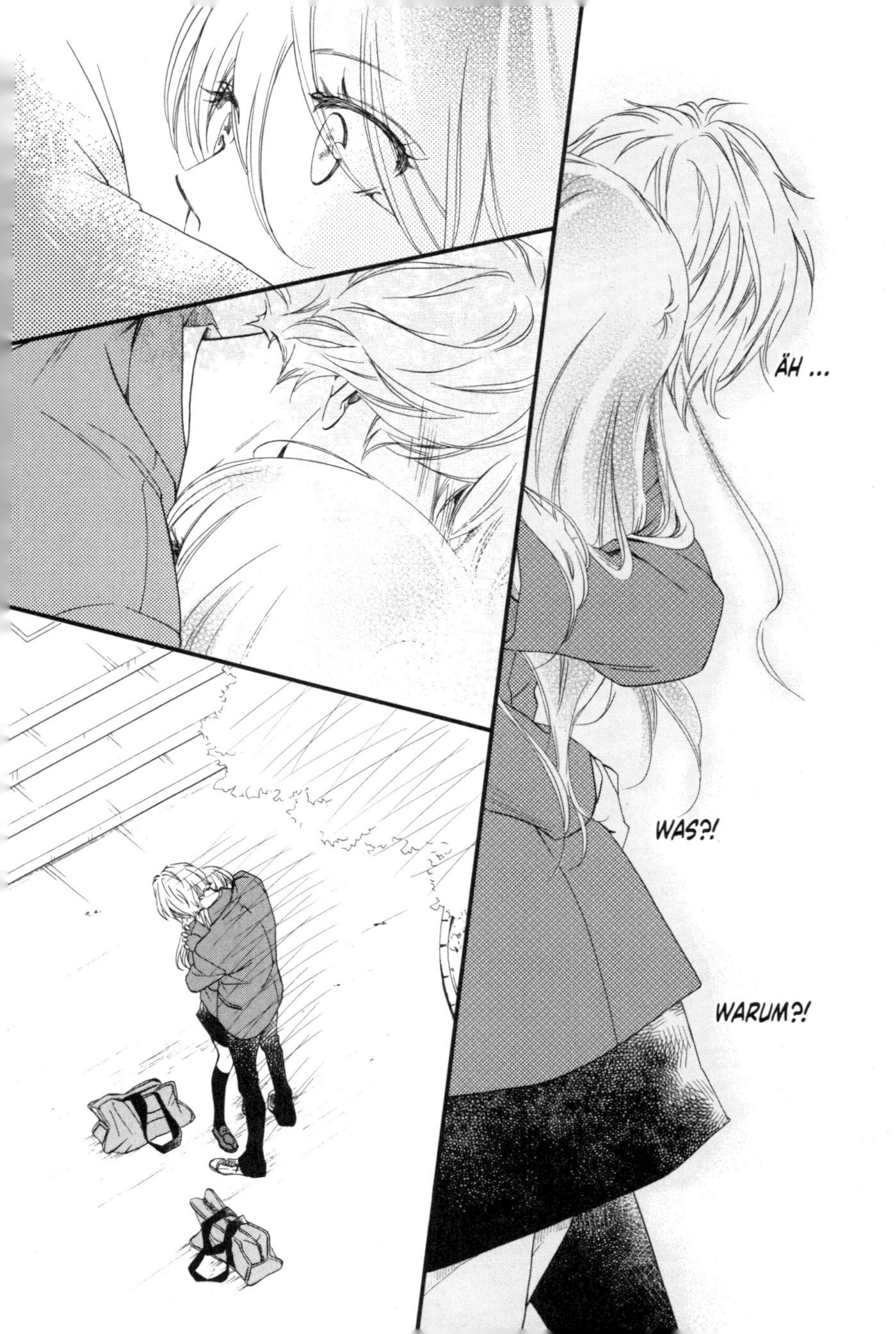
ÄH ...
WAS?!
WARUM?!

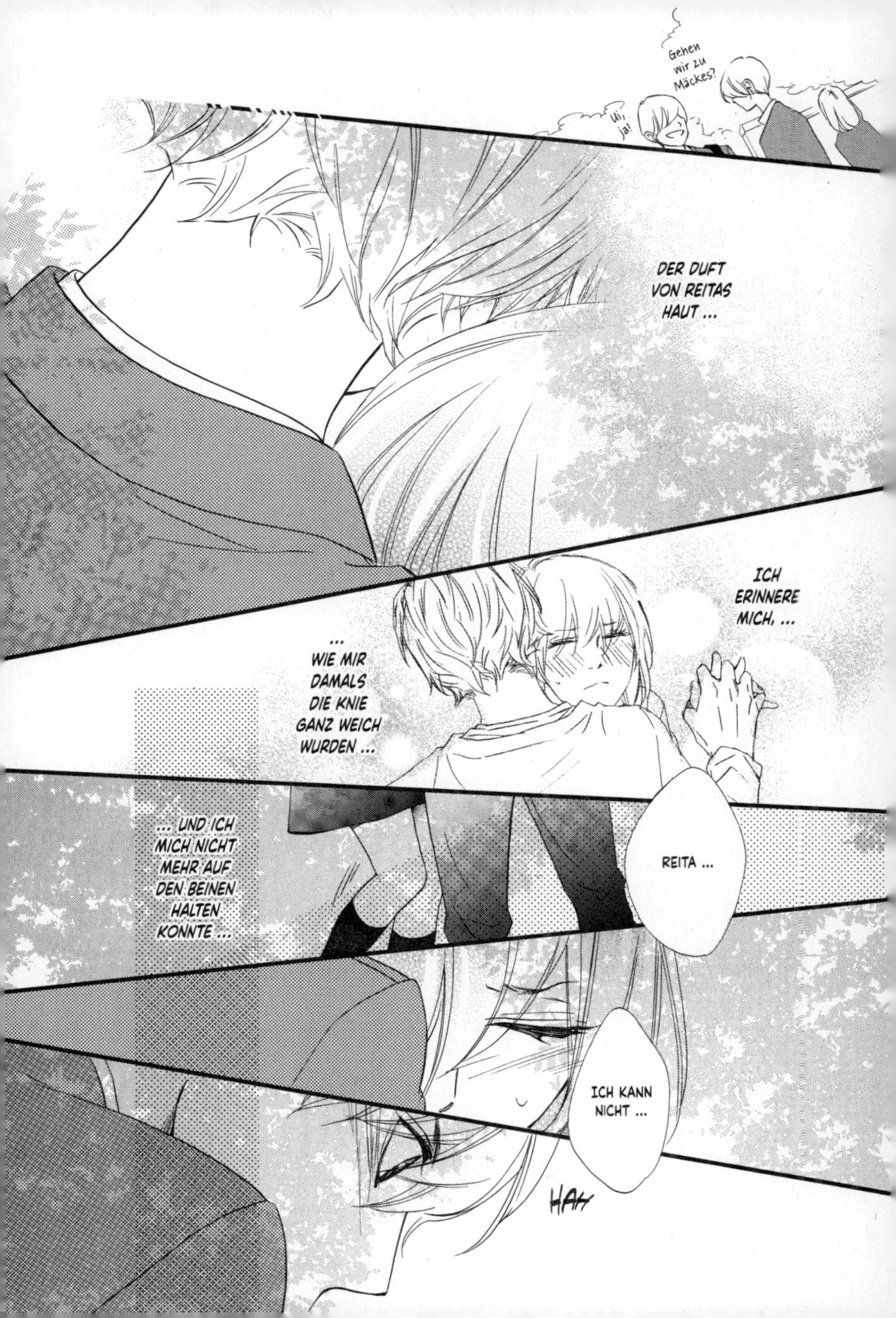

Gehen wir zu Mäckes?
Ui, ja!
DER DUFT VON REITAS HAUT ...
ICH ERINNERE MICH, ...
... WIE MIR DAMALS DIE KNIE GANZ WEICH WURDEN ...
REITA ...
... UND ICH MICH NICHT MEHR AUF DEN BEINEN HALTEN KONNTE ...
ICH KANN NICHT ...
HAK

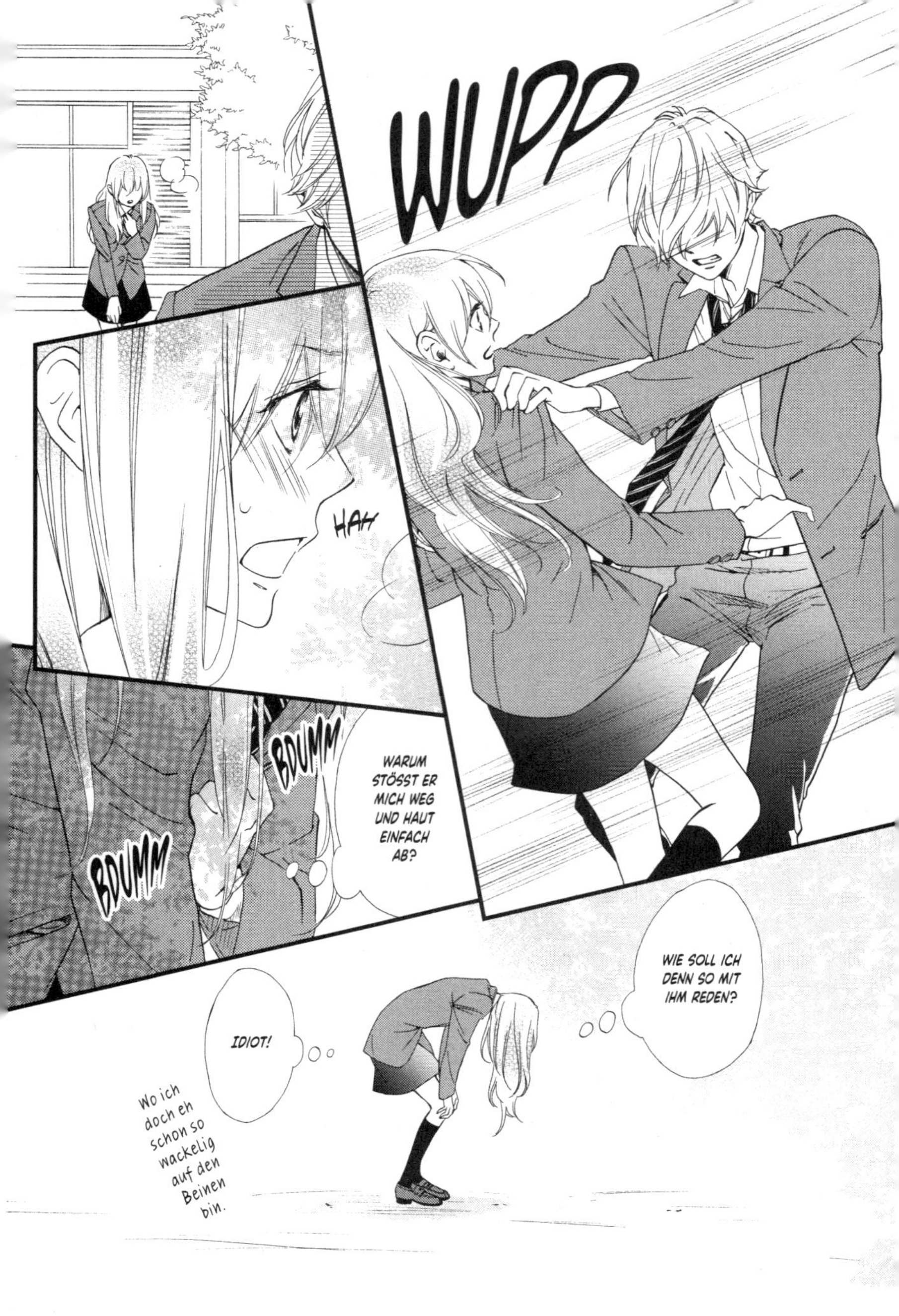
WUPP
HAH
BDUMM
BDUMM
WARUM STÖSST ER MICH WEG UND HAUT EINFACH AB?
WIE SOLL ICH DENN SO MIT IHM REDEN?
IDIOT!
Wo ich doch eh schon so wackelig auf den Beinen bin.

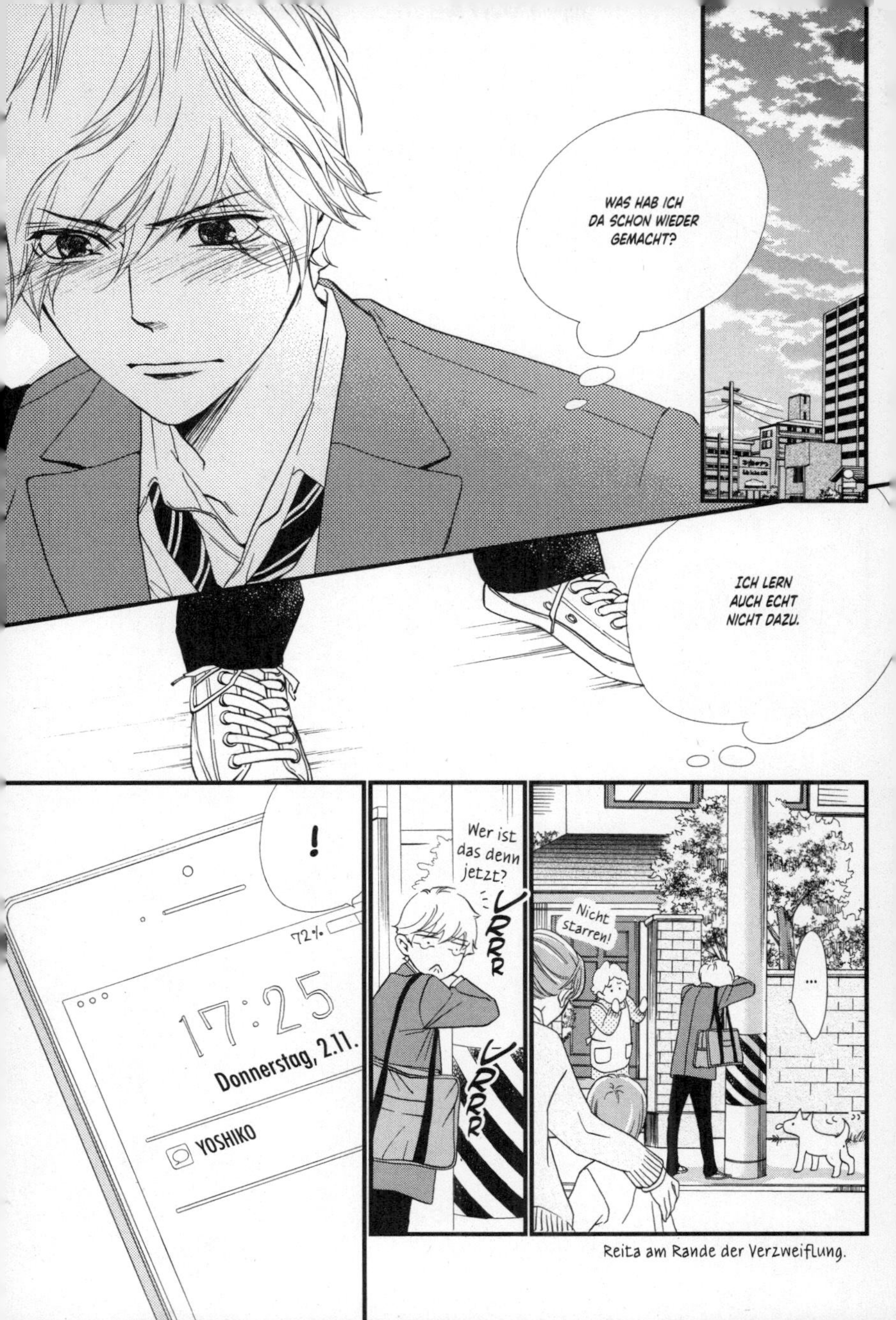

Reita am Rande der Verzweiflung.

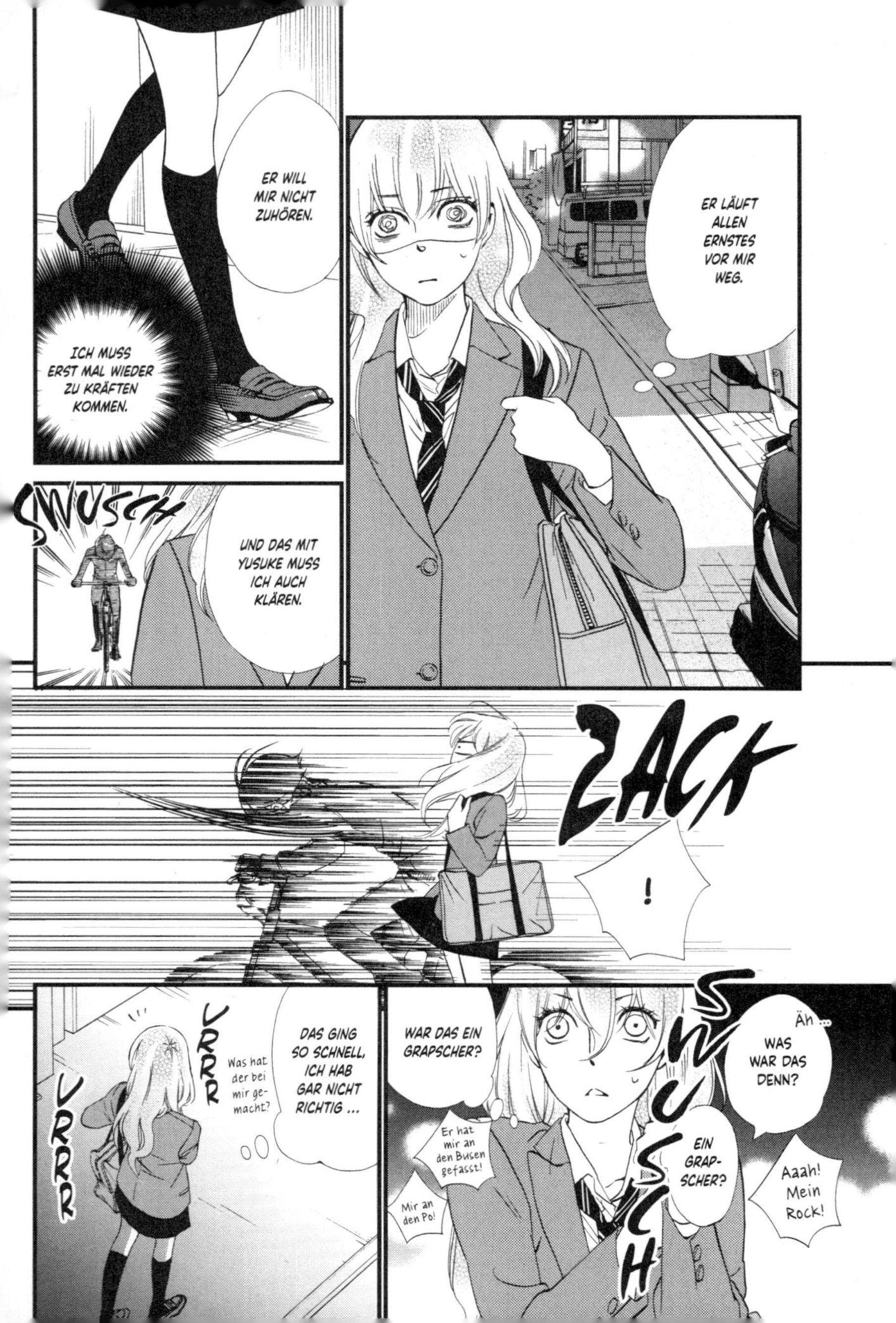

ER LÄUFT ALLEN ERNSTES VOR MIR WEG.

ER WILL MIR NICHT ZUHÖREN.

ICH MUSS ERST MAL WIEDER ZU KRÄFTEN KOMMEN.

SWUSCH

UND DAS MIT YUSUKE MUSS ICH AUCH KLÄREN.

ZACK

!

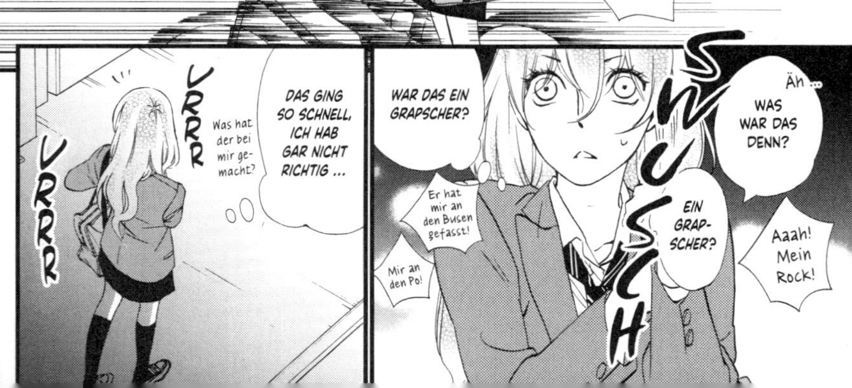

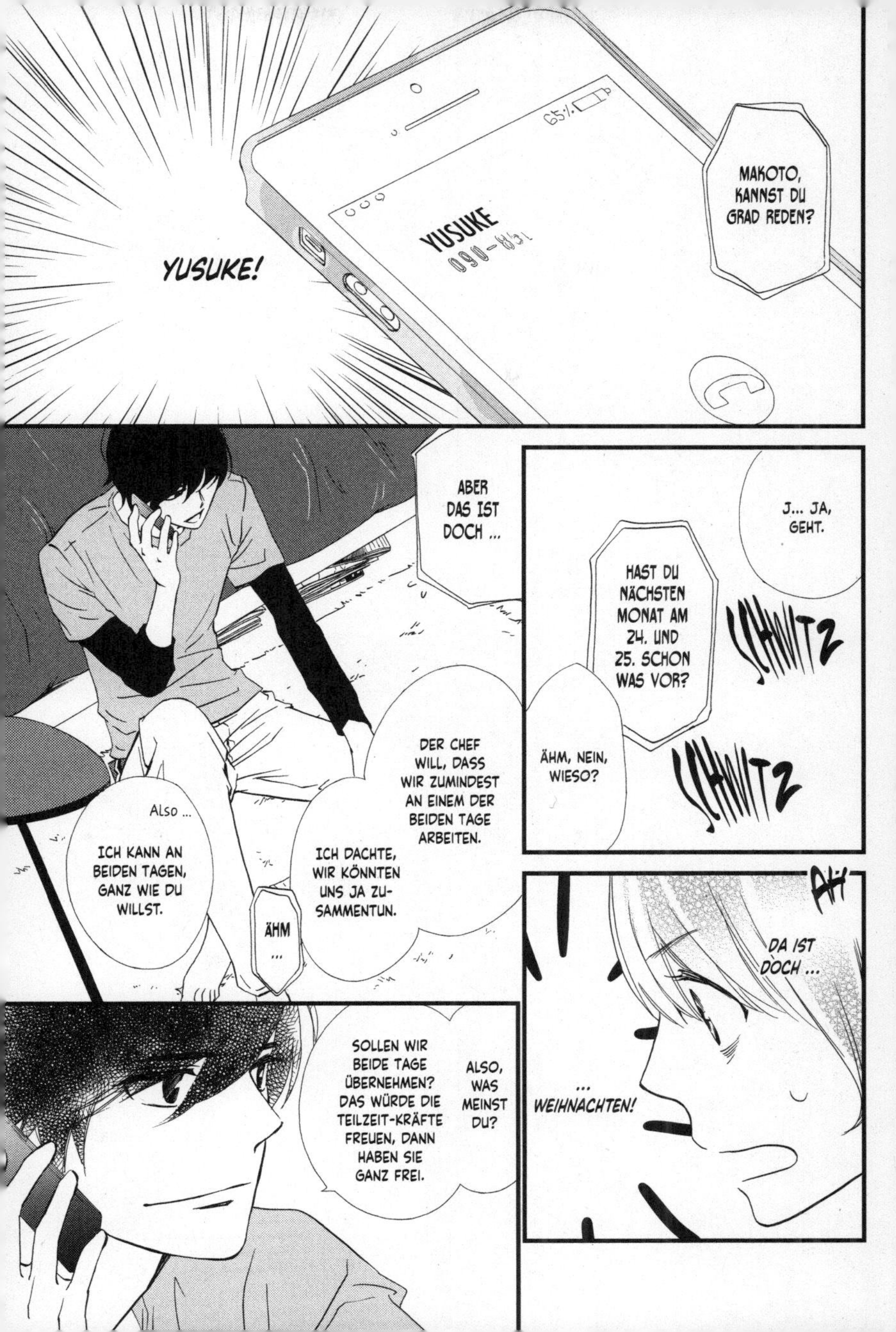
65%
YUSUKE
090-
MAKOTO, KANNST DU GRAD REDEN?
YUSUKE!
J... JA, GEHT.
HAST DU NÄCHSTEN MONAT AM 24. UND 25. SCHON WAS VOR?
ÄHM, NEIN, WIESO?
ABER DAS IST DOCH ...
DER CHEF WILL, DASS WIR ZUMINDEST AN EINEM DER BEIDEN TAGE ARBEITEN.
ICH DACHTE, WIR KÖNNTEN UNS JA ZU-SAMMENTUN.
ÄHM ...
Also ...
ICH KANN AN BEIDEN TAGEN, GANZ WIE DU WILLST.
AH
DA IST DOCH ...
... WEIHNACHTEN!
ALSO, WAS MEINST DU?
SOLLEN WIR BEIDE TAGE ÜBERNEHMEN? DAS WÜRDE DIE TEILZEIT-KRÄFTE FREUEN, DANN HABEN SIE GANZ FREI.

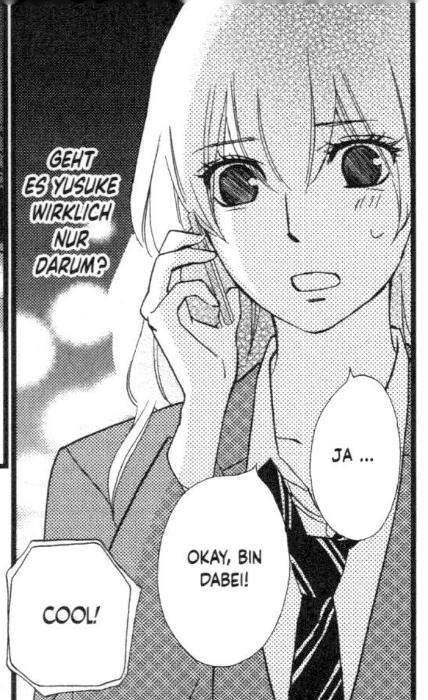
GEHT ES YUSUKE WIRKLICH NUR DARUM?
JA ...
OKAY, BIN DABEI!
COOL!

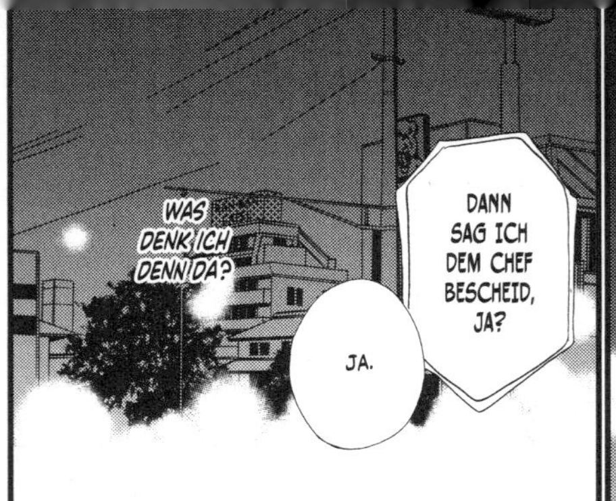
DANN SAG ICH DEM CHEF BESCHEID, JA?
JA.
WAS DENK ICH DENN DA?

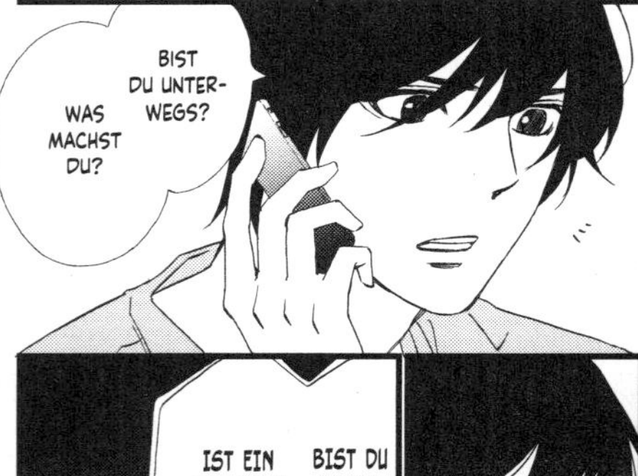
BIST DU UNTER-WEGS?
WAS MACHST DU?

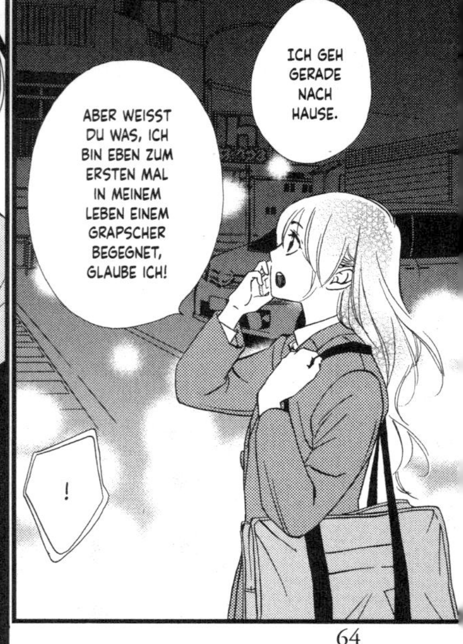
ICH GEH GERADE NACH HAUSE.
ABER WEISST DU WAS, ICH BIN EBEN ZUM ERSTEN MAL IN MEINEM LEBEN EINEM GRAPSCHER BEGEGNET, GLAUBE ICH!
!

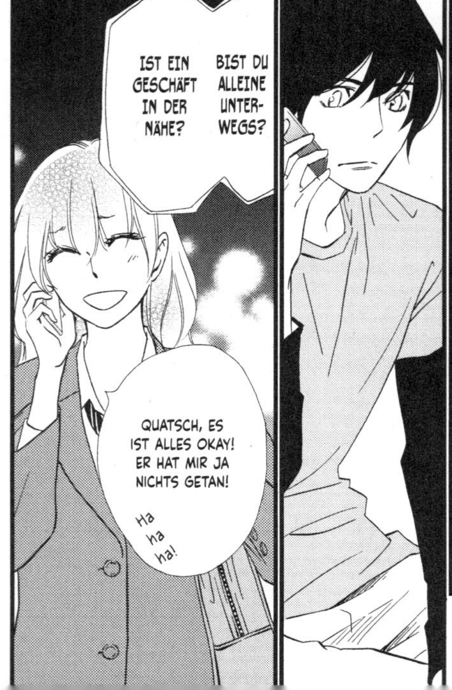
BIST DU ALLEINE UNTER-WEGS?
IST EIN GESCHÄFT IN DER NÄHE?
QUATSCH, ES IST ALLES OKAY! ER HAT MIR JA NICHTS GETAN!
Ha ha ha!

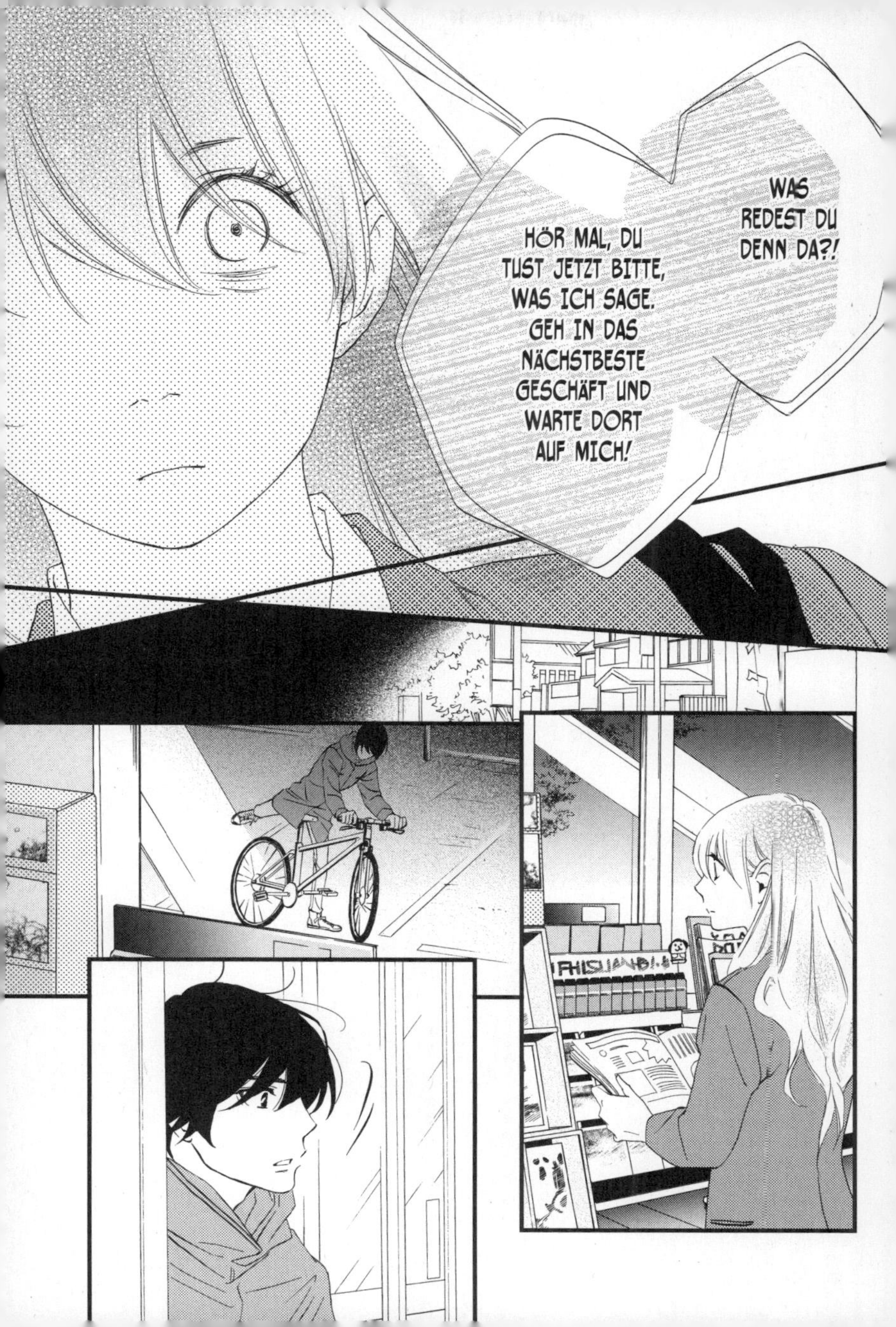
WAS REDEST DU DENN DA?!
HÖR MAL, DU TUST JETZT BITTE, WAS ICH SAGE. GEH IN DAS NÄCHSTBESTE GESCHÄFT UND WARTE DORT AUF MICH!

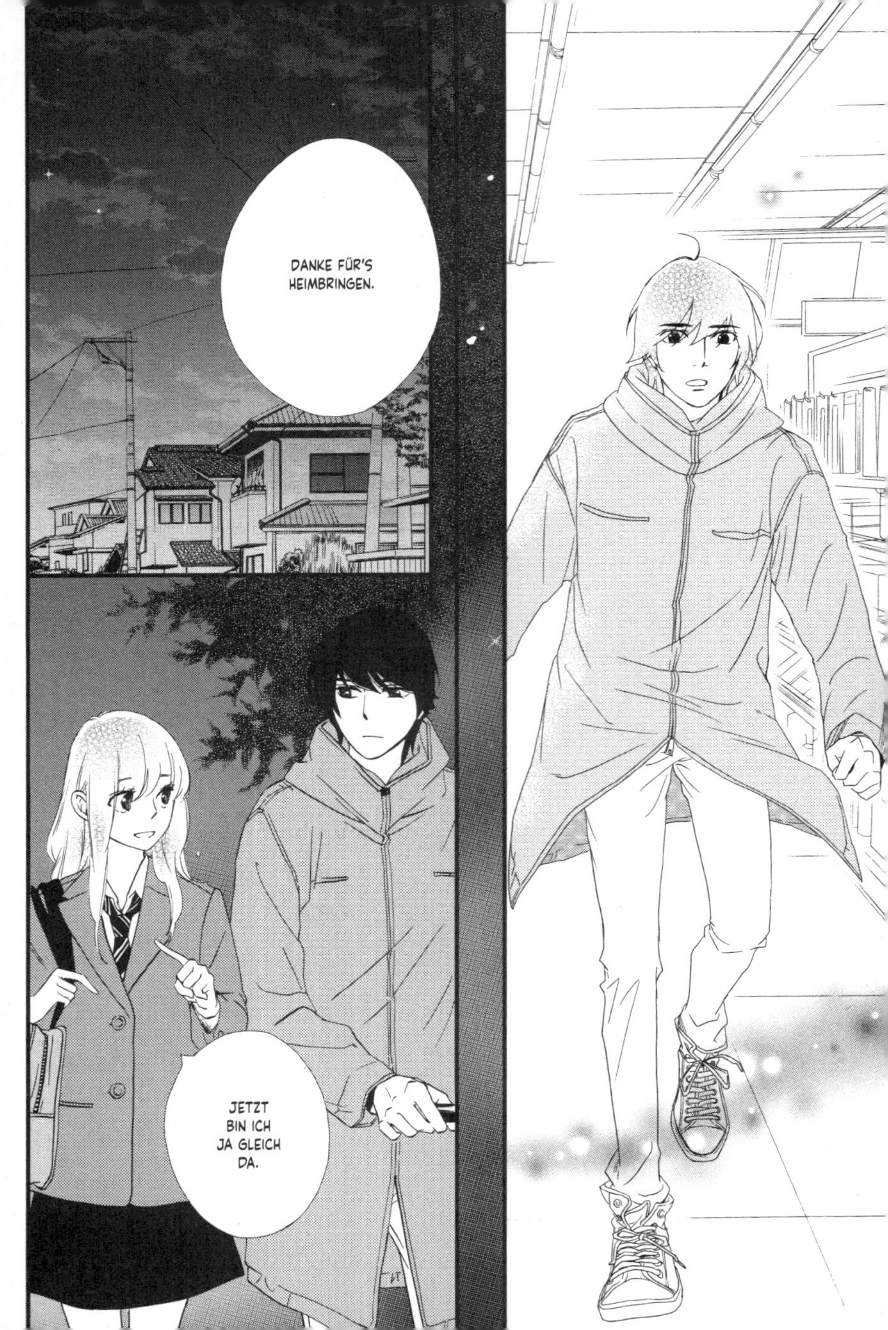
DANKE FÜR'S
HEIMBRINGEN.
JETZT
BIN ICH
JA GLEICH
DA.

DANN KANN ICH DICH AUCH NOCH BIS ZUR TÜR BRINGEN.

I...

ICH BIN IMMER NOCH SO NERVÖS.

SCHWITZ

ICH KANN MICH NULL ERINNERN, WAS WIR BIS HIERHER GEREDET HABEN.

ODER OB WIR ÜBERHAUPT WAS GEREDET HABEN.

SCHWITZ

SCHWITZ

DANKE DIR.

ABER DAS WÄRE ECHT NICHT NÖTIG GEWESEN, YUSUKE ...

BITTE, TU MIR EINEN GEFALLEN, ...

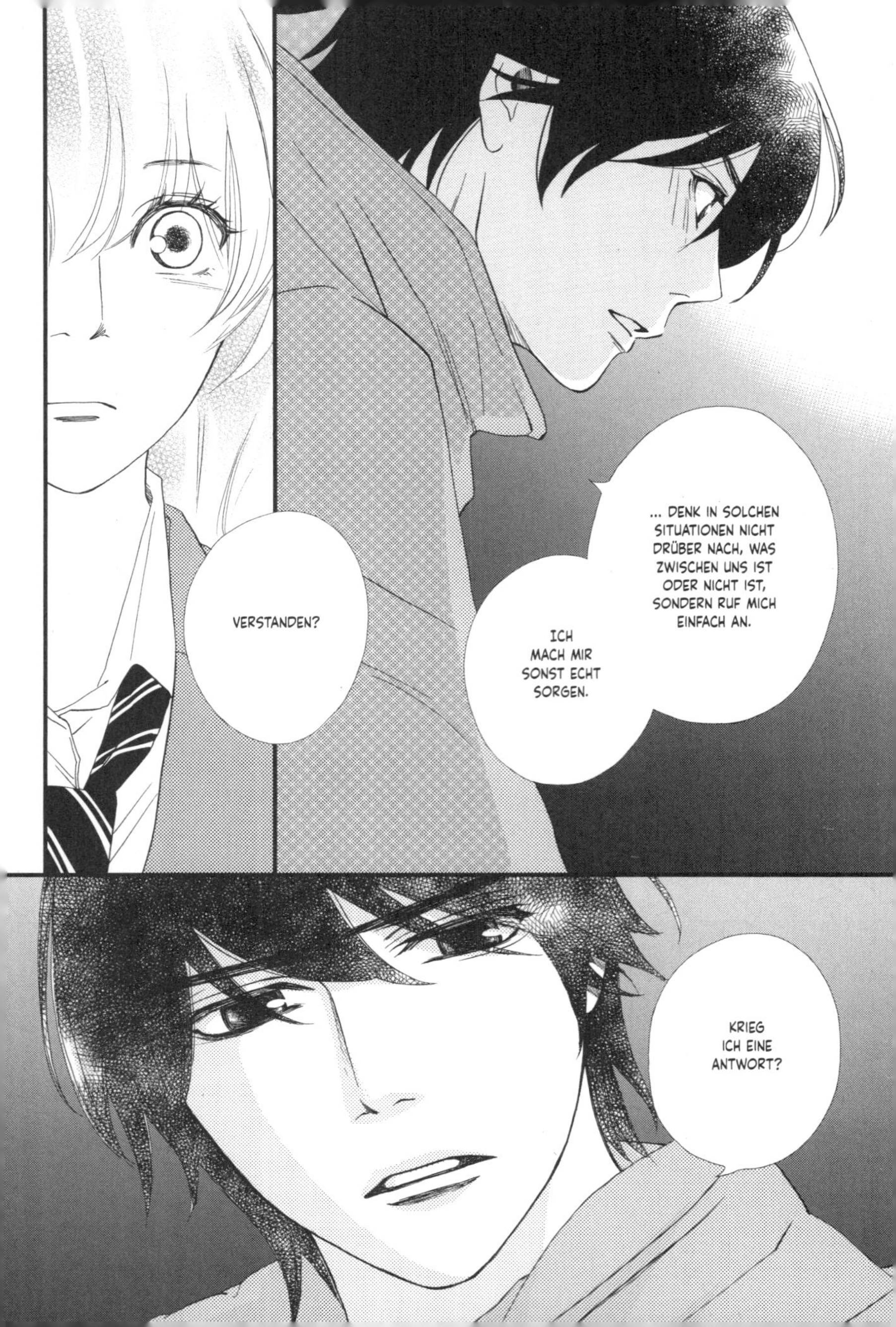
... DENK IN SOLCHEN SITUATIONEN NICHT DRÜBER NACH, WAS ZWISCHEN UNS IST ODER NICHT IST, SONDERN RUF MICH EINFACH AN.
ICH MACH MIR SONST ECHT SORGEN.
VERSTANDEN?
KRIEG ICH EINE ANTWORT?

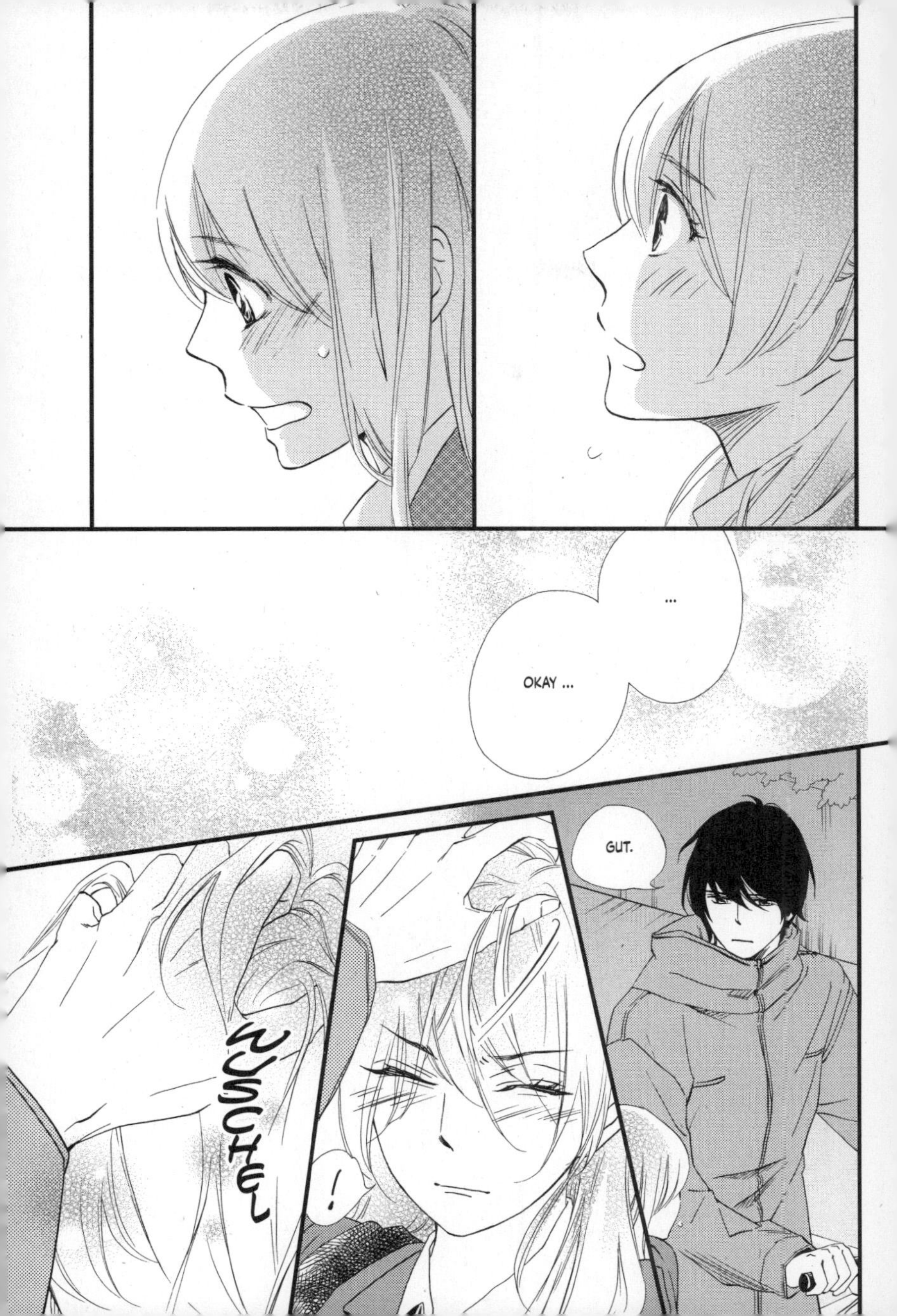
...
OKAY ...
GUT.
WUSCHEL
!

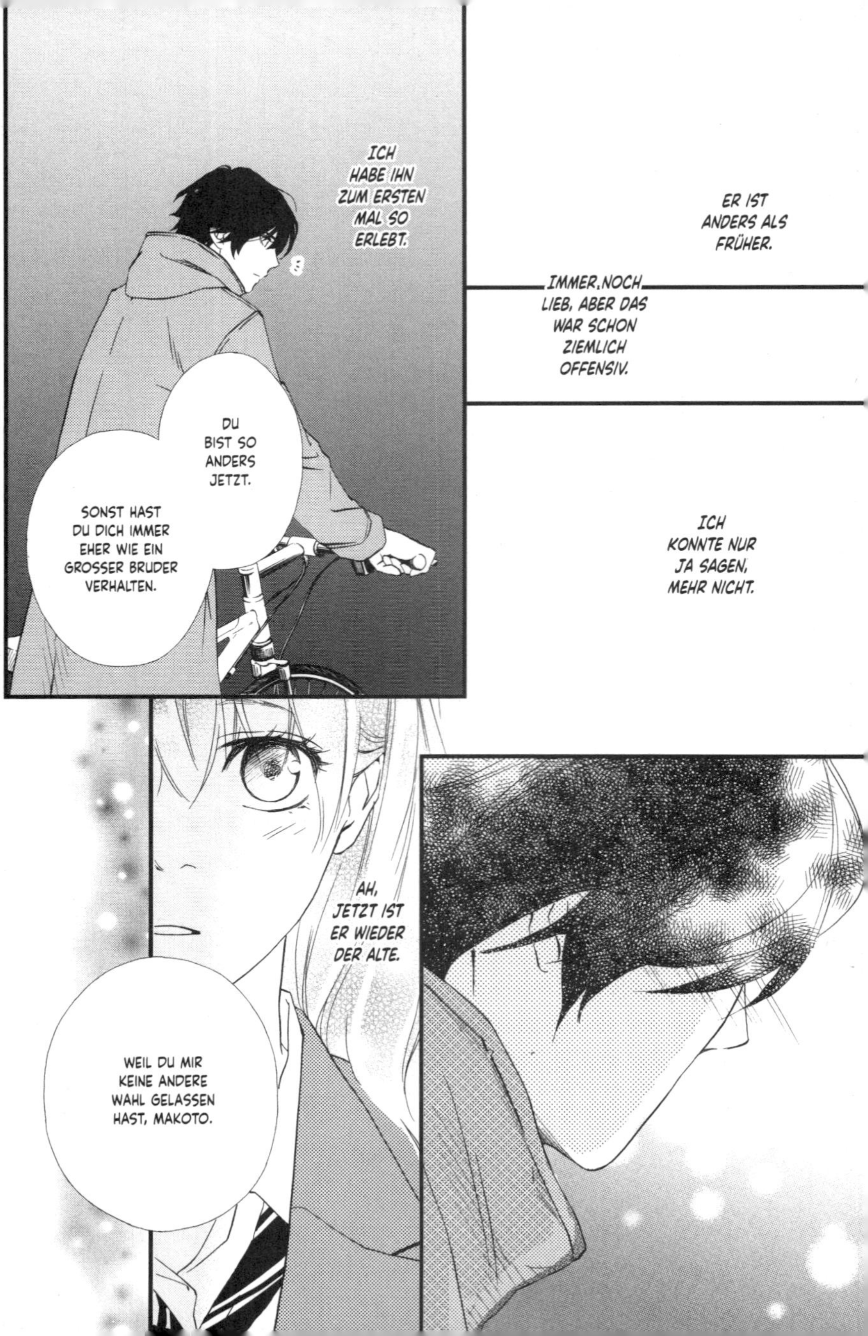

ER IST ANDERS ALS FRÜHER.

IMMER NOCH LIEB, ABER DAS WAR SCHON ZIEMLICH OFFENSIV.

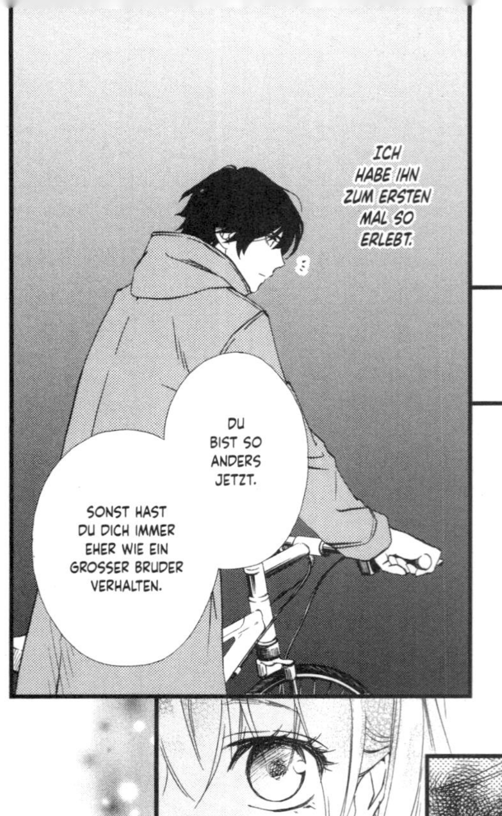

ICH KONNTE NUR JA SAGEN, MEHR NICHT.

AH, JETZT IST ER WIEDER DER ALTE.

WEIL DU MIR KEINE ANDERE WAHL GELASSEN HAST, MAKOTO.

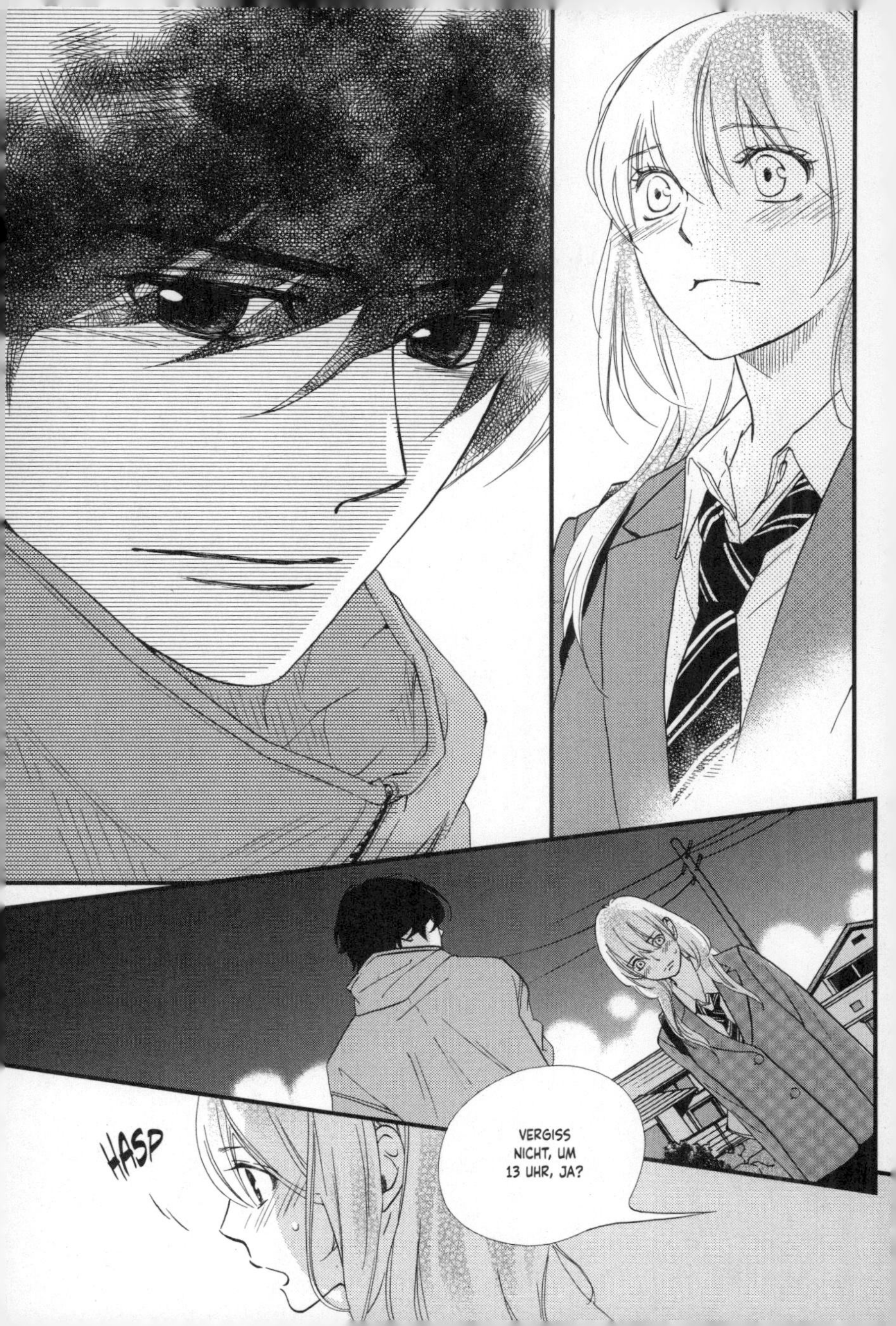
VERGISS NICHT, UM 13 UHR, JA?
HASP

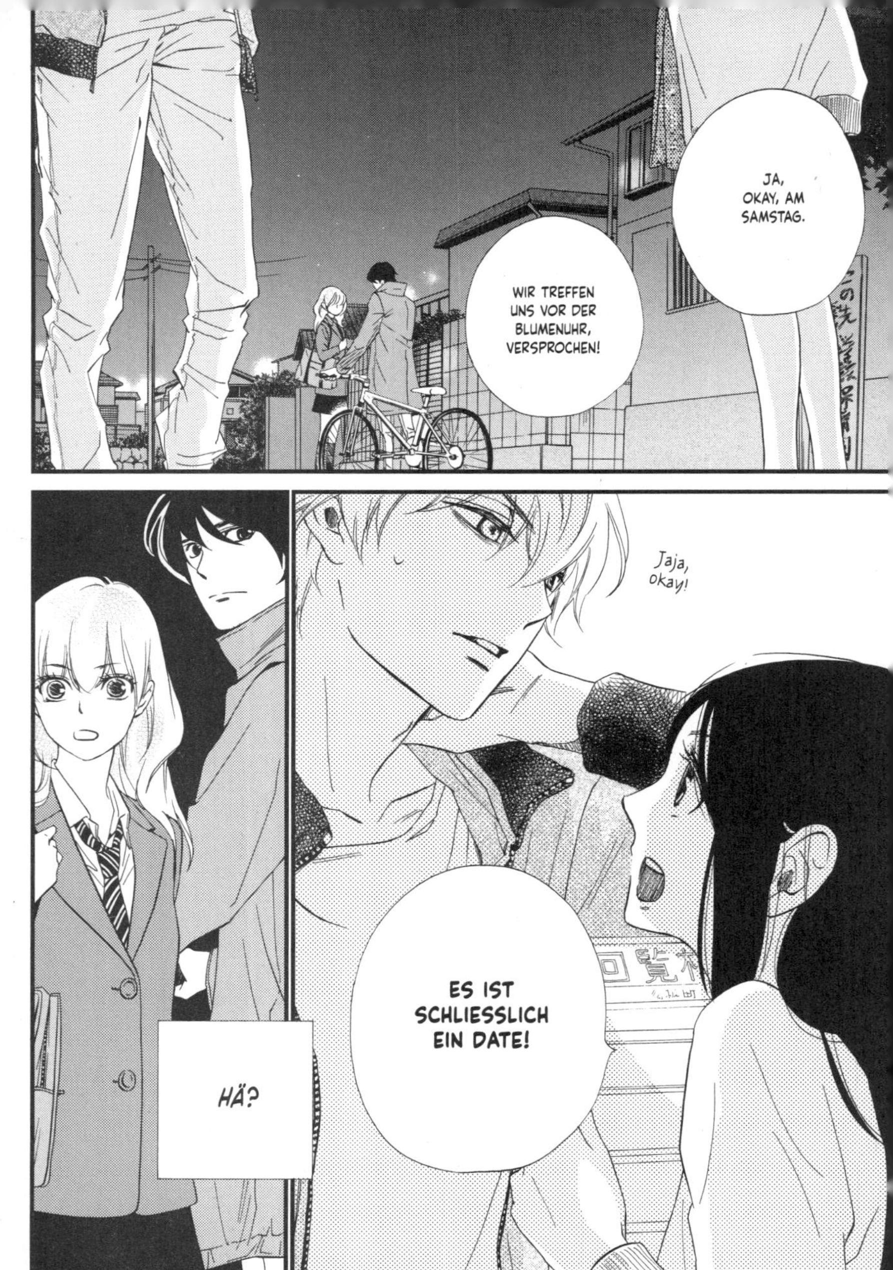
JA, OKAY, AM SAMSTAG.
WIR TREFFEN UNS VOR DER BLUMENUHR, VERSPROCHEN!
Jaja, okay!
ES IST SCHLIESSLICH EIN DATE!
HÄ?

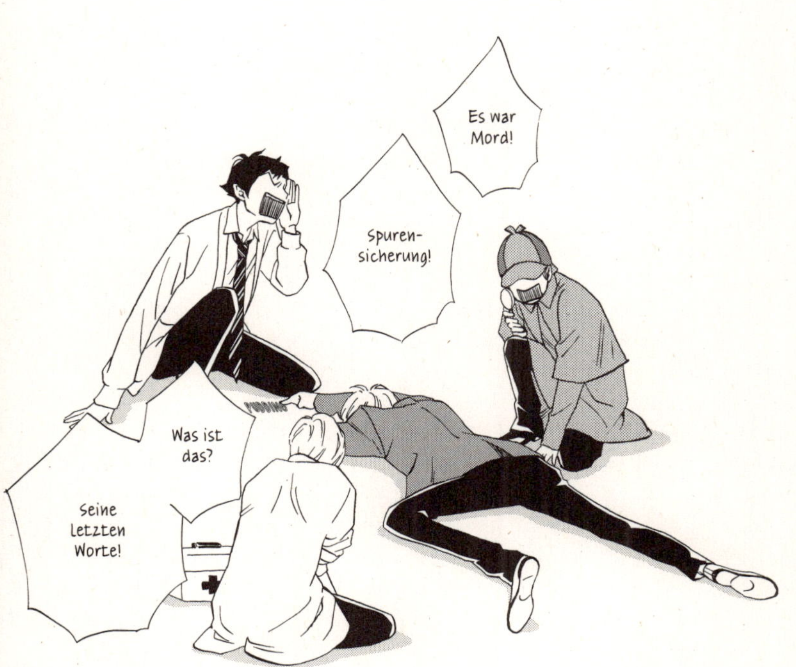
Es war Mord!
Spuren-sicherung!
Was ist das?
Seine letzten Worte!

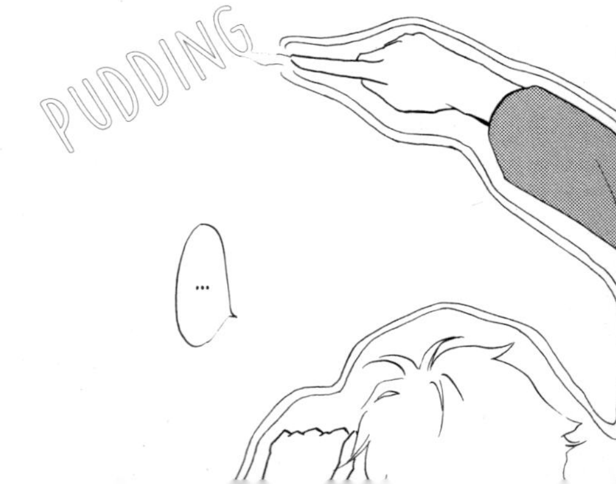
PUDDING
...

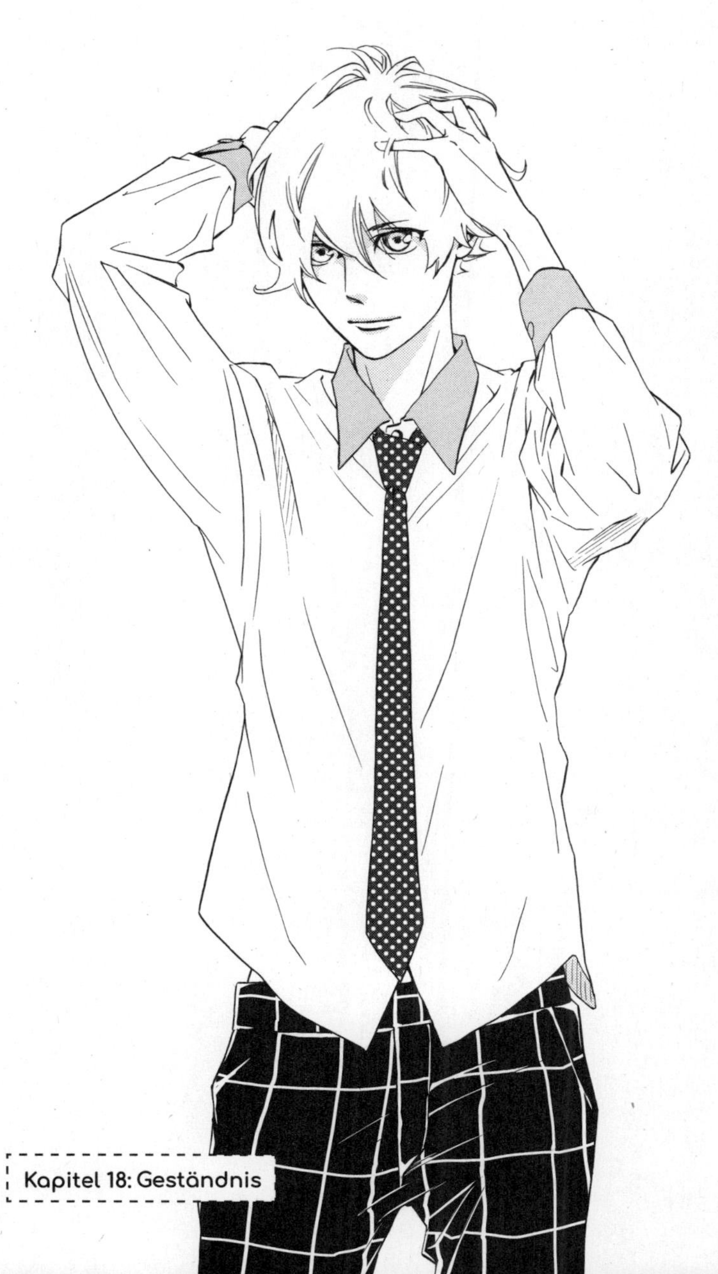

Kapitel 18: Geständnis

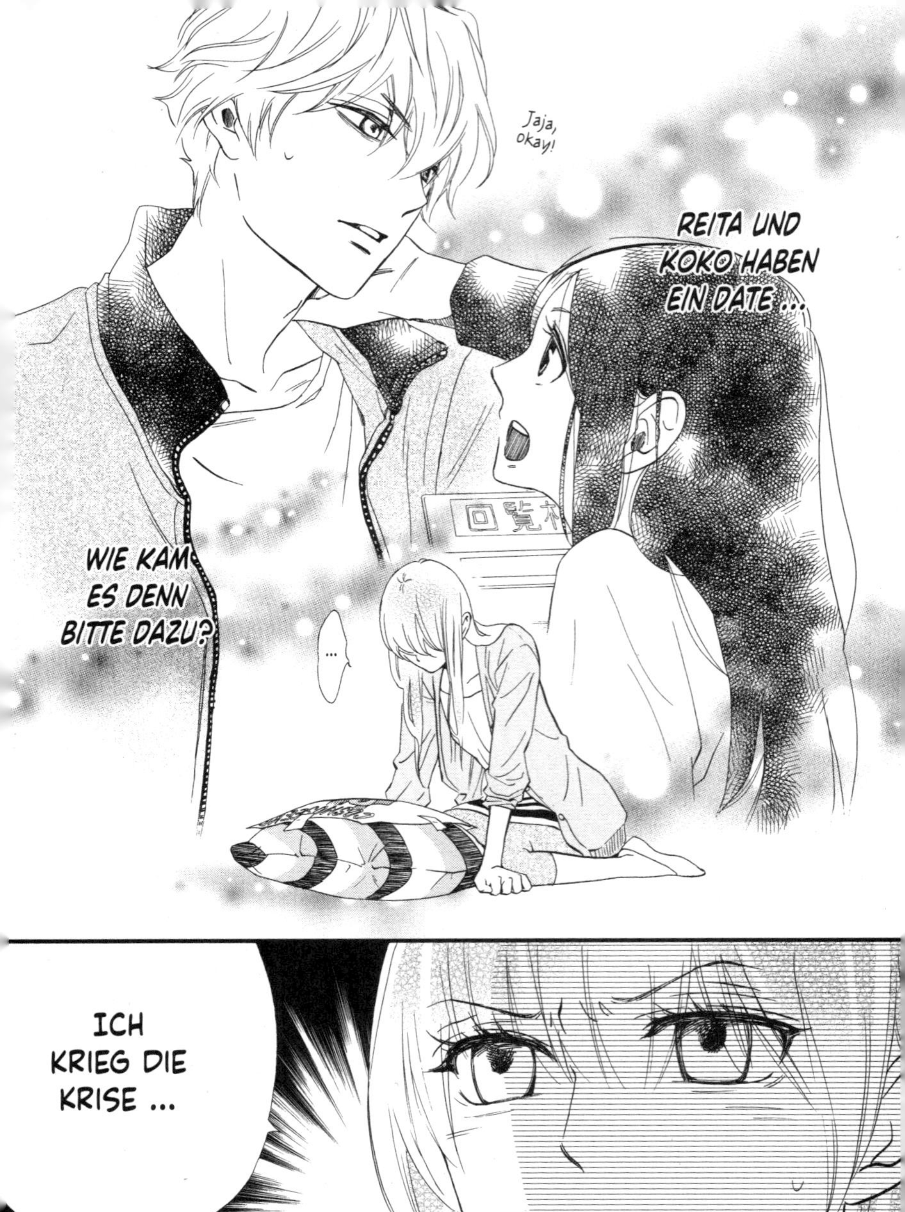
REITA UND KOKO HABEN EIN DATE ...
Jaja, okay!
WIE KAM ES DENN BITTE DAZU?
...
ICH KRIEG DIE KRISE ...

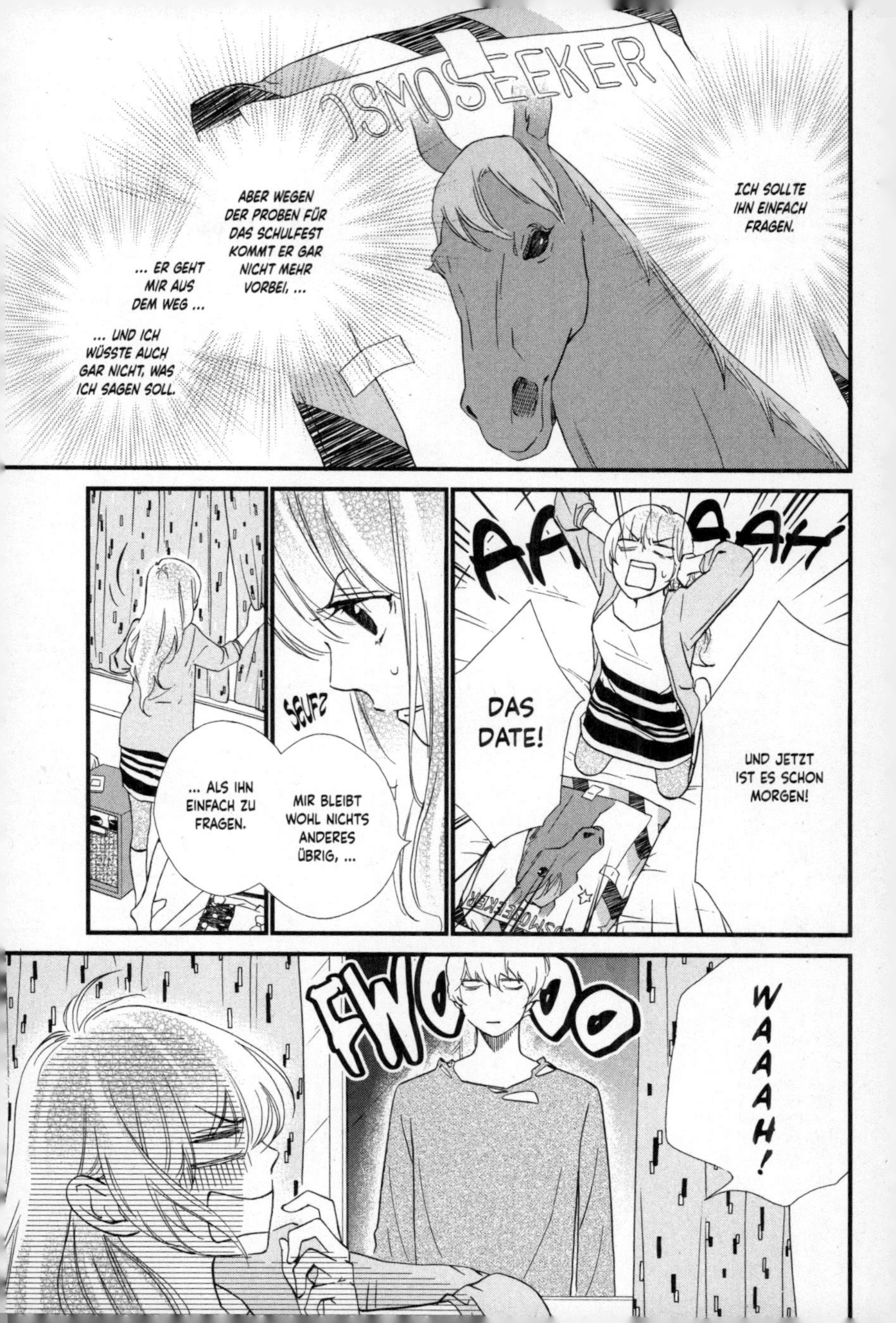

ICH SOLLTE IHN EINFACH FRAGEN.

ABER WEGEN DER PROBEN FÜR DAS SCHULFEST KOMMT ER GAR NICHT MEHR VORBEI, ...

... ER GEHT MIR AUS DEM WEG ...

... UND ICH WÜSSTE AUCH GAR NICHT, WAS ICH SAGEN SOLL.

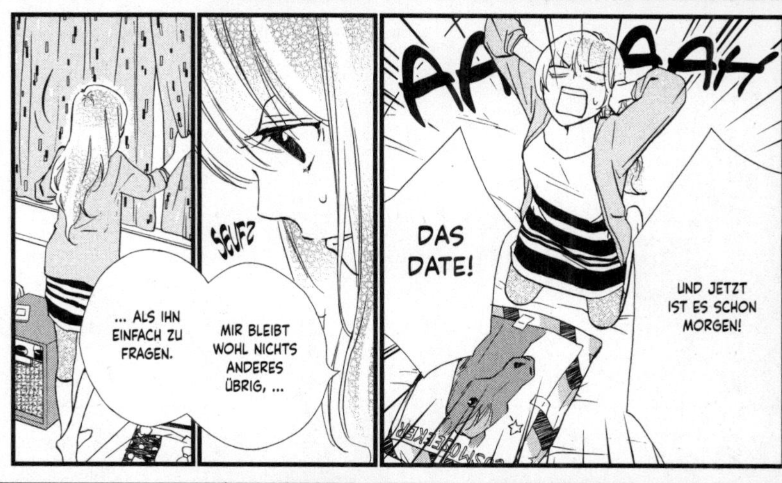

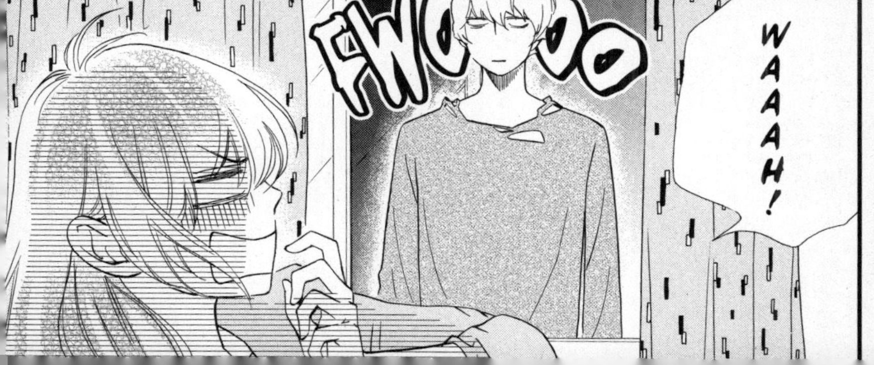

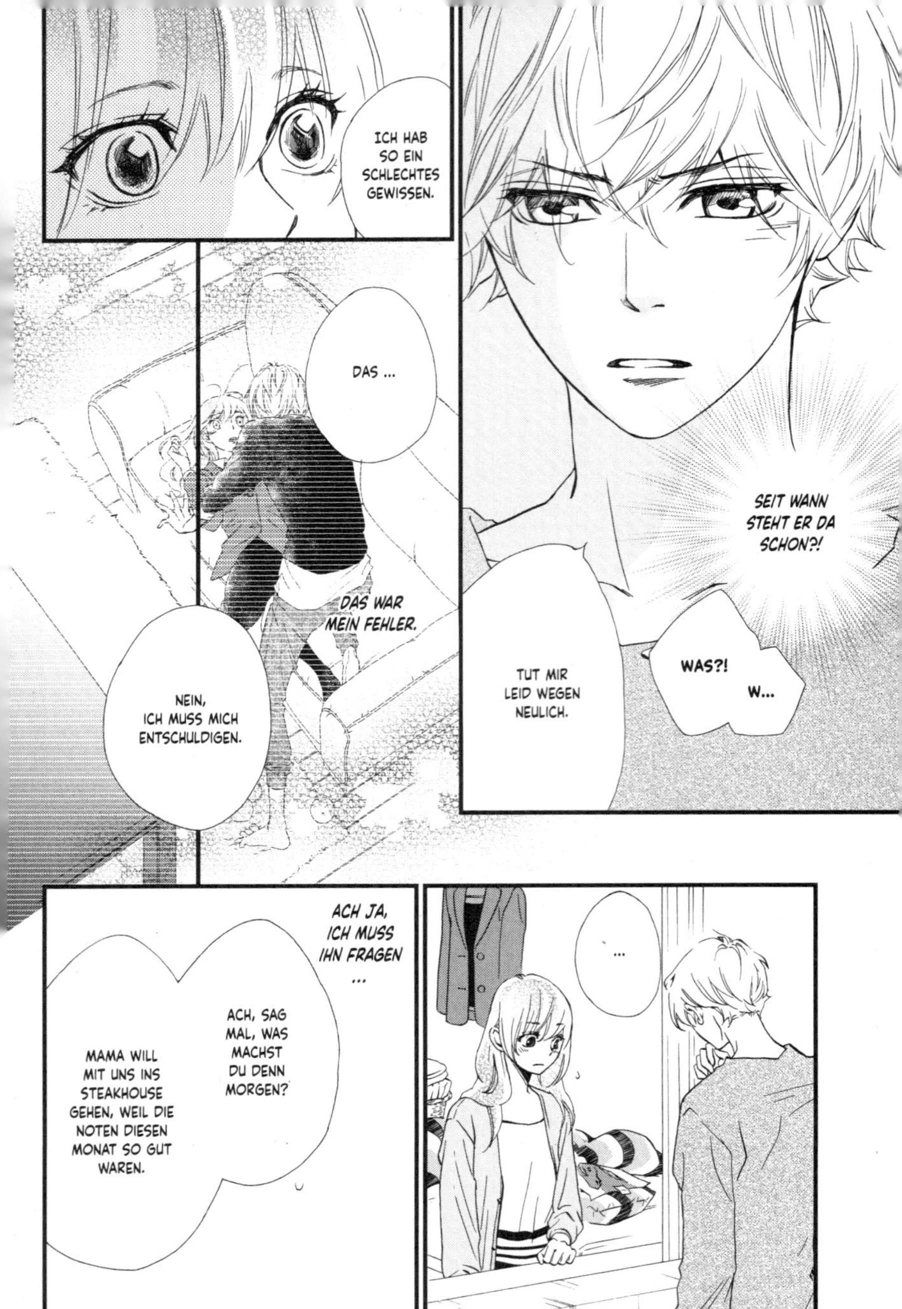
SEIT WANN STEHT ER DA SCHON?!
W...
WAS?!
TUT MIR LEID WEGEN NEULICH.
ICH HAB SO EIN SCHLECHTES GEWISSEN.
DAS ...
DAS WAR MEIN FEHLER.
NEIN, ICH MUSS MICH ENTSCHULDIGEN.
...
ACH JA, ICH MUSS IHN FRAGEN ...
ACH, SAG MAL, WAS MACHST DU DENN MORGEN?
MAMA WILL MIT UNS INS STEAKHOUSE GEHEN, WEIL DIE NOTEN DIESEN MONAT SO GUT WAREN.

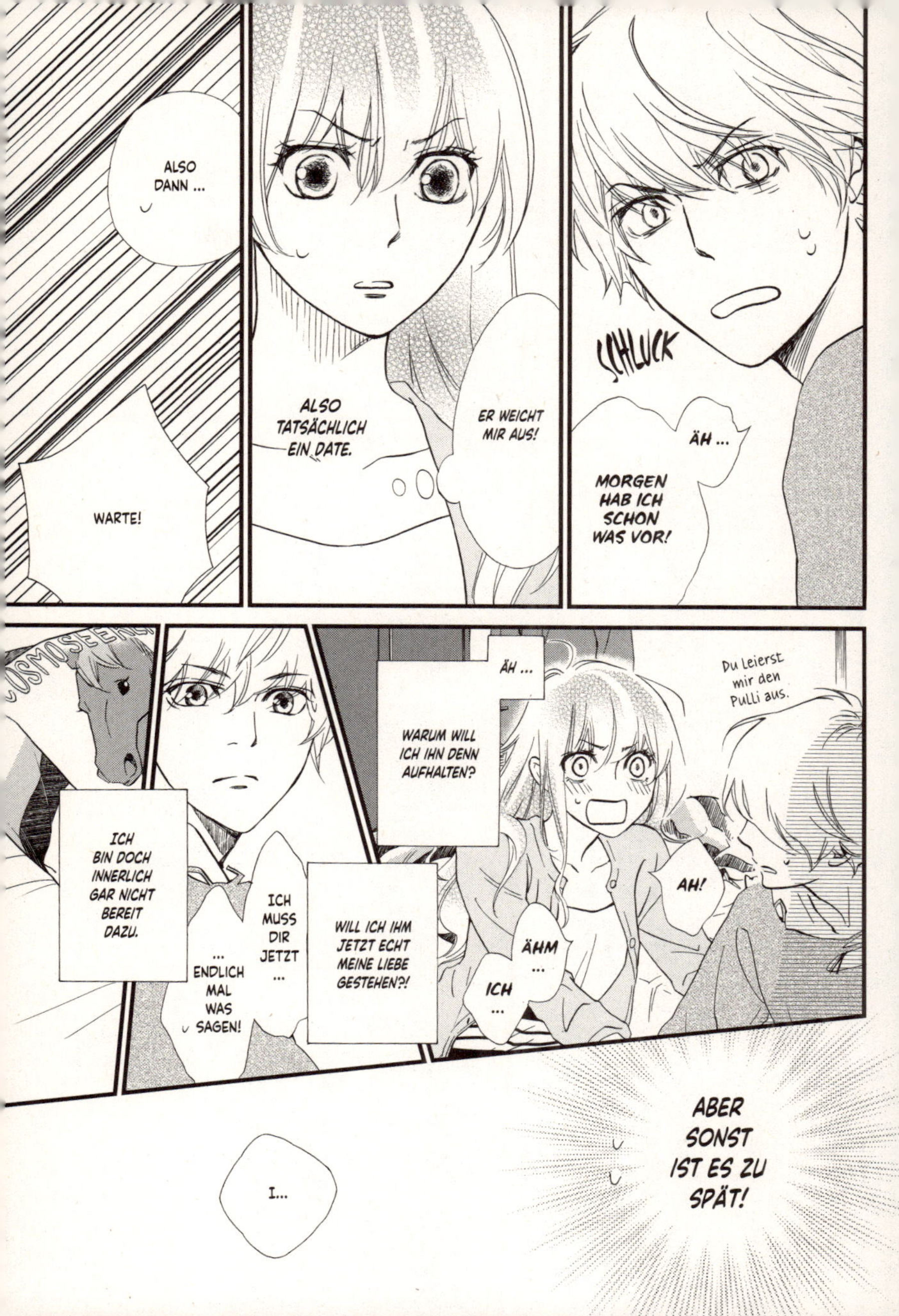
SCHLUCK
ÄH ...
MORGEN HAB ICH SCHON WAS VOR!
ER WEICHT MIR AUS!
ALSO TATSÄCHLICH EIN DATE.
ALSO DANN ...
WARTE!
Du leierst mir den Pulli aus.
AH!
ÄH ...
WARUM WILL ICH IHN DENN AUFHALTEN?
ÄHM ...
ICH ...
WILL ICH IHM JETZT ECHT MEINE LIEBE GESTEHEN?!
ICH MUSS DIR JETZT ...
... ENDLICH MAL WAS SAGEN!
ICH BIN DOCH INNERLICH GAR NICHT BEREIT DAZU.
ABER SONST IST ES ZU SPÄT!
I...

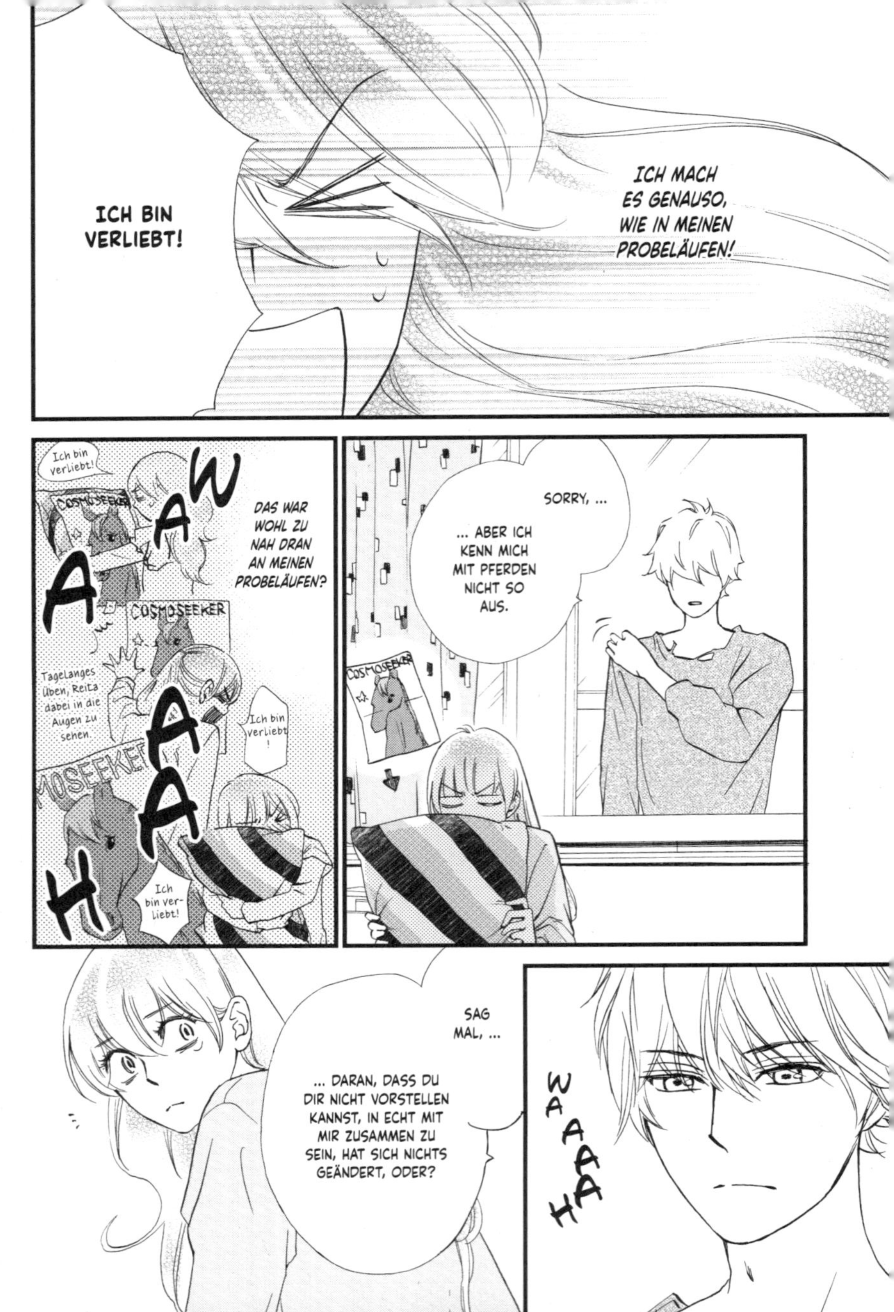
ICH MACH ES GENAUSO, WIE IN MEINEN PROBELÄUFEN!
ICH BIN VERLIEBT!
SORRY, ...
... ABER ICH KENN MICH MIT PFERDEN NICHT SO AUS.
DAS WAR WOHL ZU NAH DRAN AN MEINEN PROBELÄUFEN?
Ich bin verliebt!
COSMOSEEKER
AAAAH
COSMOSEEKER
Tagelanges Üben, Reita dabei in die Augen zu sehen.
Ich bin verliebt!
MOSEEKER
Ich bin verliebt!
COSMOSEEKER
WAAAAH
SAG MAL, ...
... DARAN, DASS DU DIR NICHT VORSTELLEN KANNST, IN ECHT MIT MIR ZUSAMMEN ZU SEIN, HAT SICH NICHTS GEÄNDERT, ODER?

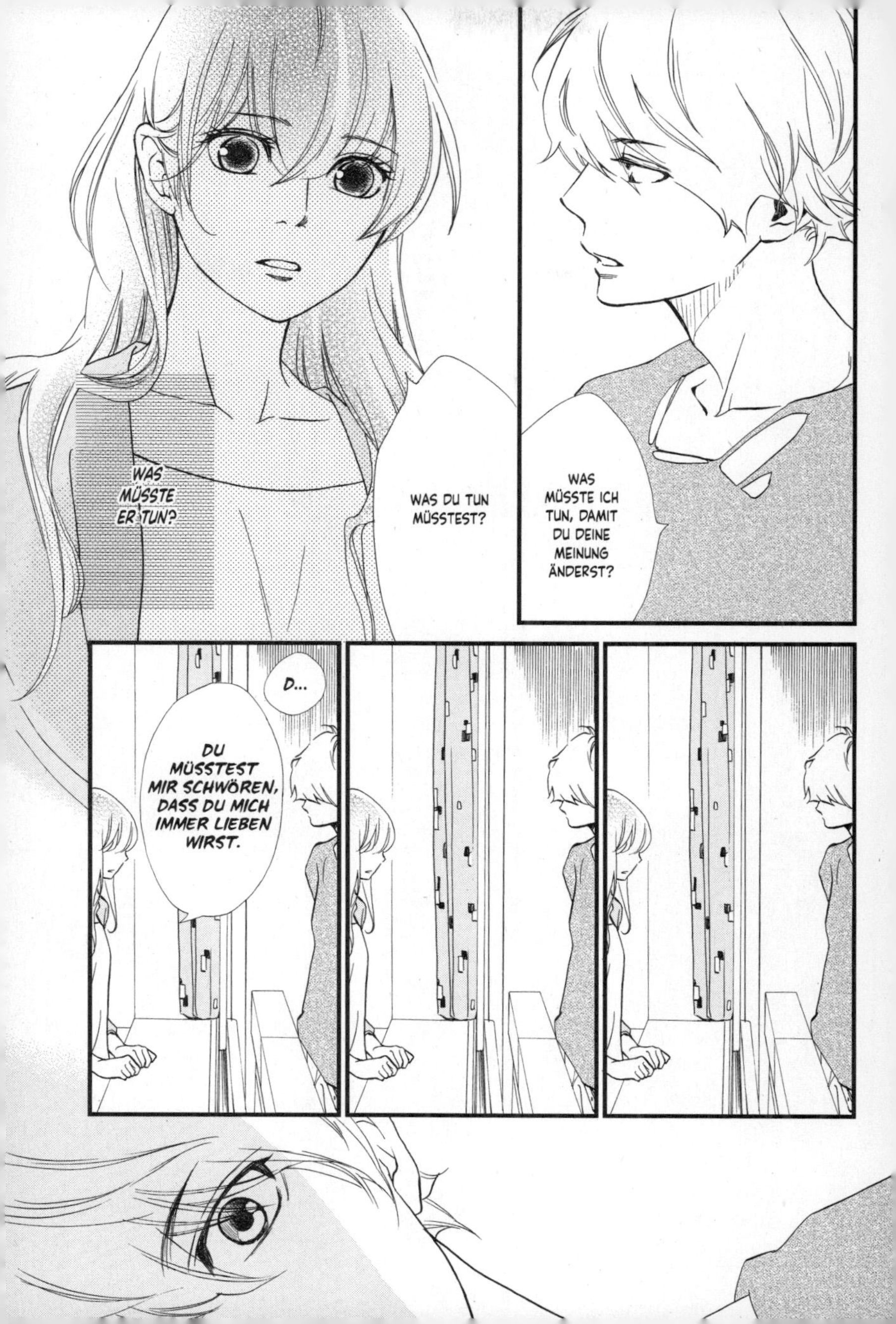

WAS MÜSSTE ICH TUN, DAMIT DU DEINE MEINUNG ÄNDERST?
WAS DU TUN MÜSSTEST?
WAS MÜSSTE ER TUN?
D...
DU MÜSSTEST MIR SCHWÖREN, DASS DU MICH IMMER LIEBEN WIRST.

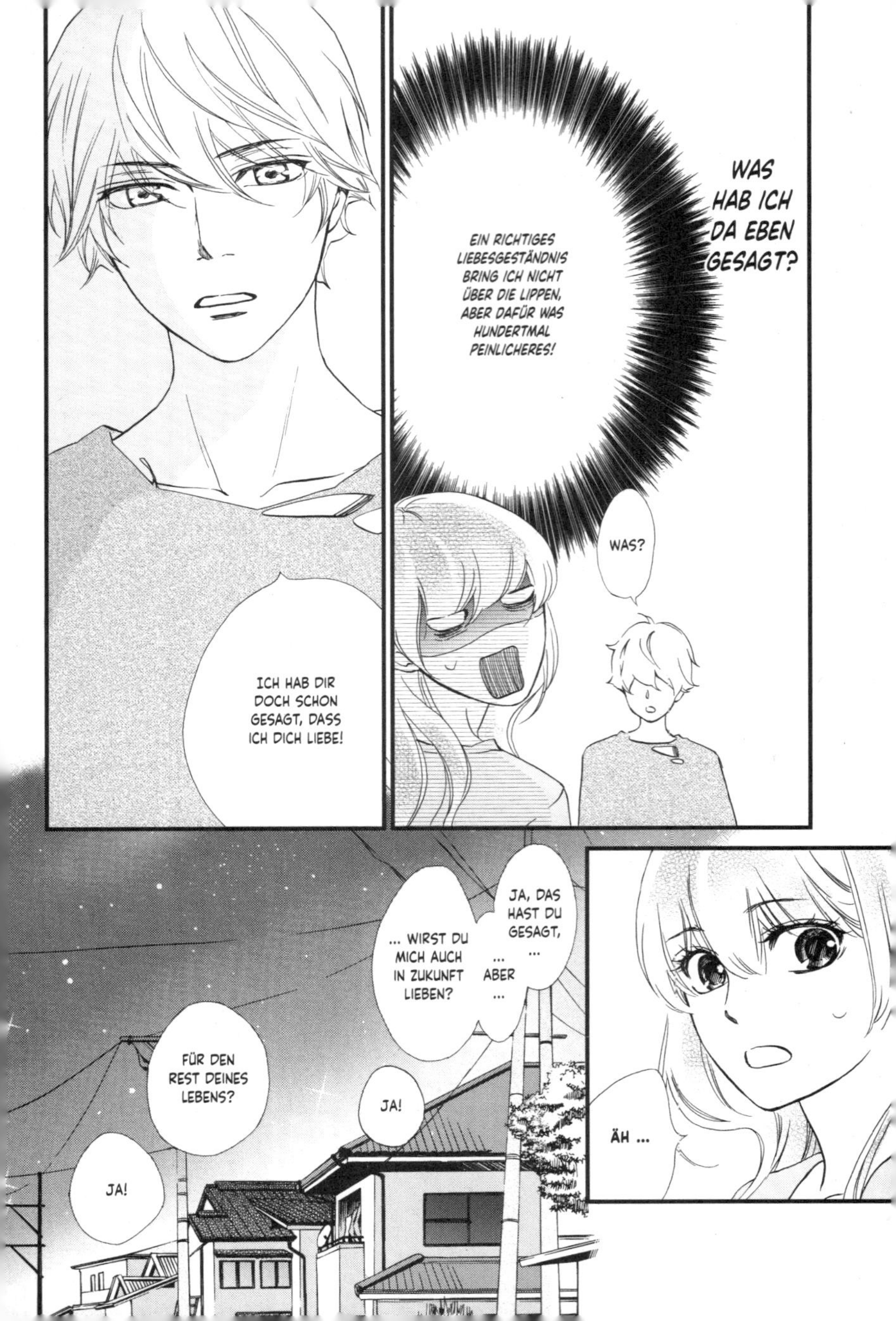
WAS HAB ICH DA EBEN GESAGT?
EIN RICHTIGES LIEBESGESTÄNDNIS BRING ICH NICHT ÜBER DIE LIPPEN, ABER DAFÜR WAS HUNDERTMAL PEINLICHERES!
WAS?
ICH HAB DIR DOCH SCHON GESAGT, DASS ICH DICH LIEBE!
ÄH ...
JA, DAS HAST DU GESAGT, ... ABER ...
... WIRST DU MICH AUCH IN ZUKUNFT LIEBEN?
JA!
FÜR DEN REST DEINES LEBENS?
JA!

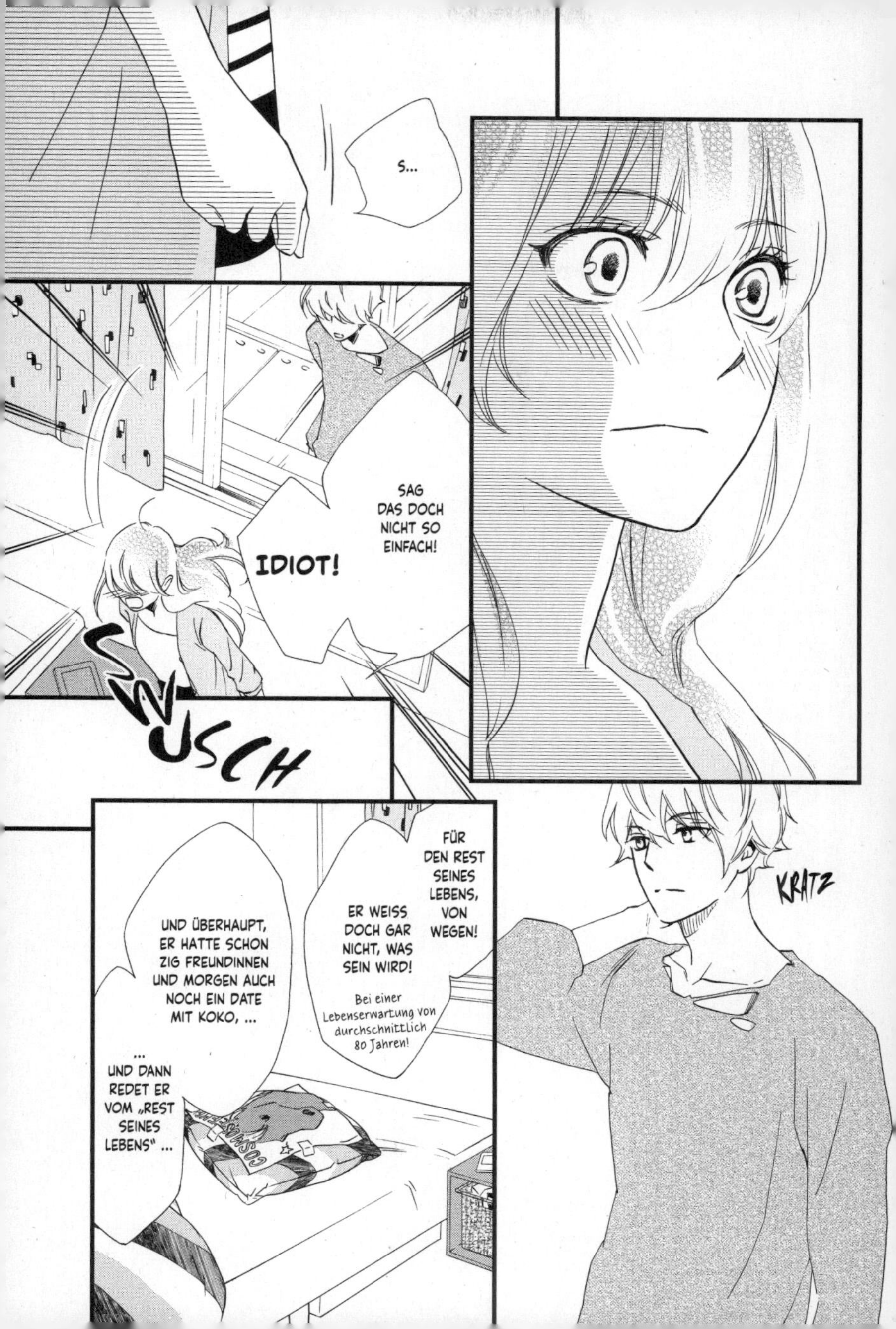
S...
SAG DAS DOCH NICHT SO EINFACH!
IDIOT!
SWUSCH
KRATZ
FÜR DEN REST SEINES LEBENS, VON WEGEN!
ER WEISS DOCH GAR NICHT, WAS SEIN WIRD!
Bei einer Lebenserwartung von durchschnittlich 80 Jahren!
UND ÜBERHAUPT, ER HATTE SCHON ZIG FREUNDINNEN UND MORGEN AUCH NOCH EIN DATE MIT KOKO, ...
... UND DANN REDET ER VOM „REST SEINES LEBENS" ...

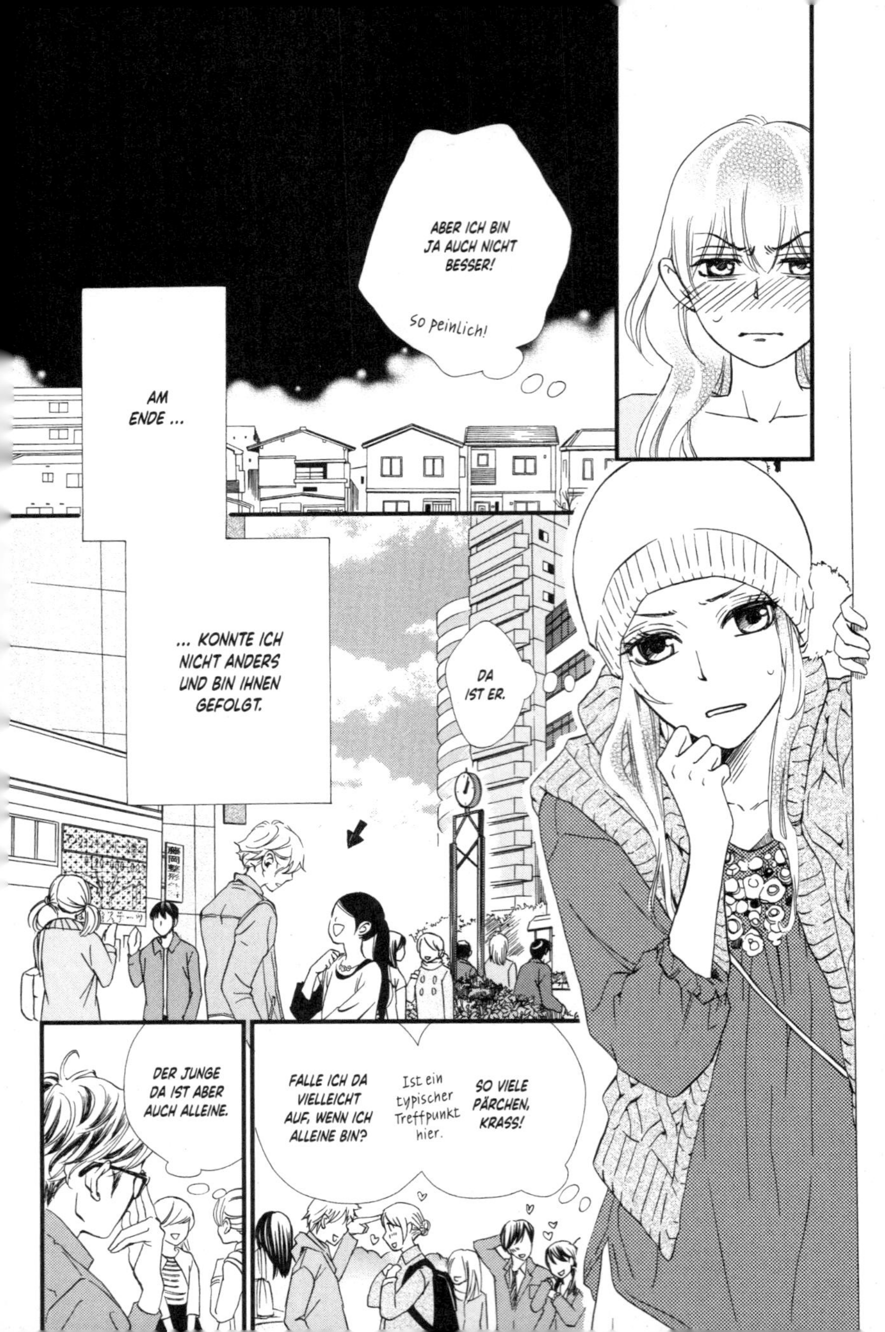
ABER ICH BIN JA AUCH NICHT BESSER!
So peinlich!
AM ENDE ...
... KONNTE ICH NICHT ANDERS UND BIN IHNEN GEFOLGT.
DA IST ER.
SO VIELE PÄRCHEN, KRASS!
Ist ein typischer Treffpunkt hier.
FALLE ICH DA VIELLEICHT AUF, WENN ICH ALLEINE BIN?
DER JUNGE DA IST ABER AUCH ALLEINE.

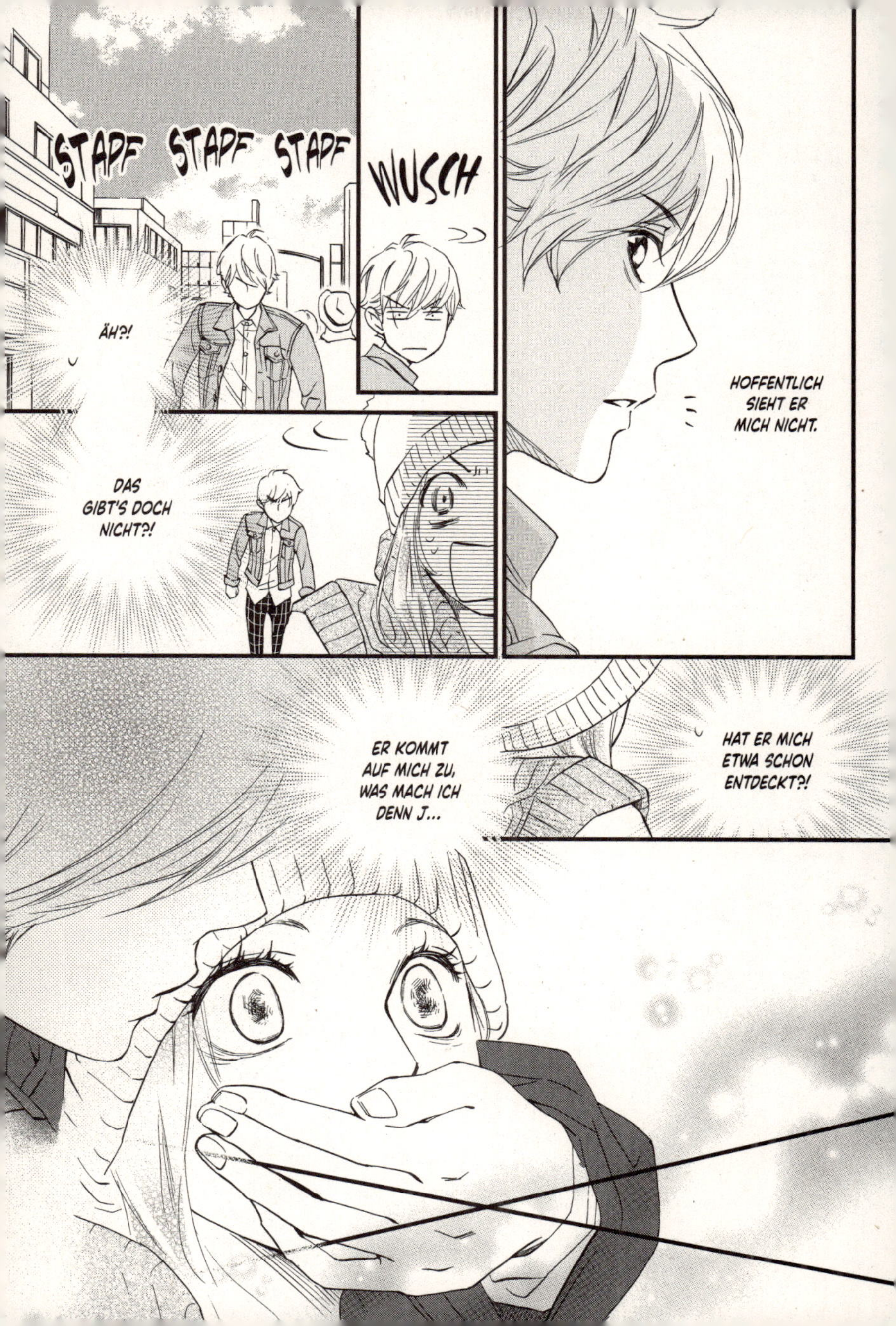
HOFFENTLICH SIEHT ER MICH NICHT.
WUSCH
STAPF STAPF STAPF
ÄH?!
DAS GIBT'S DOCH NICHT?!
HAT ER MICH ETWA SCHON ENTDECKT?!
ER KOMMT AUF MICH ZU, WAS MACH ICH DENN J...

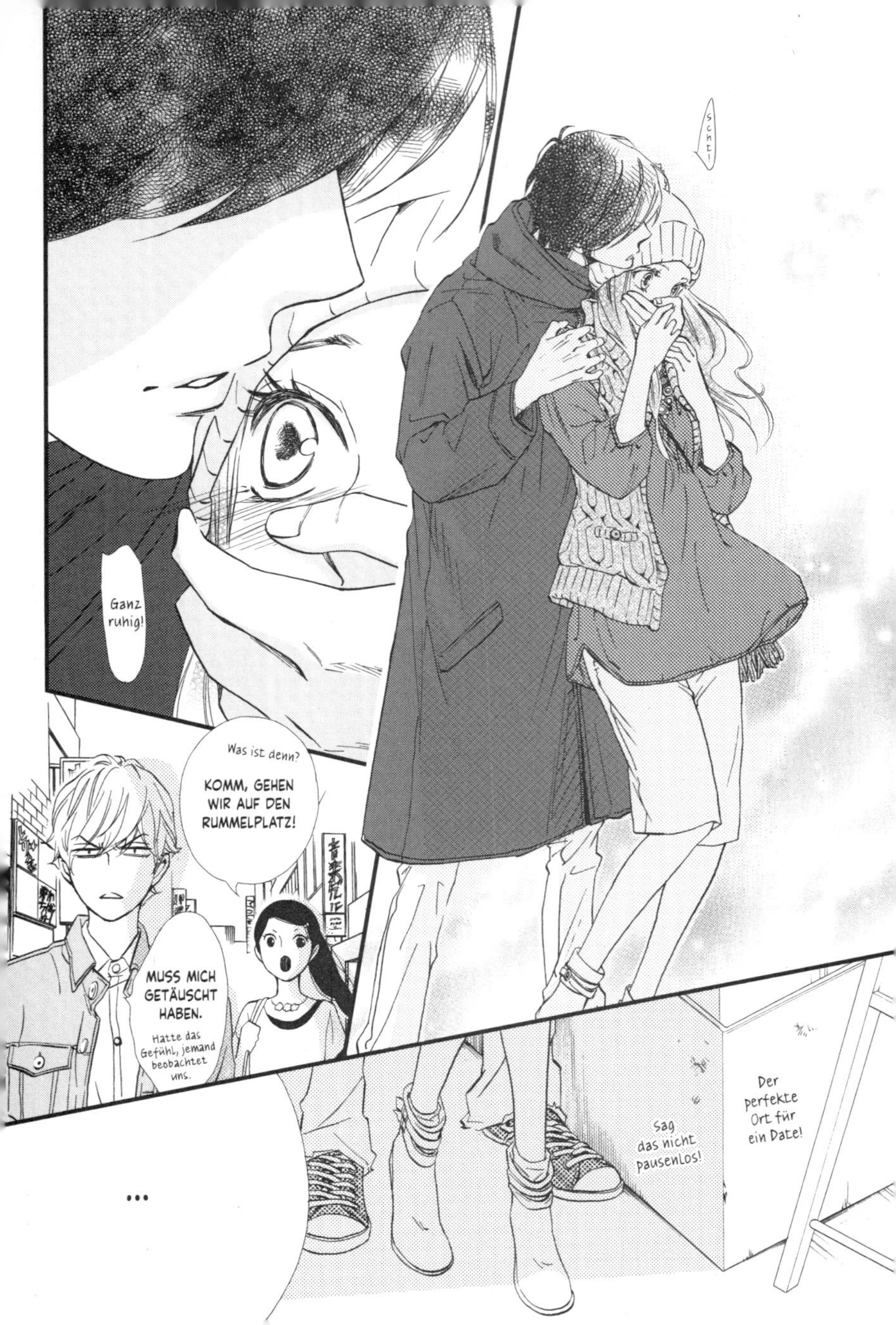
scht!
Ganz ruhig!
Was ist denn?
KOMM, GEHEN WIR AUF DEN RUMMELPLATZ!
MUSS MICH GETÄUSCHT HABEN.
Hatte das Gefühl, jemand beobachtet uns.
Der perfekte Ort für ein Date!
Sag das nicht pausenlos!
...

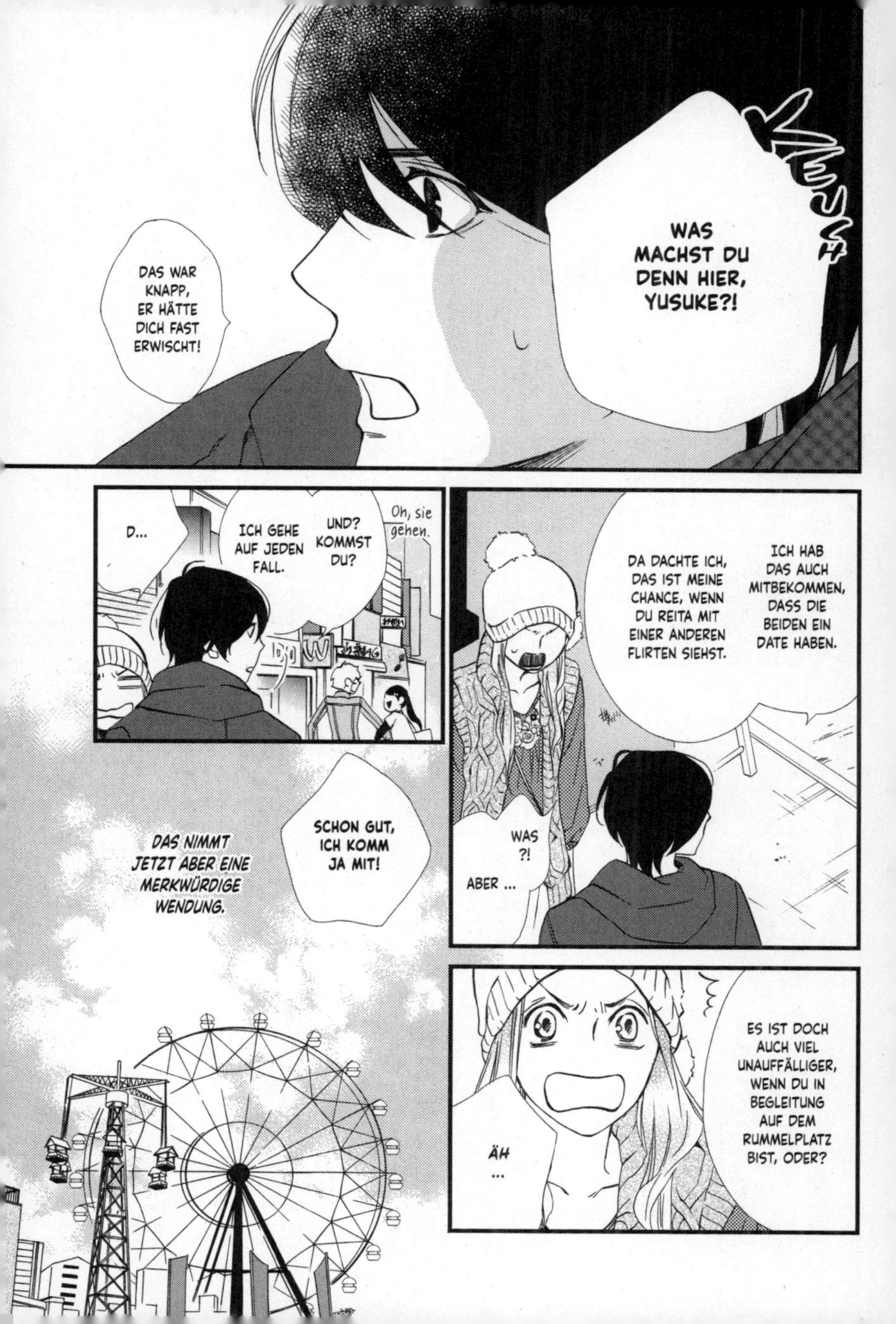

WAS MACHST DU DENN HIER, YUSUKE?!

DAS WAR KNAPP, ER HÄTTE DICH FAST ERWISCHT!

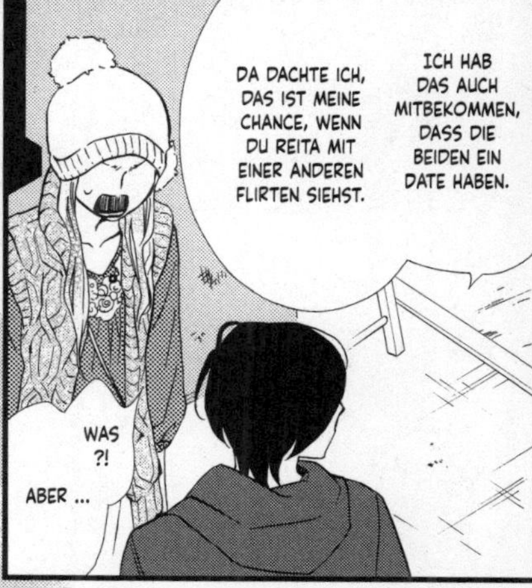

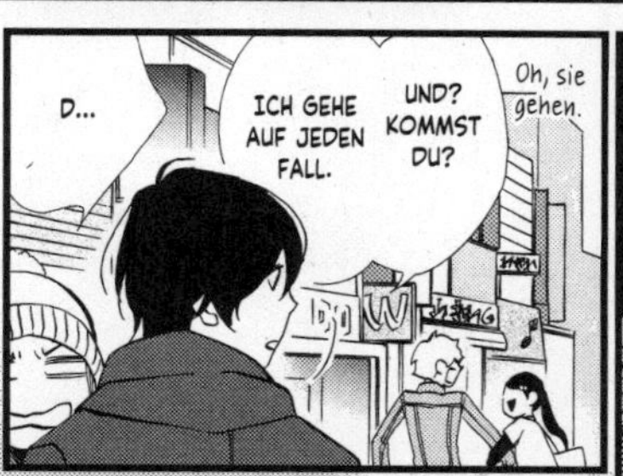

SCHON GUT, ICH KOMM JA MIT!

DAS NIMMT JETZT ABER EINE MERKWÜRDIGE WENDUNG.

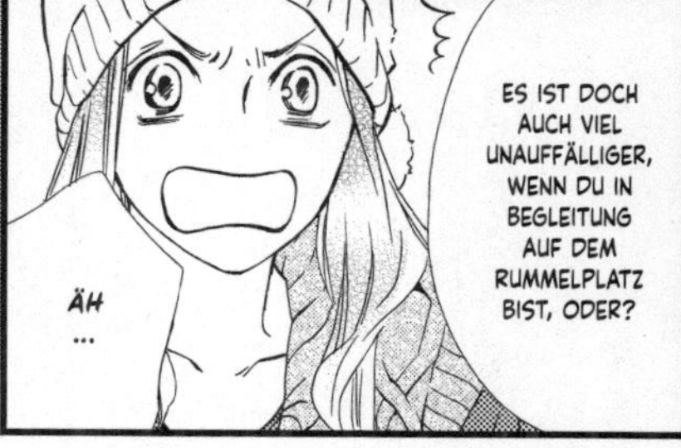

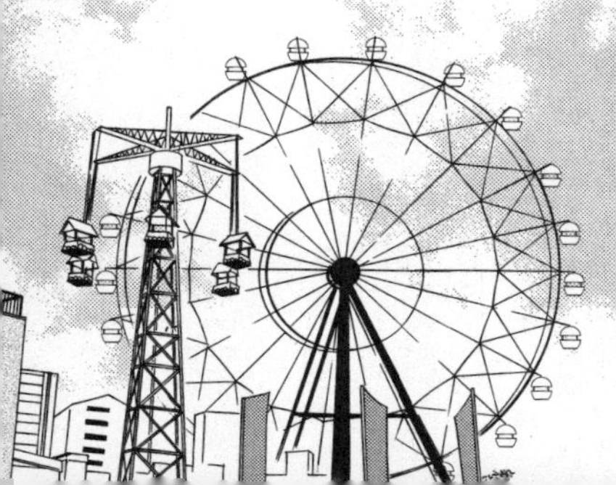

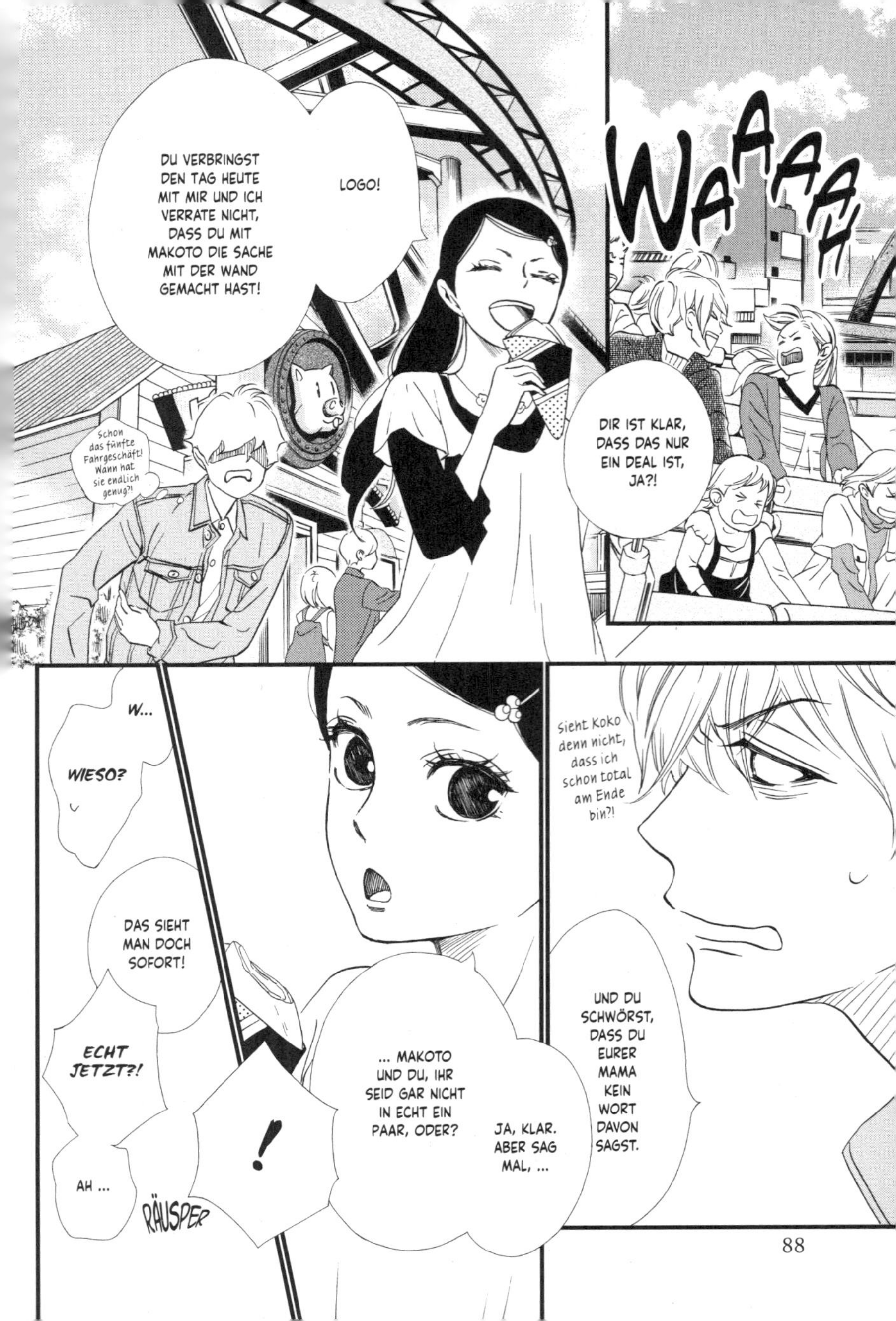
WAAAAH
DIR IST KLAR, DASS DAS NUR EIN DEAL IST, JA?!
LOGO!
DU VERBRINGST DEN TAG HEUTE MIT MIR UND ICH VERRATE NICHT, DASS DU MIT MAKOTO DIE SACHE MIT DER WAND GEMACHT HAST!
Schon das fünfte Fahrgeschäft! Wann hat sie endlich genug?!
Sieht Koko denn nicht, dass ich schon total am Ende bin?!
UND DU SCHWÖRST, DASS DU EURER MAMA KEIN WORT DAVON SAGST.
JA, KLAR. ABER SAG MAL, ...
... MAKOTO UND DU, IHR SEID GAR NICHT IN ECHT EIN PAAR, ODER?
!
RÄUSPER
W...
WIESO?
DAS SIEHT MAN DOCH SOFORT!
ECHT JETZT?!
AH ...

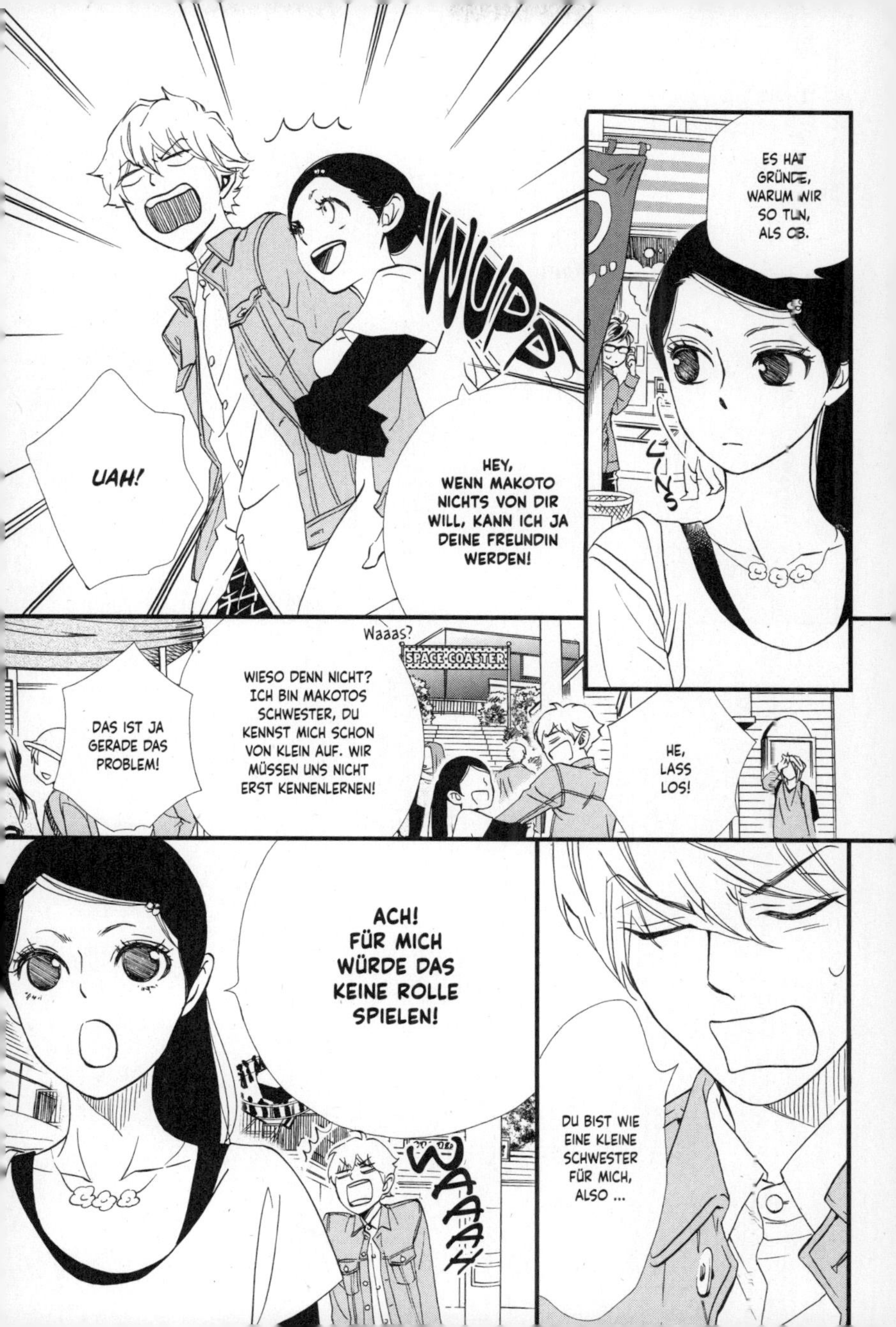
ES HAT GRÜNDE, WARUM WIR SO TUN, ALS OB.
WUPP
HEY, WENN MAKOTO NICHTS VON DIR WILL, KANN ICH JA DEINE FREUNDIN WERDEN!
UAH!
HE, LASS LOS!
SPACE COASTER
Waaas?
WIESO DENN NICHT? ICH BIN MAKOTOS SCHWESTER, DU KENNST MICH SCHON VON KLEIN AUF. WIR MÜSSEN UNS NICHT ERST KENNENLERNEN!
DAS IST JA GERADE DAS PROBLEM!
DU BIST WIE EINE KLEINE SCHWESTER FÜR MICH, ALSO ...
ACH! FÜR MICH WÜRDE DAS KEINE ROLLE SPIELEN!
WAAAH

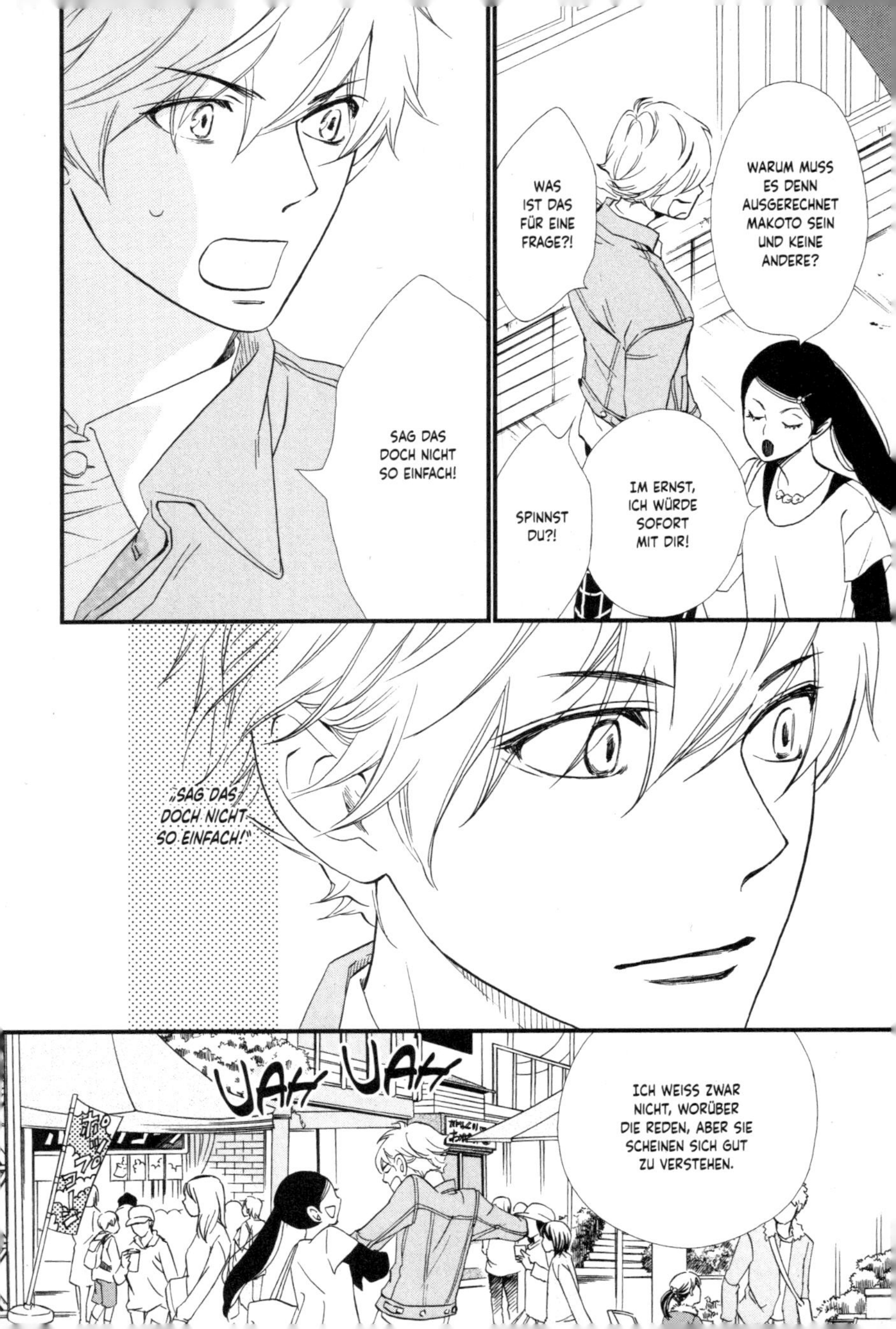
WARUM MUSS ES DENN AUSGERECHNET MAKOTO SEIN UND KEINE ANDERE?
WAS IST DAS FÜR EINE FRAGE?!
IM ERNST, ICH WÜRDE SOFORT MIT DIR!
SPINNST DU?!
SAG DAS DOCH NICHT SO EINFACH!
„SAG DAS DOCH NICHT SO EINFACH!“
UAH UAH
ICH WEISS ZWAR NICHT, WORÜBER DIE REDEN, ABER SIE SCHEINEN SICH GUT ZU VERSTEHEN.

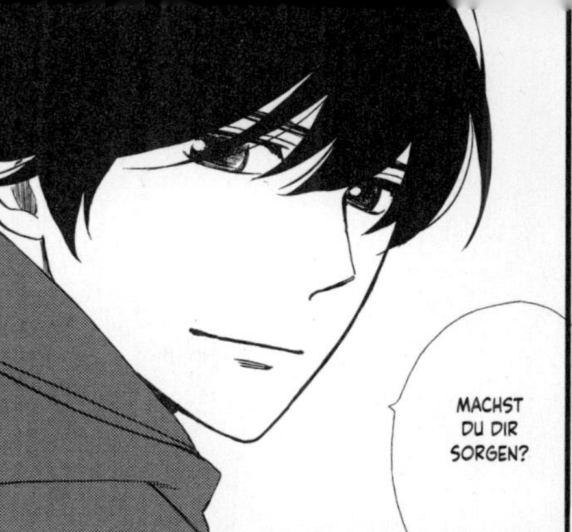
MACHST DU DIR SORGEN?

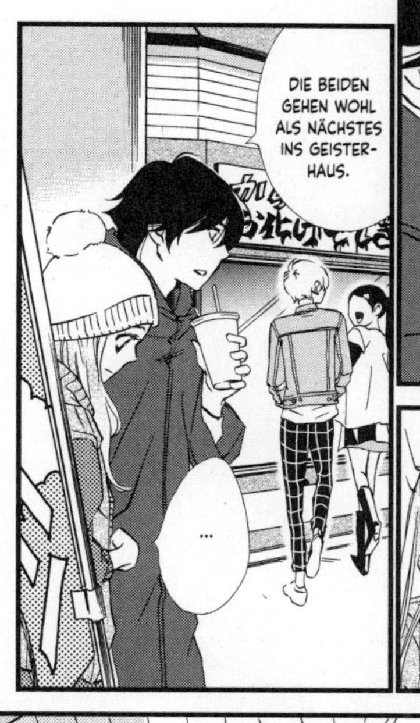
DIE BEIDEN GEHEN WOHL ALS NÄCHSTES INS GEISTER-HAUS.
...

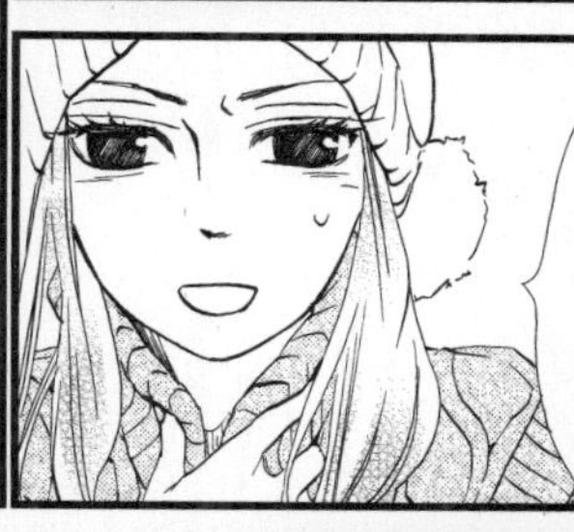
Quatsch.
REITA UND KOKO SIND SCHON IMMER GUT MITEINANDER AUSGEKOMMEN.
Wenn überhaupt, mach ich mir Sorgen um das Benehmen meiner kleinen Schwester.

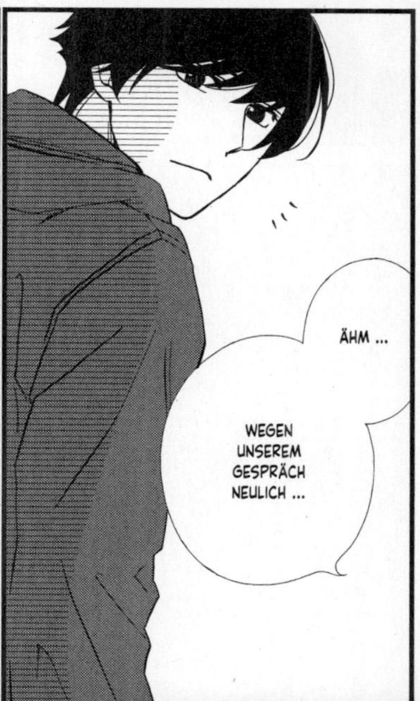
ÄHM ...
WEGEN UNSEREM GESPRÄCH NEULICH ...

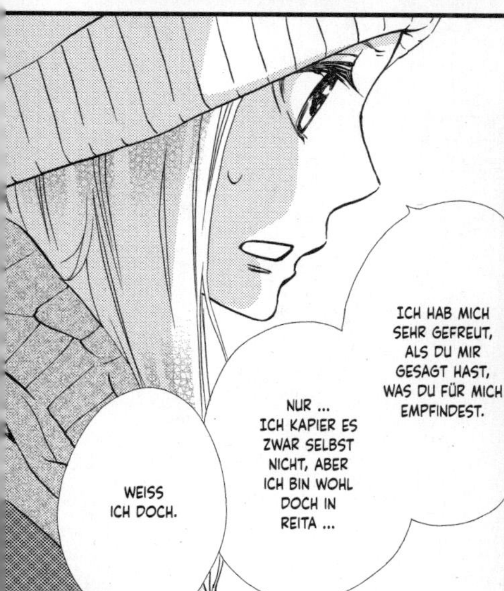
ICH HAB MICH SEHR GEFREUT, ALS DU MIR GESAGT HAST, WAS DU FÜR MICH EMPFINDEST.
NUR ... ICH KAPIER ES ZWAR SELBST NICHT, ABER ICH BIN WOHL DOCH IN REITA ...
WEISS ICH DOCH.

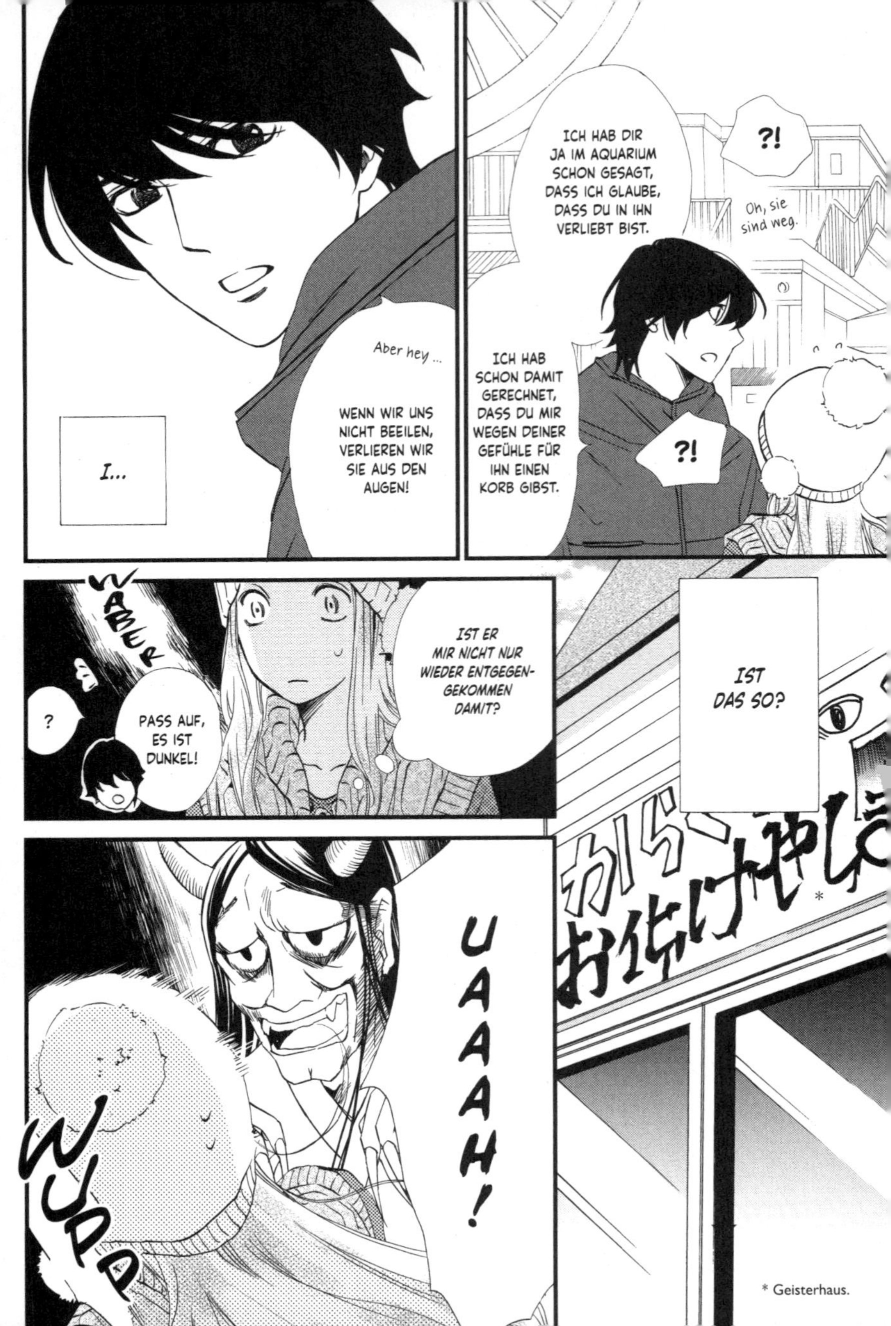

* Geisterhaus.

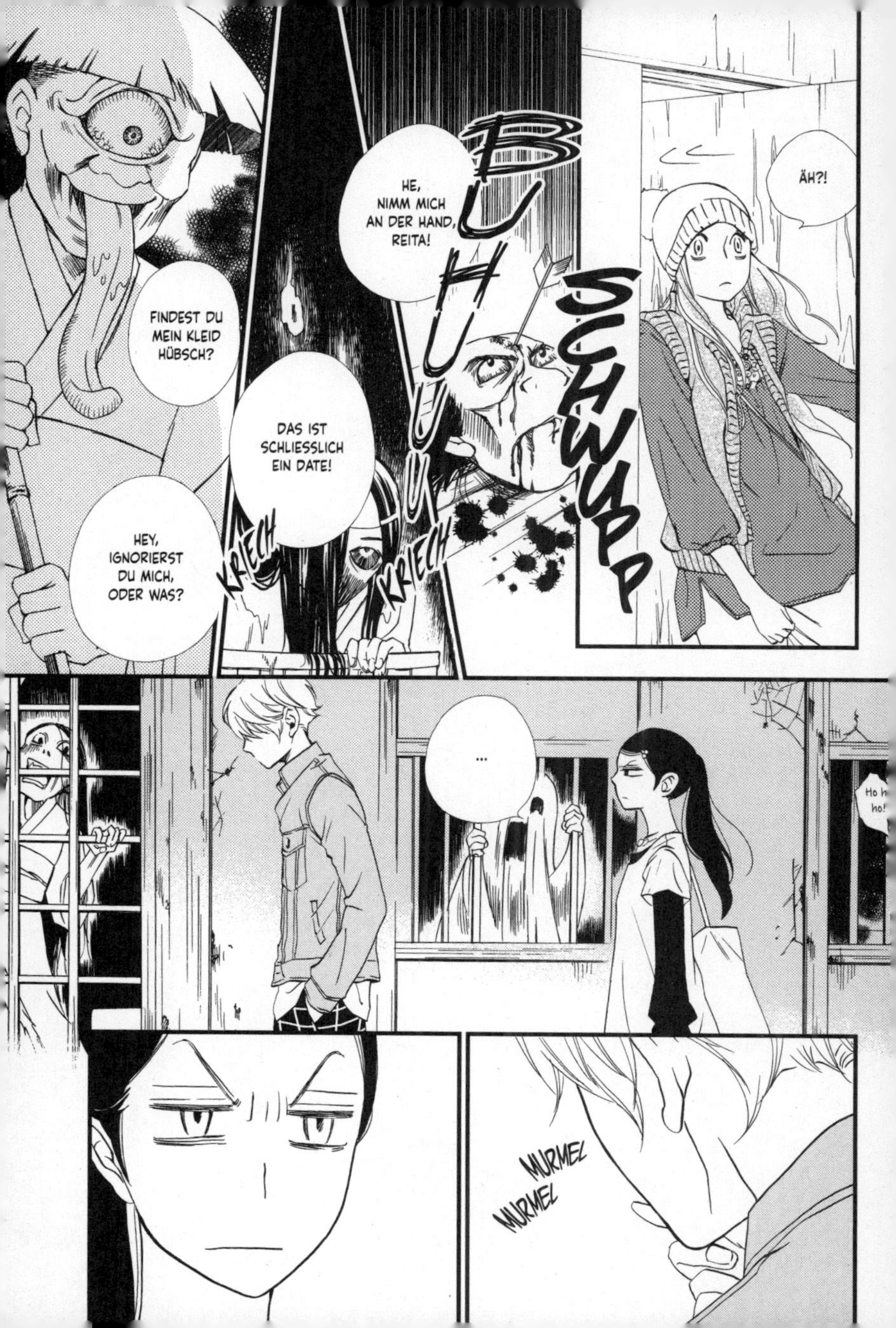

ÄH?!
SCHWUPP
BUHUUU
HE, NIMM MICH AN DER HAND, REITA!
DAS IST SCHLIESSLICH EIN DATE!
KRIECH
KRIECH
FINDEST DU MEIN KLEID HÜBSCH?
HEY, IGNORIERST DU MICH, ODER WAS?
Ho h ho!
...
MURMEL
MURMEL

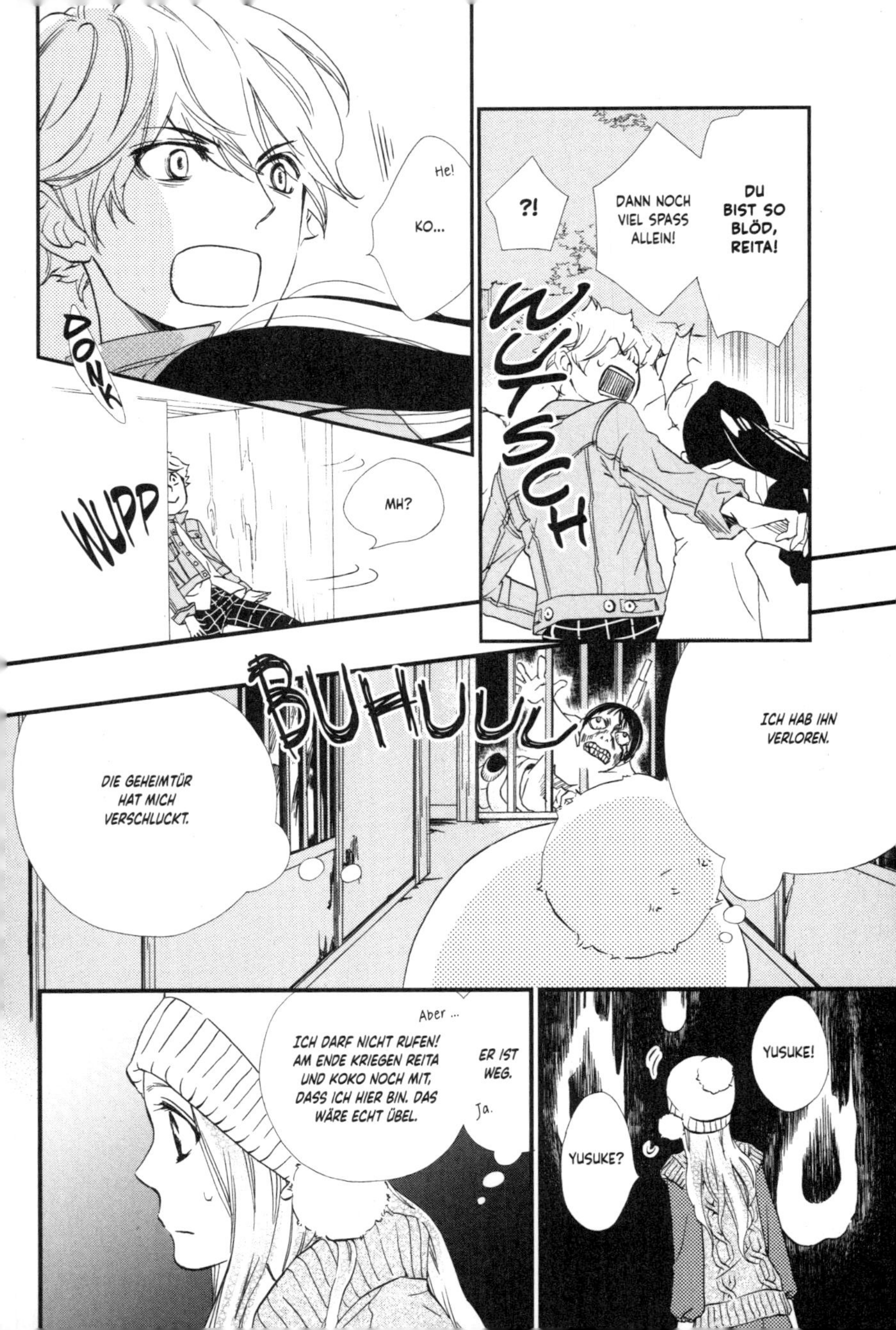
DU BIST SO BLÖD, REITA!
DANN NOCH VIEL SPASS ALLEIN!
?!
WUTSCH
He!
KO...
DONK
MH?
WUPP
BUHUUU
ICH HAB IHN VERLOREN.
DIE GEHEIMTÜR HAT MICH VERSCHLUCKT.
YUSUKE!
YUSUKE?
ER IST WEG.
Ja.
Aber ...
ICH DARF NICHT RUFEN! AM ENDE KRIEGEN REITA UND KOKO NOCH MIT, DASS ICH HIER BIN. DAS WÄRE ECHT ÜBEL.

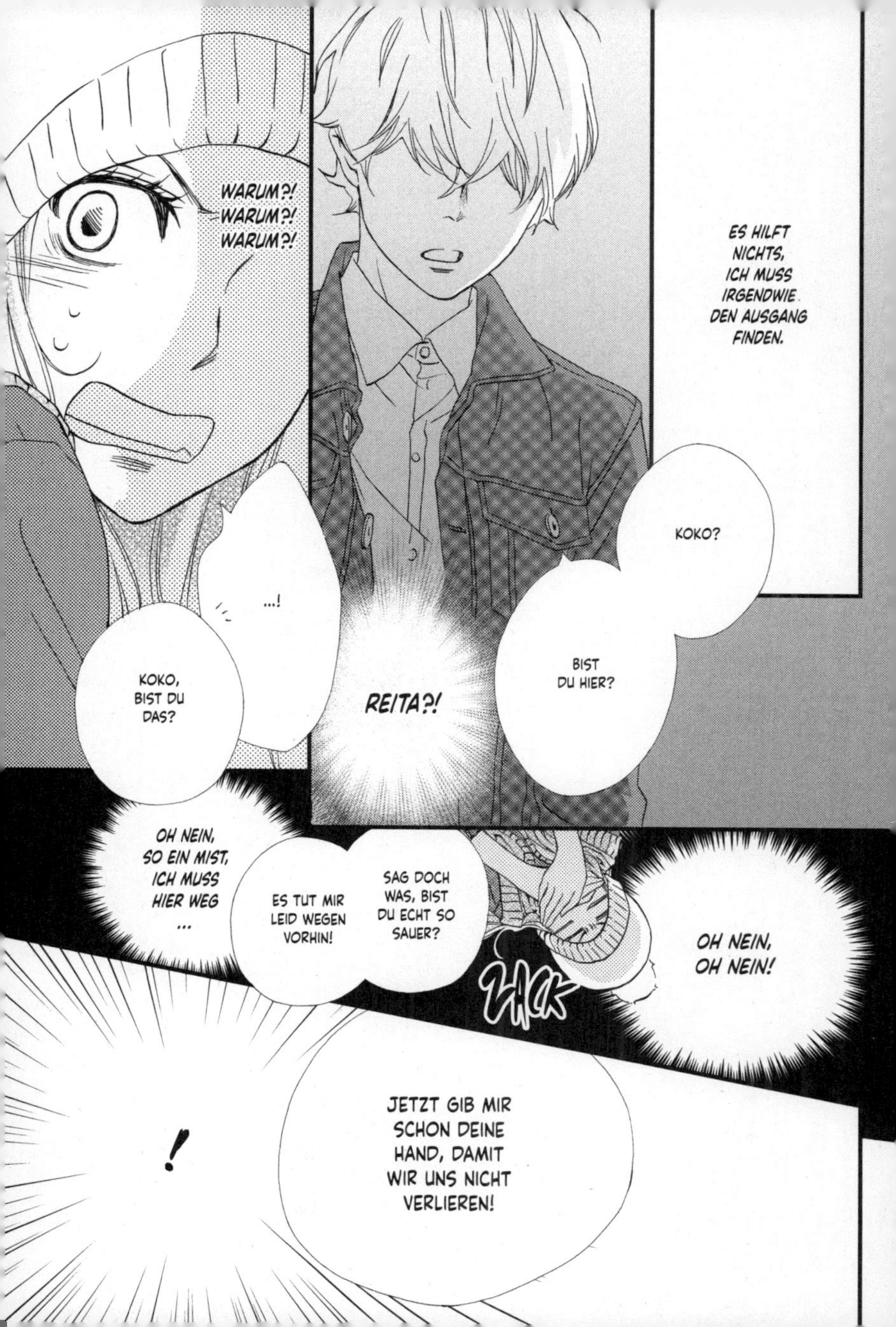
ES HILFT NICHTS, ICH MUSS IRGENDWIE DEN AUSGANG FINDEN.
KOKO?
BIST DU HIER?
REITA?!
WARUM?! WARUM?! WARUM?!
...!
KOKO, BIST DU DAS?
OH NEIN, OH NEIN!
ZACK
SAG DOCH WAS, BIST DU ECHT SO SAUER?
ES TUT MIR LEID WEGEN VORHIN!
OH NEIN, SO EIN MIST, ICH MUSS HIER WEG ...
JETZT GIB MIR SCHON DEINE HAND, DAMIT WIR UNS NICHT VERLIEREN!
!

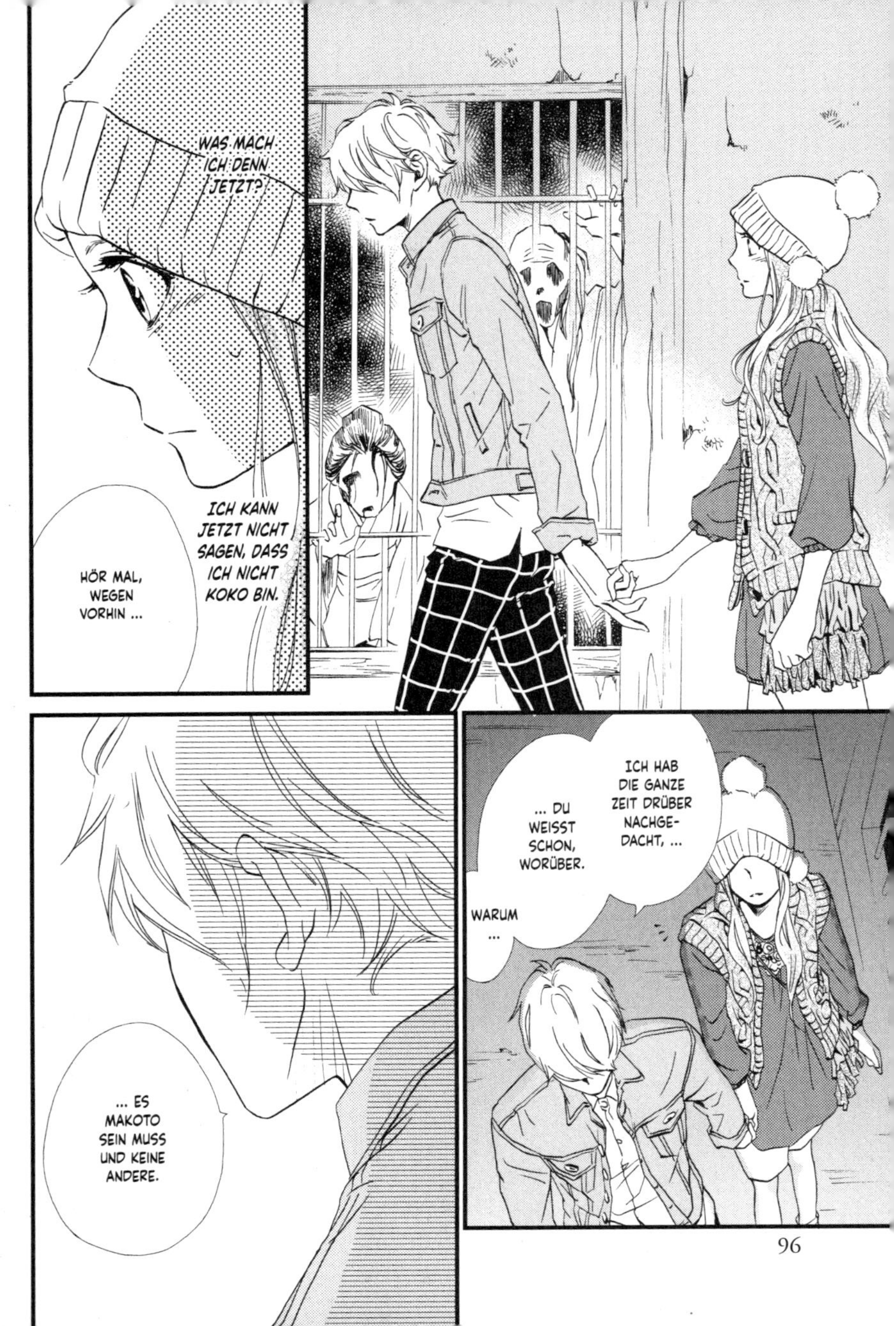
WAS MACH ICH DENN JETZT?
ICH KANN JETZT NICHT SAGEN, DASS ICH NICHT KOKO BIN.
HÖR MAL, WEGEN VORHIN ...
ICH HAB DIE GANZE ZEIT DRÜBER NACHGE-DACHT, ...
... DU WEISST SCHON, WORÜBER.
WARUM ...
... ES MAKOTO SEIN MUSS UND KEINE ANDERE.

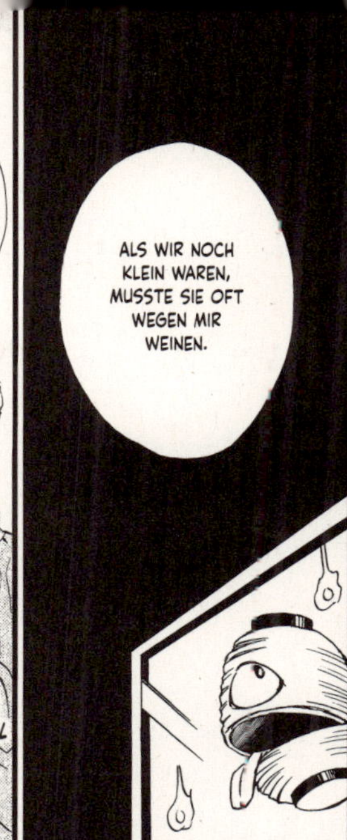
ALS WIR NOCH KLEIN WAREN, MUSSTE SIE OFT WEGEN MIR WEINEN.

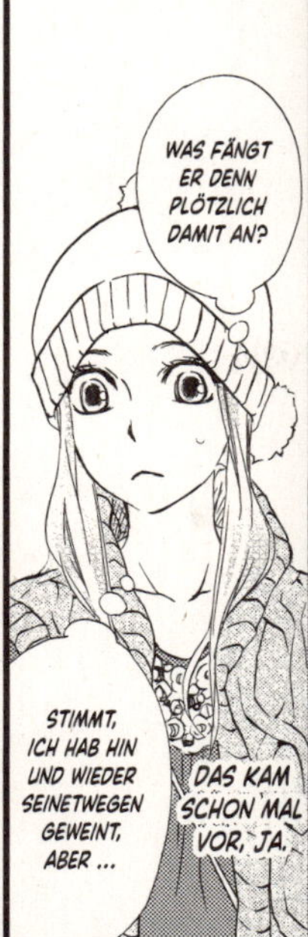
WAS FÄNGT ER DENN PLÖTZLICH DAMIT AN?
DAS KAM SCHON MAL VOR, JA.
STIMMT, ICH HAB HIN UND WIEDER SEINETWEGEN GEWEINT, ABER ...

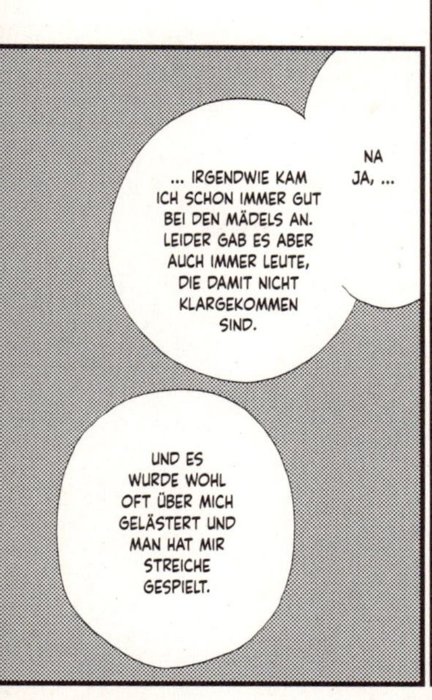
NA JA, ...
... IRGENDWIE KAM ICH SCHON IMMER GUT BEI DEN MÄDELS AN. LEIDER GAB ES ABER AUCH IMMER LEUTE, DIE DAMIT NICHT KLARGEKOMMEN SIND.
UND ES WURDE WOHL OFT ÜBER MICH GELÄSTERT UND MAN HAT MIR STREICHE GESPIELT.

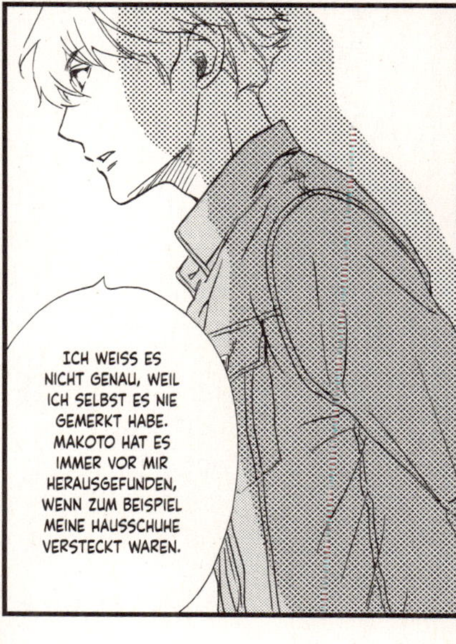
ICH WEISS ES NICHT GENAU, WEIL ICH SELBST ES NIE GEMERKT HABE. MAKOTO HAT ES IMMER VOR MIR HERAUSGEFUNDEN, WENN ZUM BEISPIEL MEINE HAUSSCHUHE VERSTECKT WAREN.

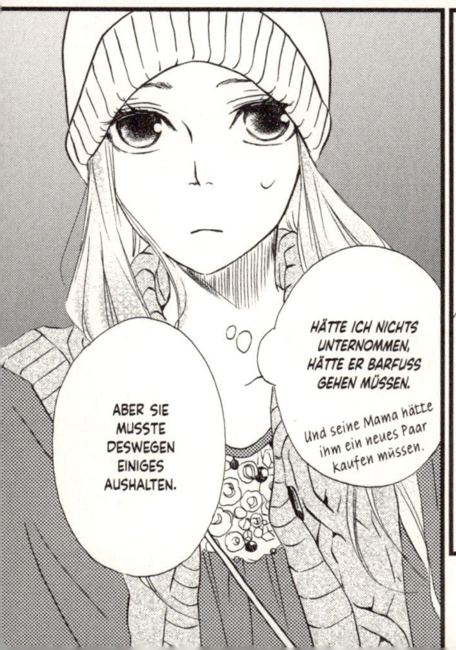
HÄTTE ICH NICHTS UNTERNOMMEN, HÄTTE ER BARFUSS GEHEN MÜSSEN.
Und seine Mama hätte ihm ein neues Paar kaufen müssen.
ABER SIE MUSSTE DESWEGEN EINIGES AUSHALTEN.

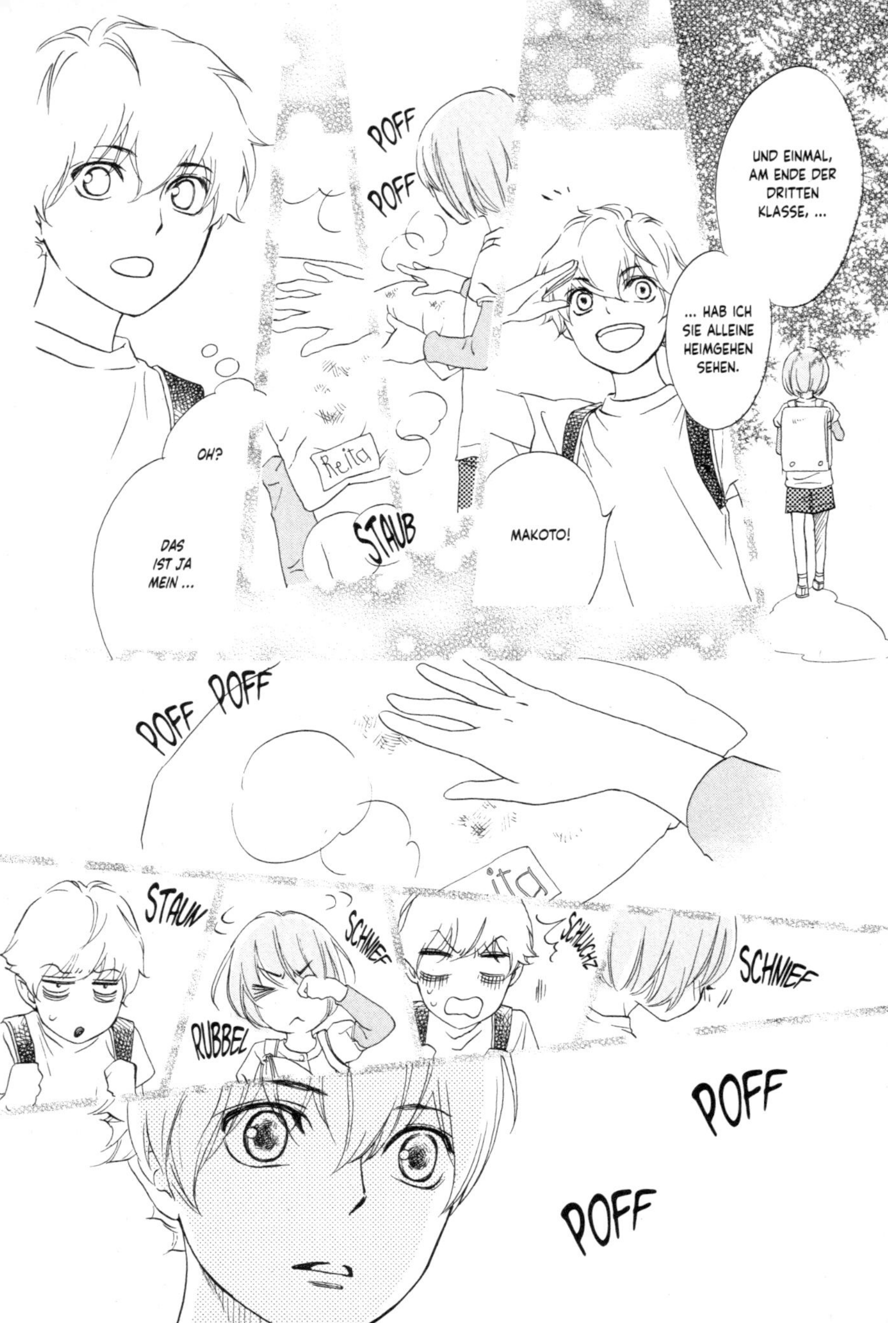
UND EINMAL, AM ENDE DER DRITTEN KLASSE, ...
... HAB ICH SIE ALLEINE HEIMGEHEN SEHEN.
MAKOTO!
POFF
POFF
STAUB
OH?
DAS IST JA MEIN ...
POFF POFF
SCHNIEF
SCHLUCHZ
SCHNIEF
RUBBEL
STAUN
POFF
POFF

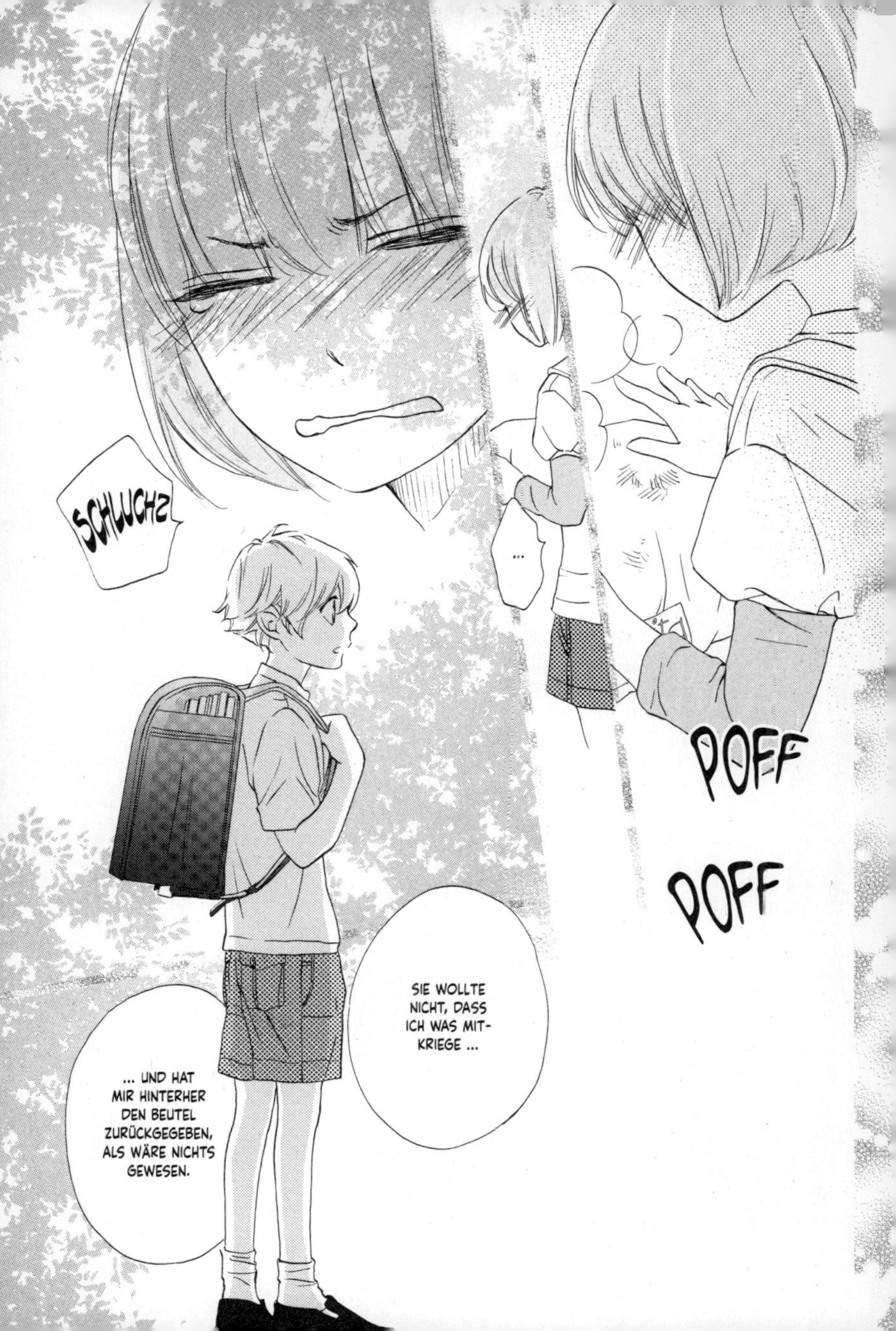
SCHLUCHZ
...
POFF
POFF
SIE WOLLTE NICHT, DASS ICH WAS MIT-KRIEGE ...
... UND HAT MIR HINTERHER DEN BEUTEL ZURÜCKGEGEBEN, ALS WÄRE NICHTS GEWESEN.

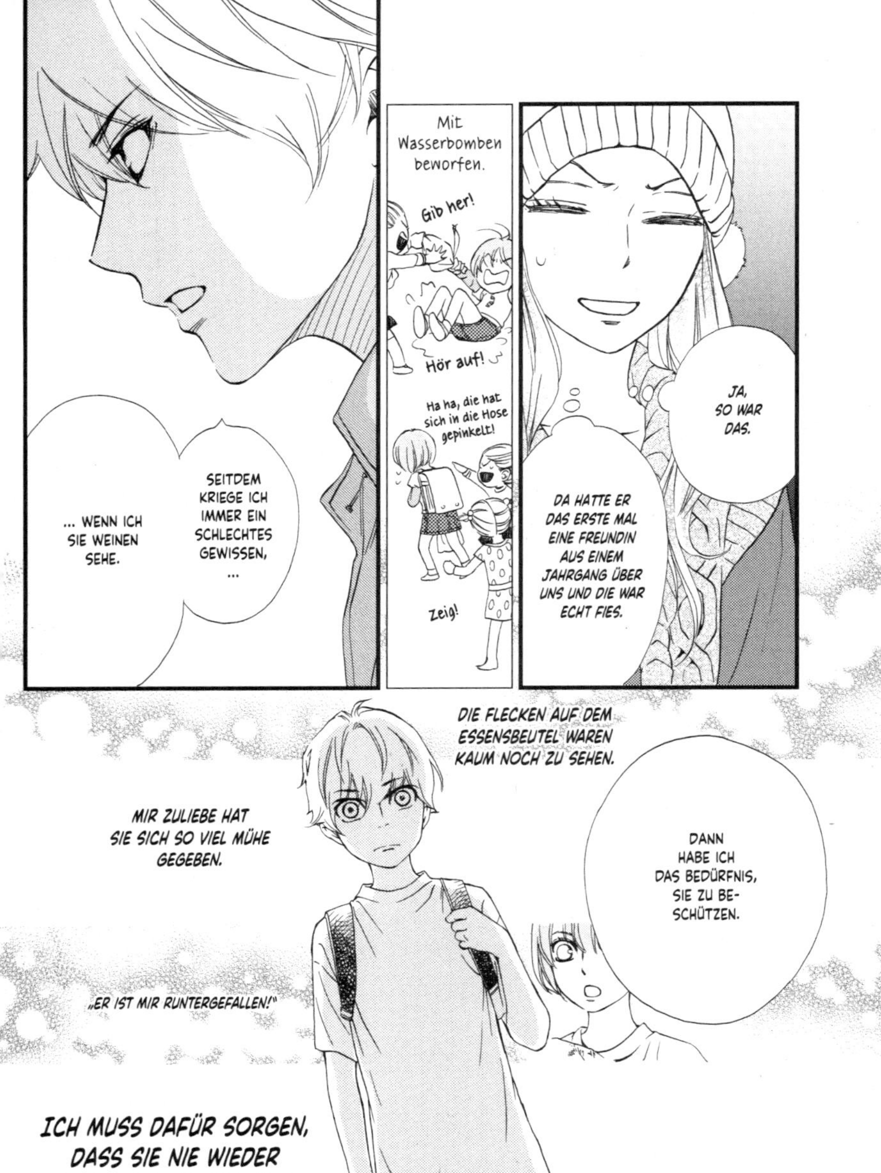
JA, SO WAR DAS.
DA HATTE ER DAS ERSTE MAL EINE FREUNDIN AUS EINEM JAHRGANG ÜBER UNS UND DIE WAR ECHT FIES.
Mit Wasserbomben beworfen.
Gib her!
Hör auf!
Ha ha, die hat sich in die Hose gepinkelt!
Zeig!
SEITDEM KRIEGE ICH IMMER EIN SCHLECHTES GEWISSEN, ...
... WENN ICH SIE WEINEN SEHE.
DANN HABE ICH DAS BEDÜRFNIS, SIE ZU BESCHÜTZEN.
DIE FLECKEN AUF DEM ESSENSBEUTEL WAREN KAUM NOCH ZU SEHEN.
MIR ZULIEBE HAT SIE SICH SO VIEL MÜHE GEGEBEN.
„ER IST MIR RUNTERGEFALLEN!"
ICH MUSS DAFÜR SORGEN, DASS SIE NIE WIEDER WEGEN MIR WEINEN MUSS.

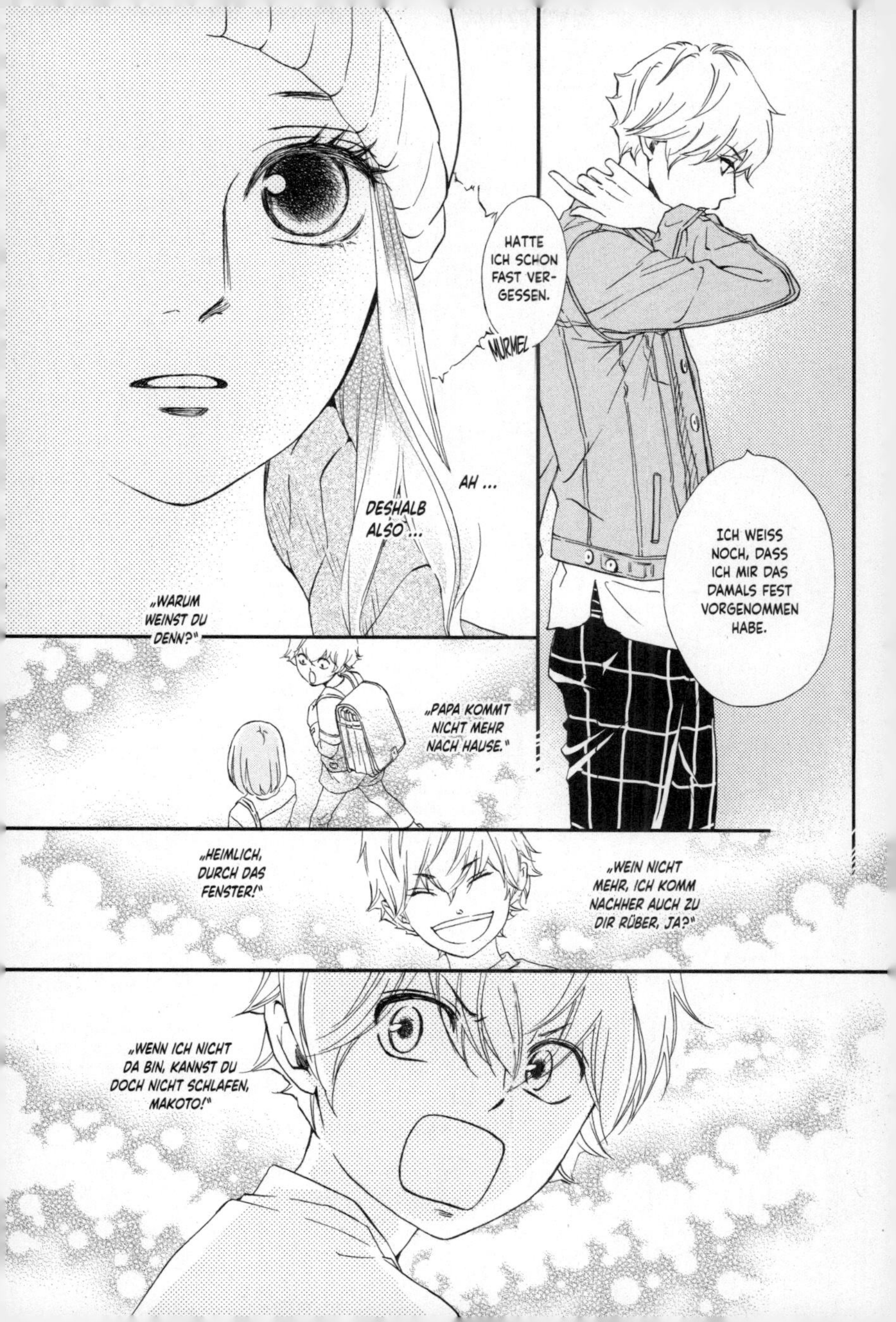
HATTE ICH SCHON FAST VERGESSEN.
MURMEL
ICH WEISS NOCH, DASS ICH MIR DAS DAMALS FEST VORGENOMMEN HABE.
AH ...
DESHALB ALSO ...
„WARUM WEINST DU DENN?“
„PAPA KOMMT NICHT MEHR NACH HAUSE.“
„WEIN NICHT MEHR, ICH KOMM NACHHER AUCH ZU DIR RÜBER, JA?“
„HEIMLICH, DURCH DAS FENSTER!“
„WENN ICH NICHT DA BIN, KANNST DU DOCH NICHT SCHLAFEN, MAKOTO!“

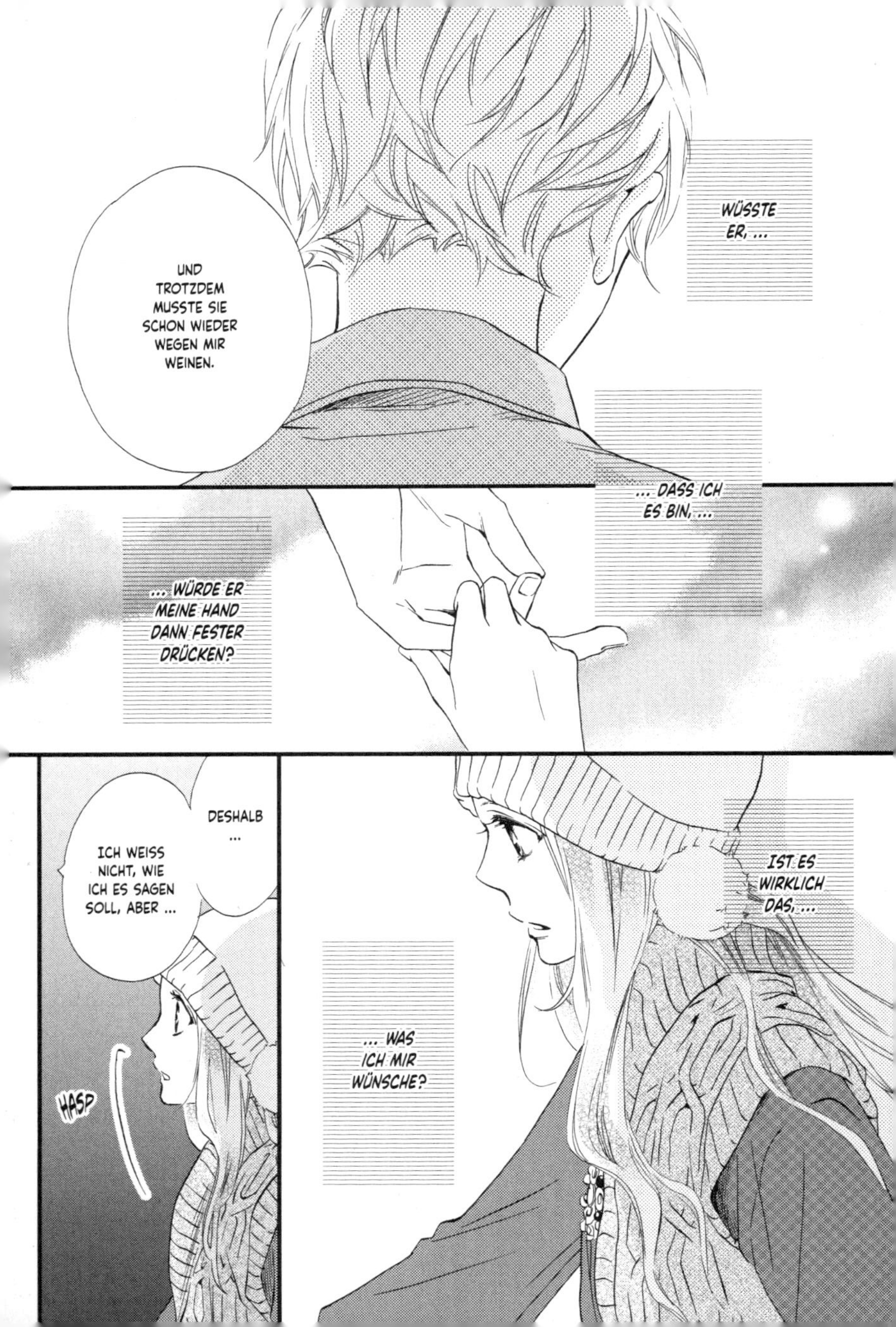

WÜSSTE ER, ...
UND TROTZDEM MUSSTE SIE SCHON WIEDER WEGEN MIR WEINEN.
... DASS ICH ES BIN, ...
... WÜRDE ER MEINE HAND DANN FESTER DRÜCKEN?
IST ES WIRKLICH DAS, ...
... WAS ICH MIR WÜNSCHE?
DESHALB ...
ICH WEISS NICHT, WIE ICH ES SAGEN SOLL, ABER ...
HASP

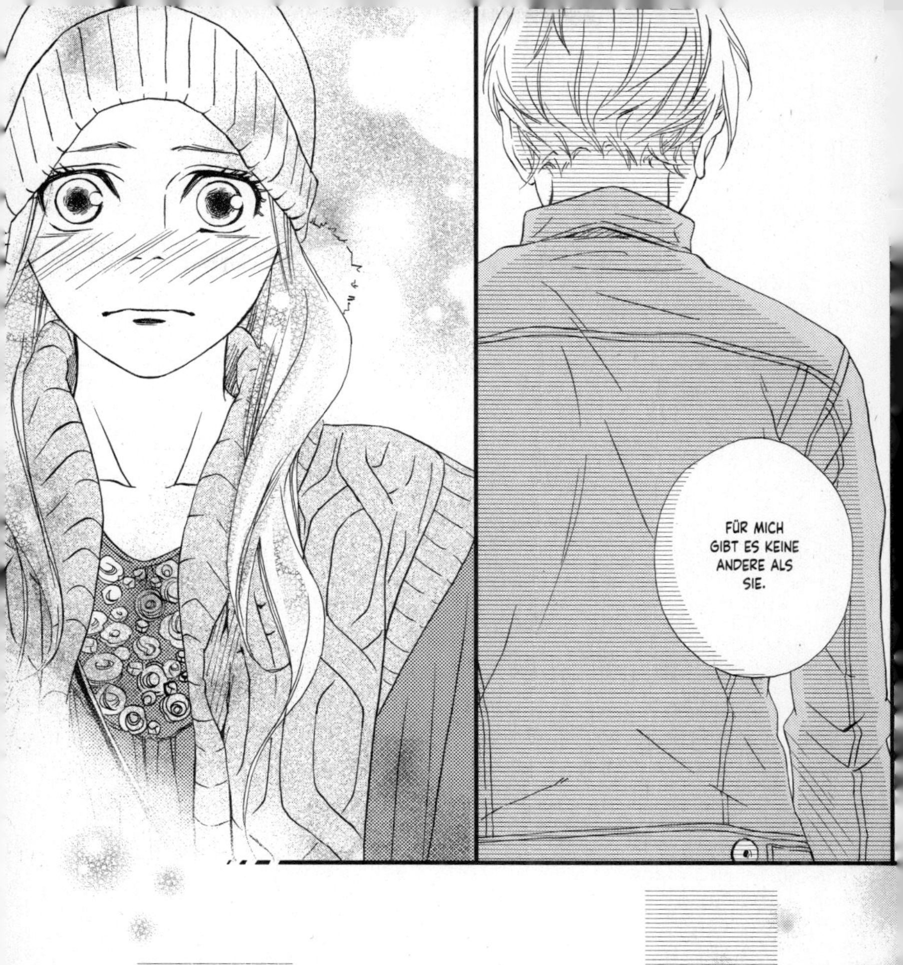

REITA ...

WAS SOLL ICH NUR TUN?

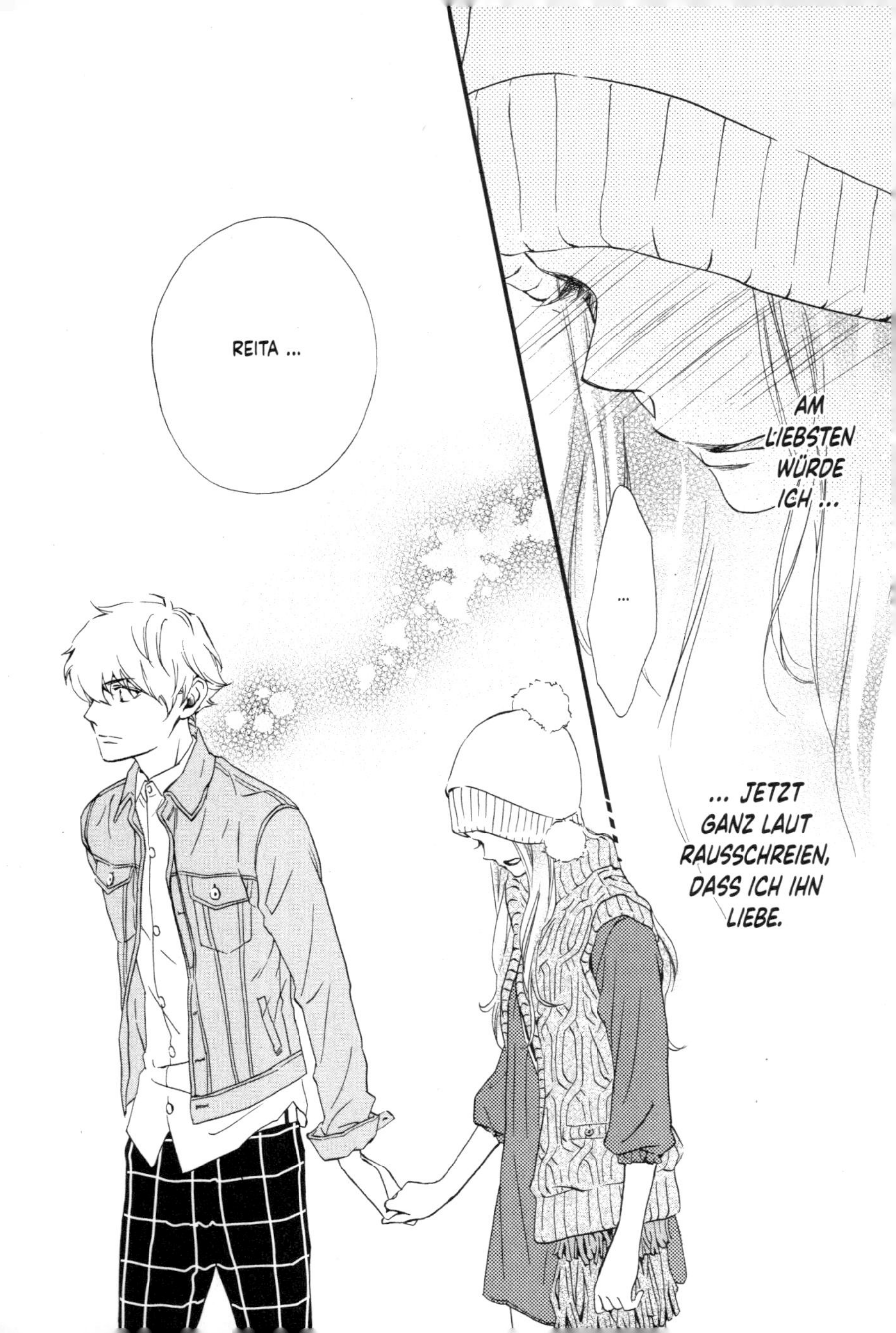
AM LIEBSTEN WÜRDE ICH ...
...
... JETZT GANZ LAUT RAUSSCHREIEN, DASS ICH IHN LIEBE.
REITA ...

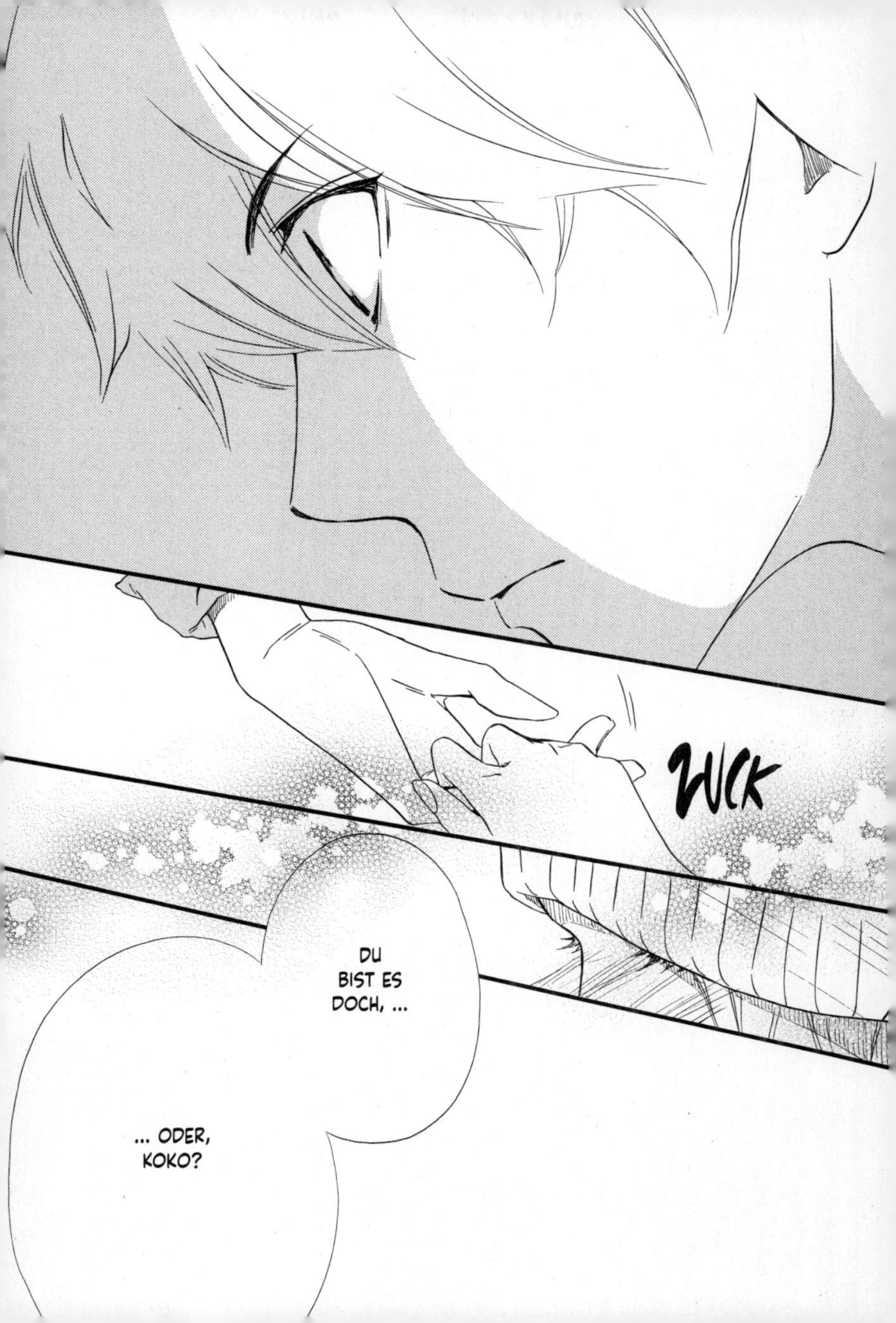
ZUCK
DU BIST ES DOCH, ...
... ODER, KOKO?

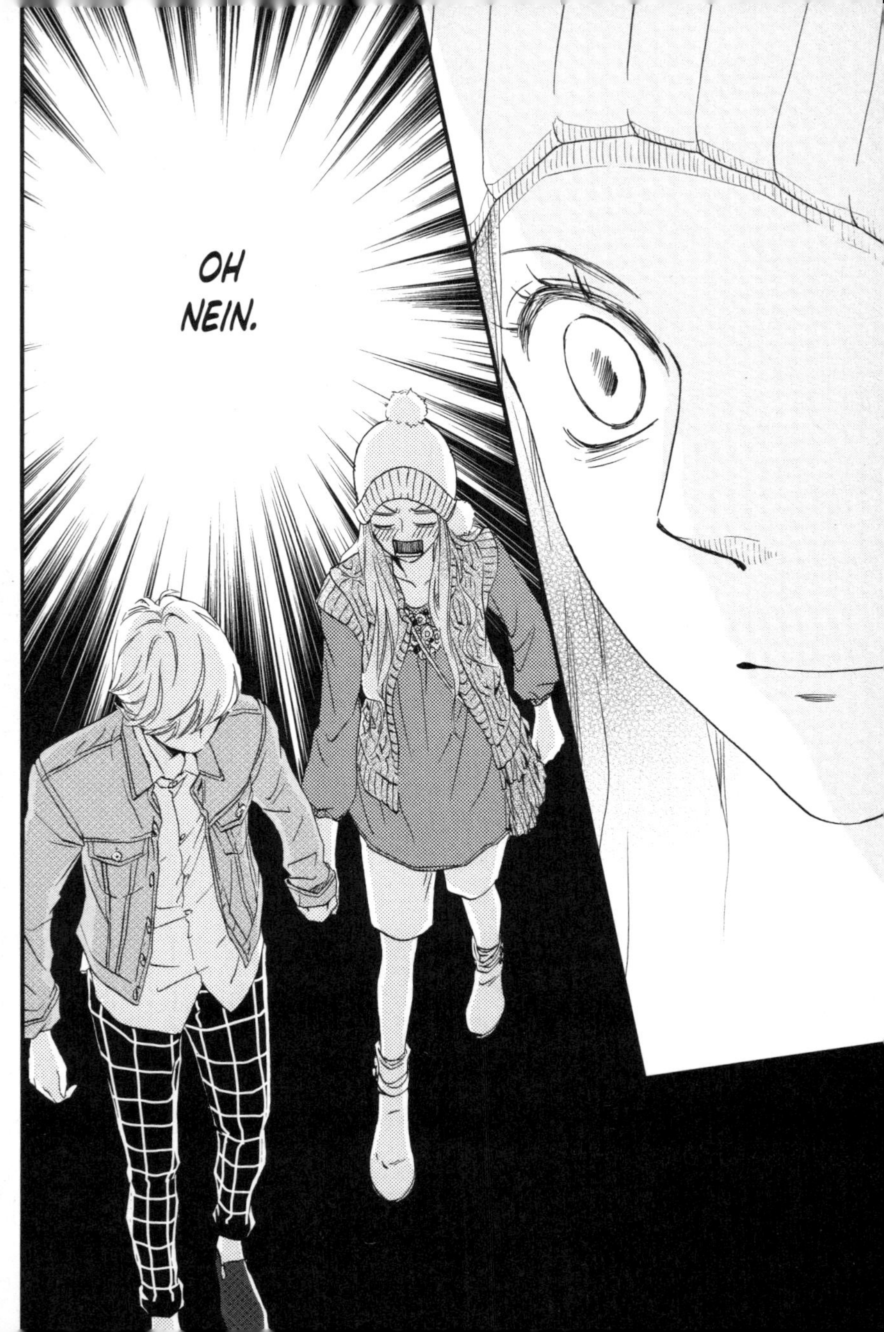
OH
NEIN.

FÜNF
NERVENKITZEL-FAHRGESCHÄFTE
HINTEREINANDER

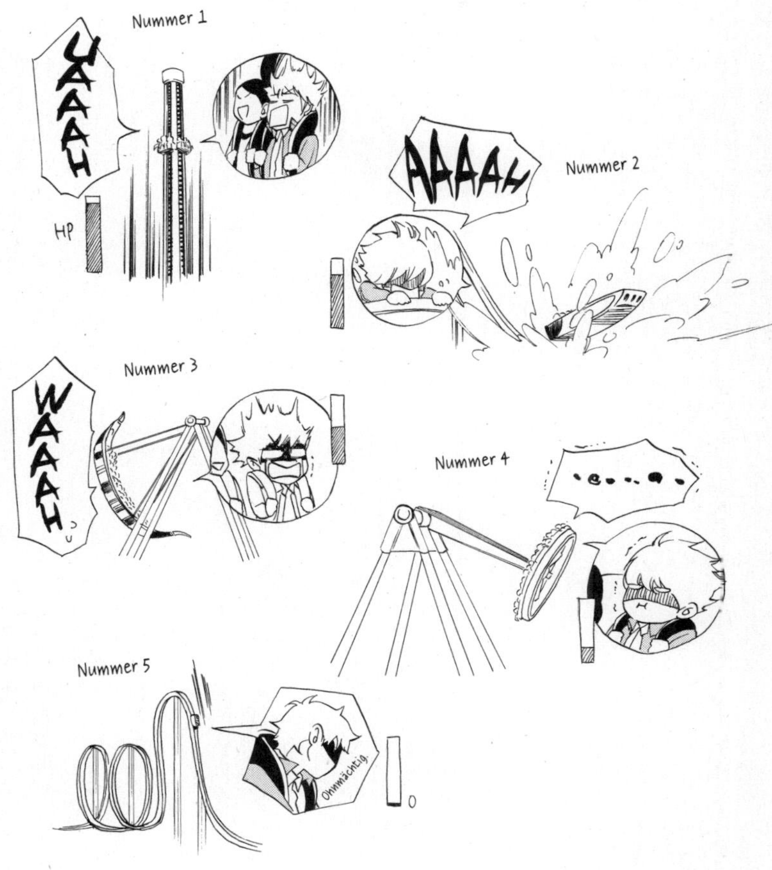

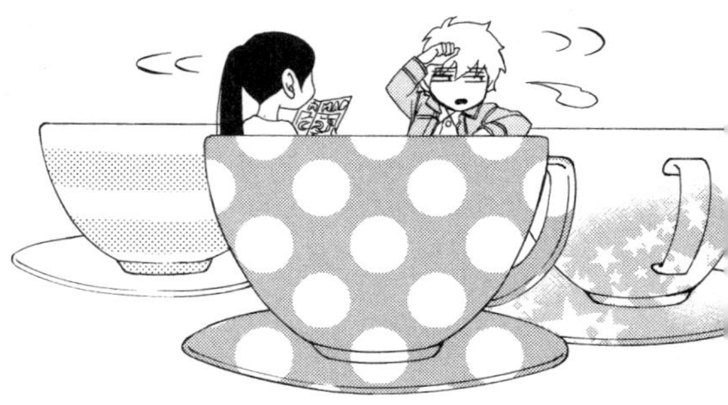
WIEDER
WACH!

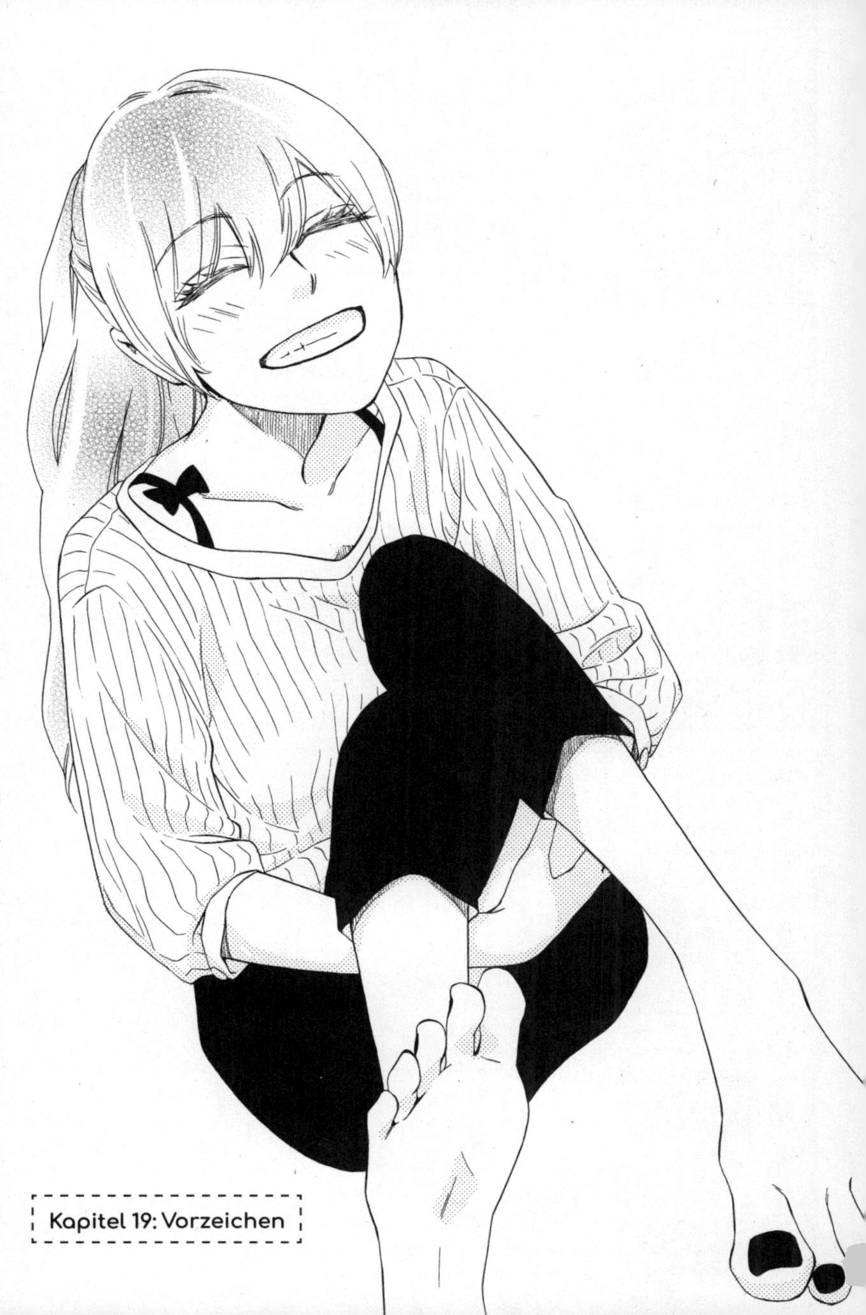
Kapitel 19: Vorzeichen

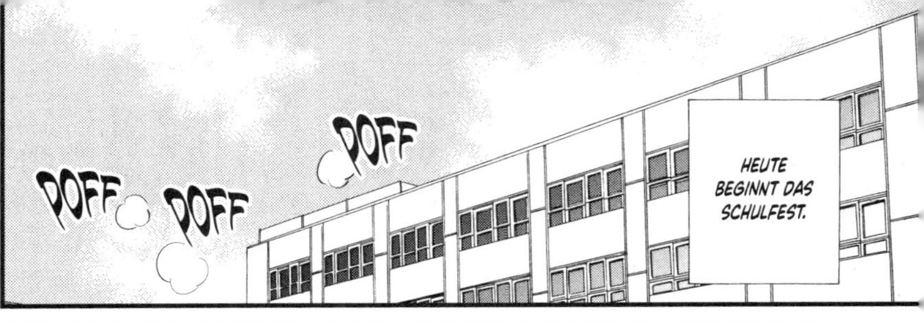
HEUTE BEGINNT DAS SCHULFEST.
DOFF
DOFF
DOFF

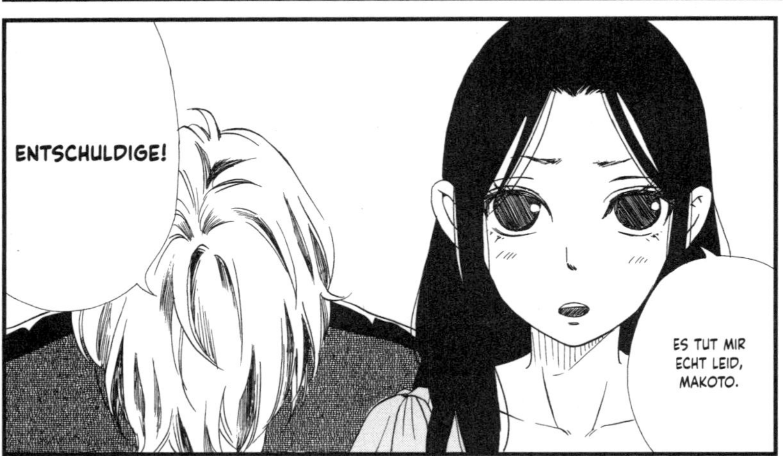
ES TUT MIR ECHT LEID, MAKOTO.
ENTSCHULDIGE!

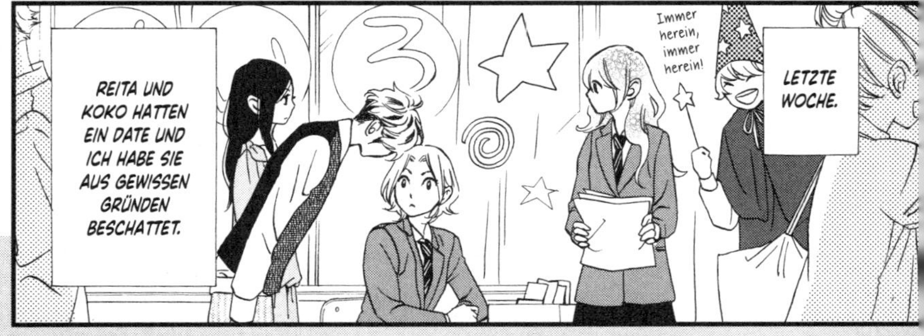
LETZTE WOCHE.
Immer herein, immer herein!
REITA UND KOKO HATTEN EIN DATE UND ICH HABE SIE AUS GEWISSEN GRÜNDEN BESCHATTET.

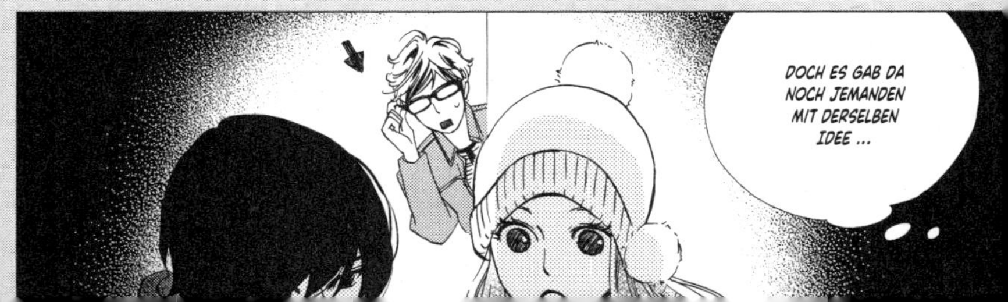
DOCH ES GAB DA NOCH JEMANDEN MIT DERSELBEN IDEE ...

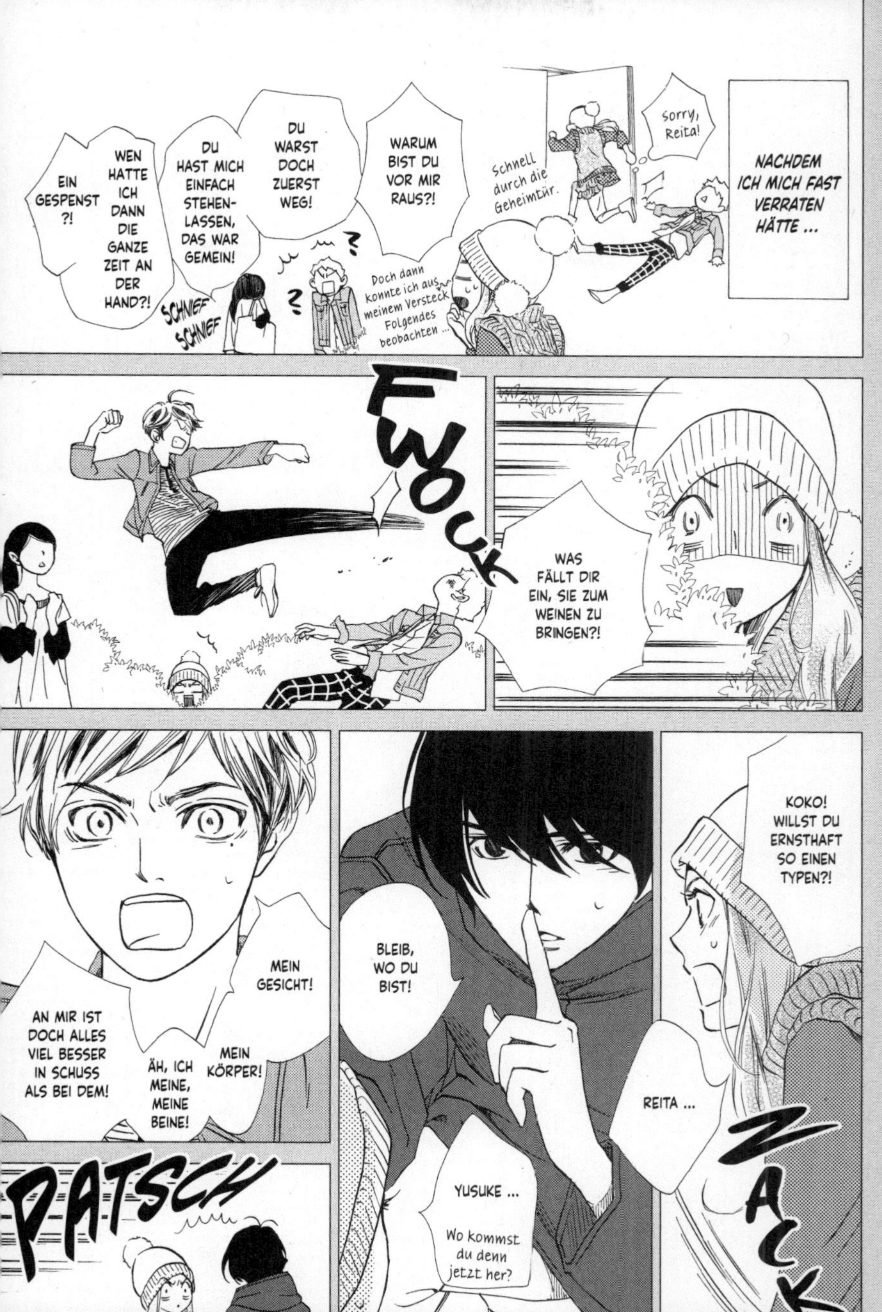
NACHDEM ICH MICH FAST VERRATEN HÄTTE ...
Sorry, Reita!
Schnell durch die Geheimtür.
Doch dann konnte ich aus meinem Versteck Folgendes beobachten ...
WARUM BIST DU VOR MIR RAUS?!
DU WARST DOCH ZUERST WEG!
DU HAST MICH EINFACH STEHEN-LASSEN, DAS WAR GEMEIN!
SCHNIEF SCHNIEF
WEN HATTE ICH DANN DIE GANZE ZEIT AN DER HAND?!
EIN GESPENST?!
WAS FÄLLT DIR EIN, SIE ZUM WEINEN ZU BRINGEN?!
FWOCK
KOKO! WILLST DU ERNSTHAFT SO EINEN TYPEN?!
REITA ...
ZACK
BLEIB, WO DU BIST!
YUSUKE ...
Wo kommst du denn jetzt her?
MEIN GESICHT!
MEIN KÖRPER!
ÄH, ICH MEINE, MEINE BEINE!
AN MIR IST DOCH ALLES VIEL BESSER IN SCHUSS ALS BEI DEM!
PATSCH

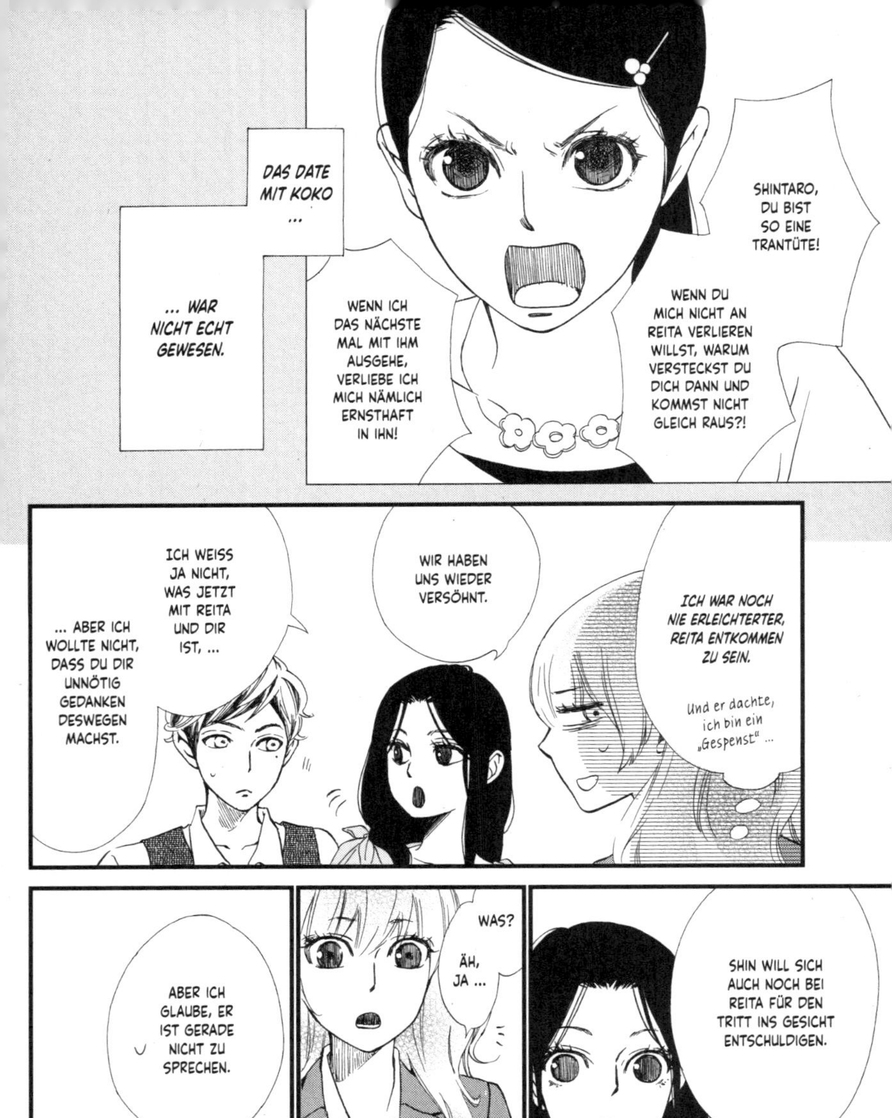

SHINTARO, DU BIST SO EINE TRANTÜTE!
WENN DU MICH NICHT AN REITA VERLIEREN WILLST, WARUM VERSTECKST DU DICH DANN UND KOMMST NICHT GLEICH RAUS?!
WENN ICH DAS NÄCHSTE MAL MIT IHM AUSGEHE, VERLIEBE ICH MICH NÄMLICH ERNSTHAFT IN IHN!
DAS DATE MIT KOKO ...
... WAR NICHT ECHT GEWESEN.
ICH WAR NOCH NIE ERLEICHTERTER, REITA ENTKOMMEN ZU SEIN.
Und er dachte, ich bin ein „Gespenst" ...
WIR HABEN UNS WIEDER VERSÖHNT.
ICH WEISS JA NICHT, WAS JETZT MIT REITA UND DIR IST, ...
... ABER ICH WOLLTE NICHT, DASS DU DIR UNNÖTIG GEDANKEN DESWEGEN MACHST.
SHIN WILL SICH AUCH NOCH BEI REITA FÜR DEN TRITT INS GESICHT ENTSCHULDIGEN.
ER IST NEBENAN, ODER?
WAS?
ÄH, JA ...
Eigentlich interessiert mich nur, ob er wirklich besser aussieht als ich!
Sei bloß still!
ABER ICH GLAUBE, ER IST GERADE NICHT ZU SPRECHEN.

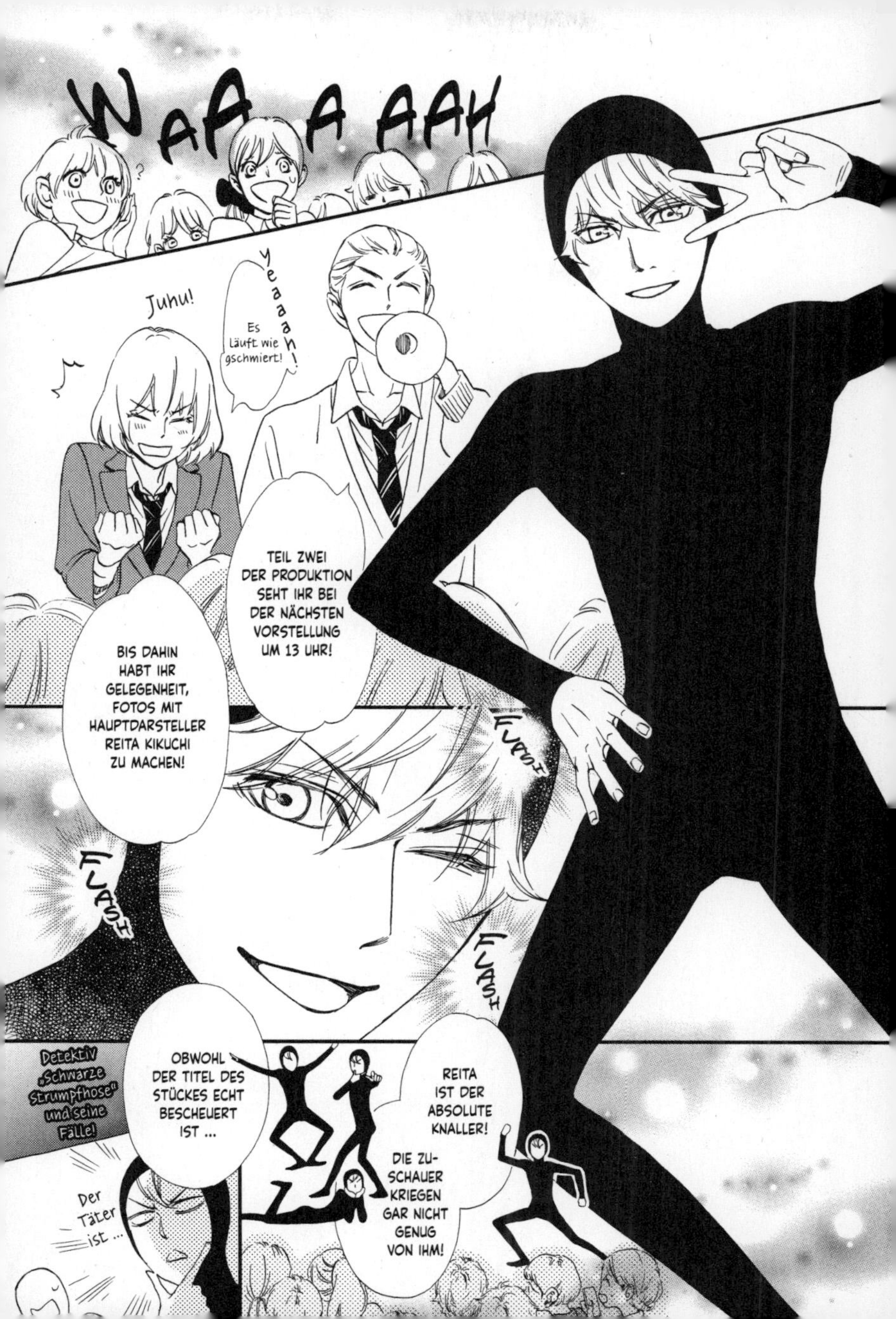
WAAAAAAH
Yeaaaah!
Juhu!
Es läuft wie gschmiert!
TEIL ZWEI DER PRODUKTION SEHT IHR BEI DER NÄCHSTEN VORSTELLUNG UM 13 UHR!
BIS DAHIN HABT IHR GELEGENHEIT, FOTOS MIT HAUPTDARSTELLER REITA KIKUCHI ZU MACHEN!
FLASH
FLASH
FLASH
REITA IST DER ABSOLUTE KNALLER!
DIE ZUSCHAUER KRIEGEN GAR NICHT GENUG VON IHM!
OBWOHL DER TITEL DES STÜCKES ECHT BESCHEUERT IST ...
Detektiv „Schwarze Strumpfhose" und seine Fälle!
Der Täter ist ...

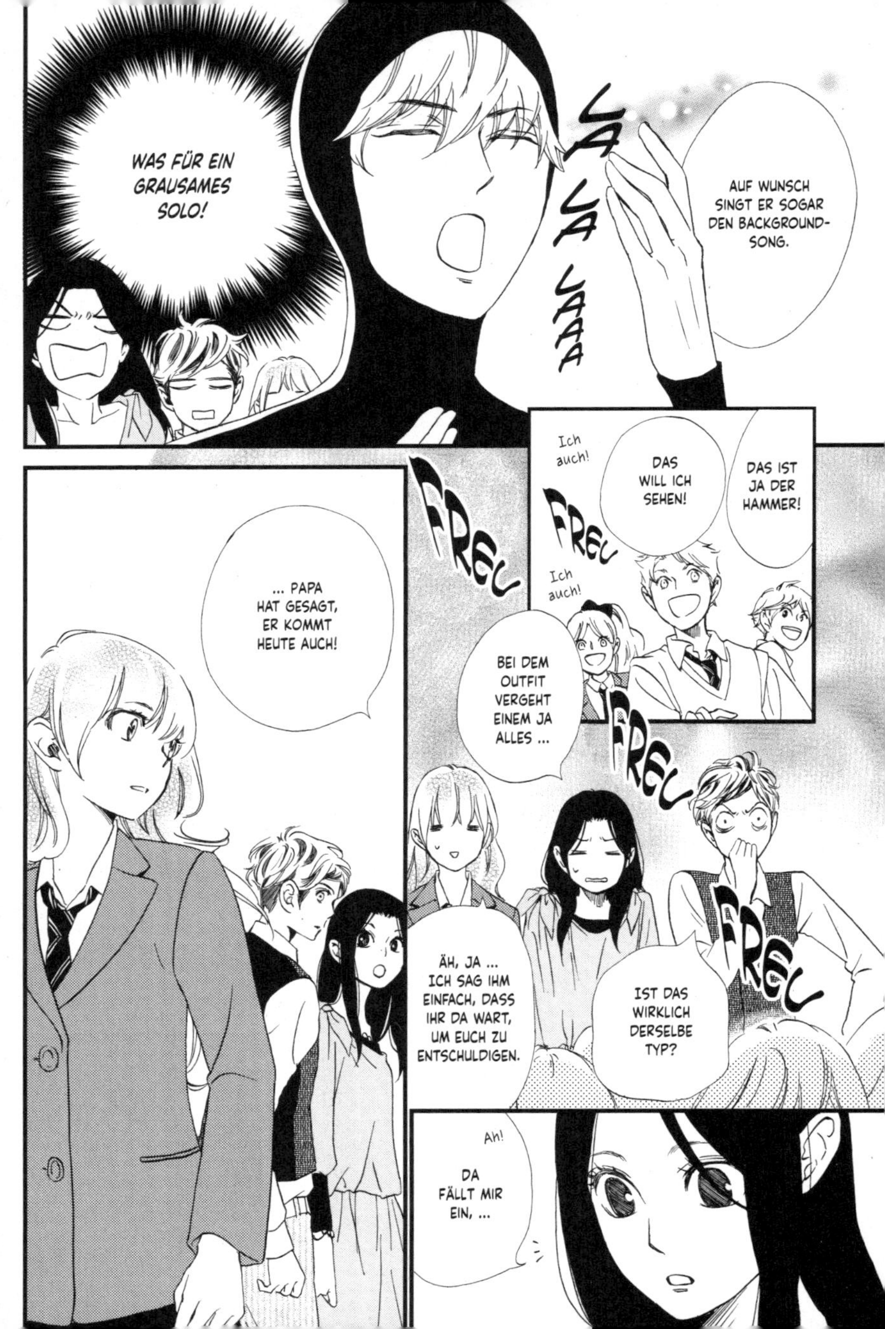
AUF WUNSCH SINGT ER SOGAR DEN BACKGROUND-SONG.
LA LA LAAA
WAS FÜR EIN GRAUSAMES SOLO!
DAS IST JA DER HAMMER!
DAS WILL ICH SEHEN!
Ich auch!
FREU
Ich auch!
FREU
BEI DEM OUTFIT VERGEHT EINEM JA ALLES ...
FREU
FREU
IST DAS WIRKLICH DERSELBE TYP?
ÄH, JA ... ICH SAG IHM EINFACH, DASS IHR DA WART, UM EUCH ZU ENTSCHULDIGEN.
Ah!
DA FÄLLT MIR EIN, ...
... PAPA HAT GESAGT, ER KOMMT HEUTE AUCH!

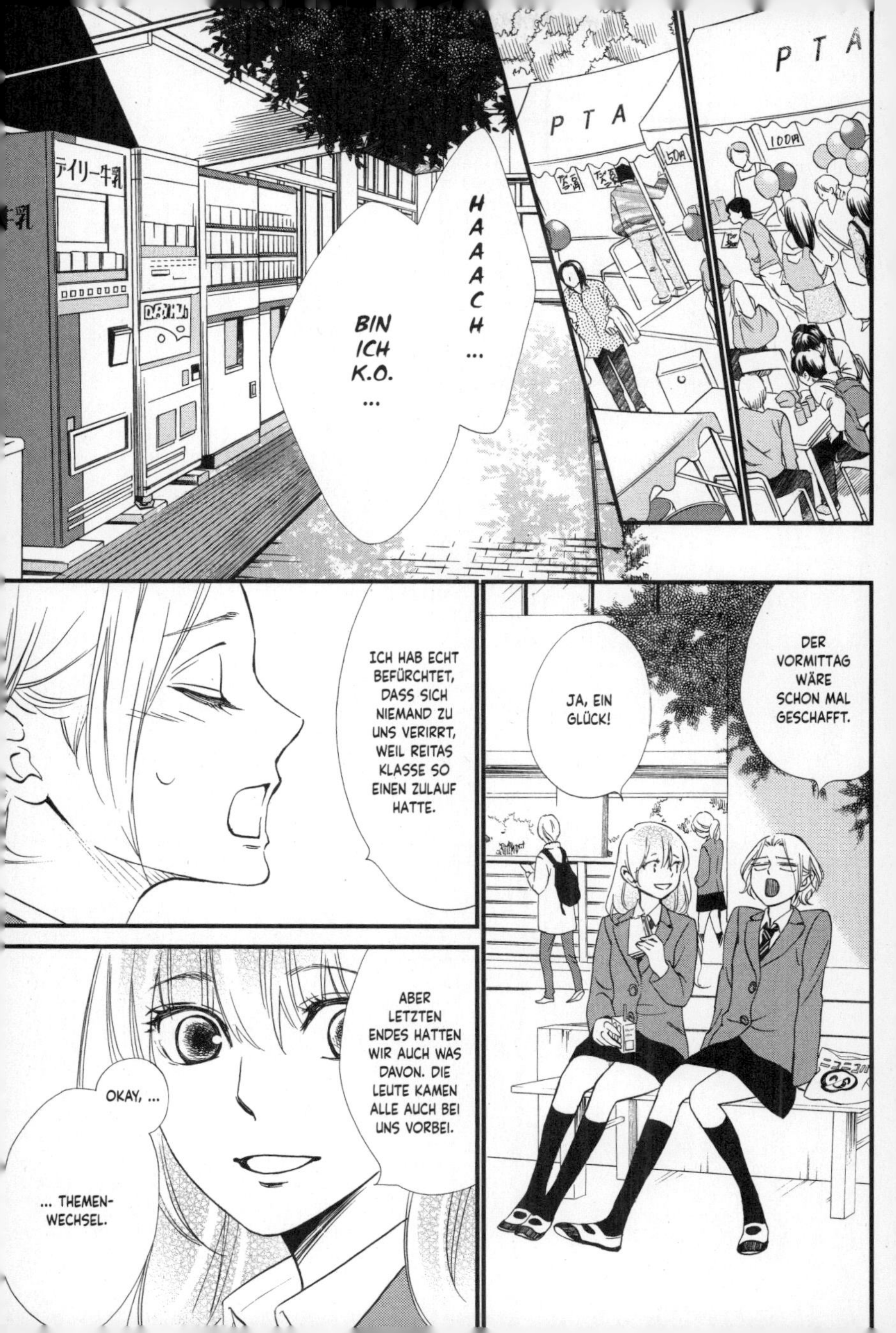
PTA
PTA
100円
デイリー牛乳
HAAAACH ...
BIN ICH K.O. ...
DER VORMITTAG WÄRE SCHON MAL GESCHAFFT.
JA, EIN GLÜCK!
ICH HAB ECHT BEFÜRCHTET, DASS SICH NIEMAND ZU UNS VERIRRT, WEIL REITAS KLASSE SO EINEN ZULAUF HATTE.
ABER LETZTEN ENDES HATTEN WIR AUCH WAS DAVON. DIE LEUTE KAMEN ALLE AUCH BEI UNS VORBEI.
OKAY, ...
... THEMEN-WECHSEL.

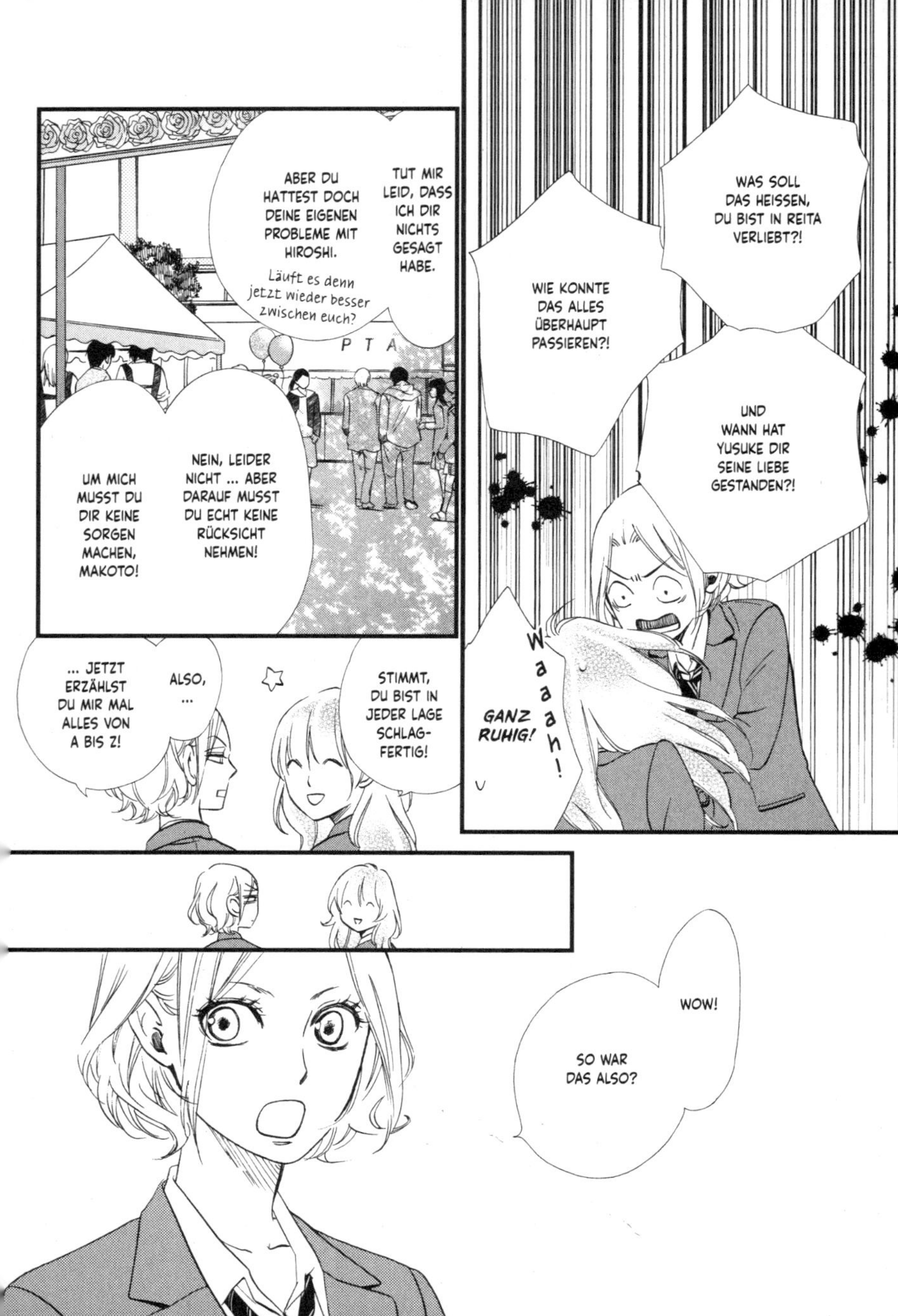
WAS SOLL DAS HEISSEN, DU BIST IN REITA VERLIEBT?!
WIE KONNTE DAS ALLES ÜBERHAUPT PASSIEREN?!
UND WANN HAT YUSUKE DIR SEINE LIEBE GESTANDEN?!
Waaah!
GANZ RUHIG!
TUT MIR LEID, DASS ICH DIR NICHTS GESAGT HABE.
ABER DU HATTEST DOCH DEINE EIGENEN PROBLEME MIT HIROSHI.
Läuft es denn jetzt wieder besser zwischen euch?
PTA
NEIN, LEIDER NICHT ... ABER DARAUF MUSST DU ECHT KEINE RÜCKSICHT NEHMEN!
UM MICH MUSST DU DIR KEINE SORGEN MACHEN, MAKOTO!
STIMMT, DU BIST IN JEDER LAGE SCHLAG-FERTIG!
ALSO, ...
... JETZT ERZÄHLST DU MIR MAL ALLES VON A BIS Z!
WOW!
SO WAR DAS ALSO?

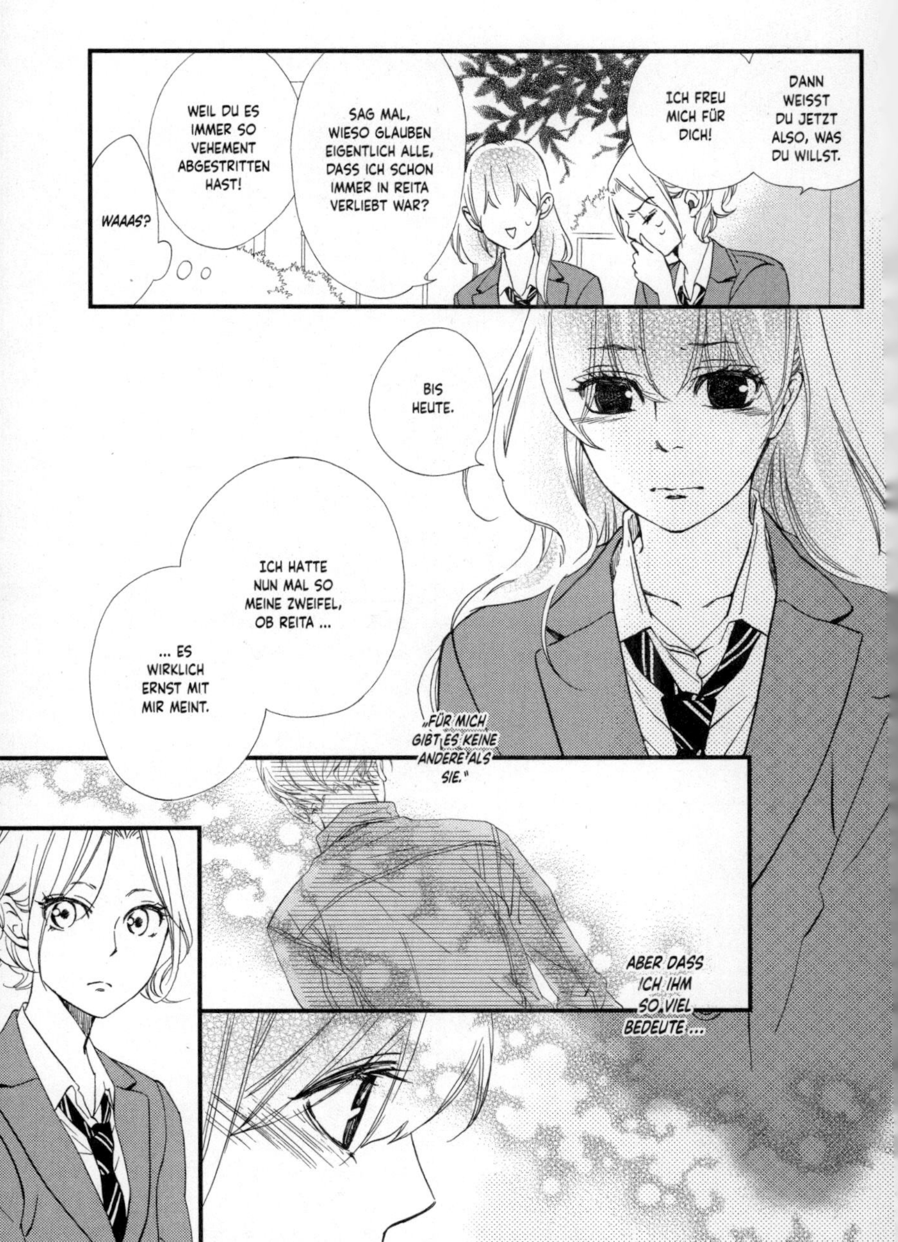
DANN WEISST DU JETZT ALSO, WAS DU WILLST.
ICH FREU MICH FÜR DICH!
SAG MAL, WIESO GLAUBEN EIGENTLICH ALLE, DASS ICH SCHON IMMER IN REITA VERLIEBT WAR?
WEIL DU ES IMMER SO VEHEMENT ABGESTRITTEN HAST!
WAAAS?
BIS HEUTE.
ICH HATTE NUN MAL SO MEINE ZWEIFEL, OB REITA ...
... ES WIRKLICH ERNST MIT MIR MEINT.
„FÜR MICH GIBT ES KEINE ANDERE ALS SIE."
ABER DASS ICH IHM SO VIEL BEDEUTE ...

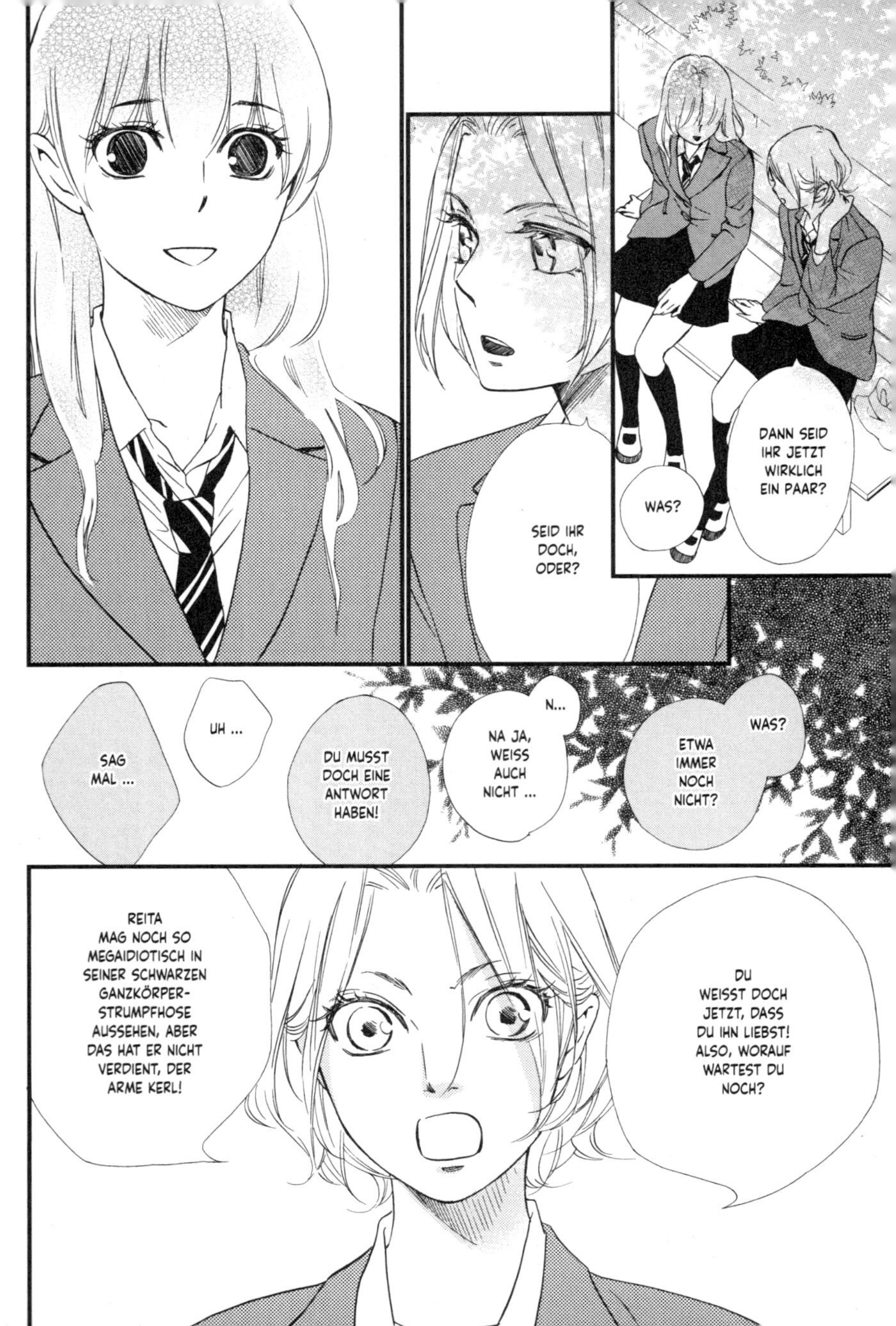

DANN SEID IHR JETZT WIRKLICH EIN PAAR?
WAS?
SEID IHR DOCH, ODER?
WAS?
ETWA IMMER NOCH NICHT?
N...
NA JA, WEISS AUCH NICHT ...
DU MUSST DOCH EINE ANTWORT HABEN!
UH ...
SAG MAL ...
DU WEISST DOCH JETZT, DASS DU IHN LIEBST! ALSO, WORAUF WARTEST DU NOCH?
REITA MAG NOCH SO MEGAIDIOTISCH IN SEINER SCHWARZEN GANZKÖRPER-STRUMPFHOSE AUSSEHEN, ABER DAS HAT ER NICHT VERDIENT, DER ARME KERL!

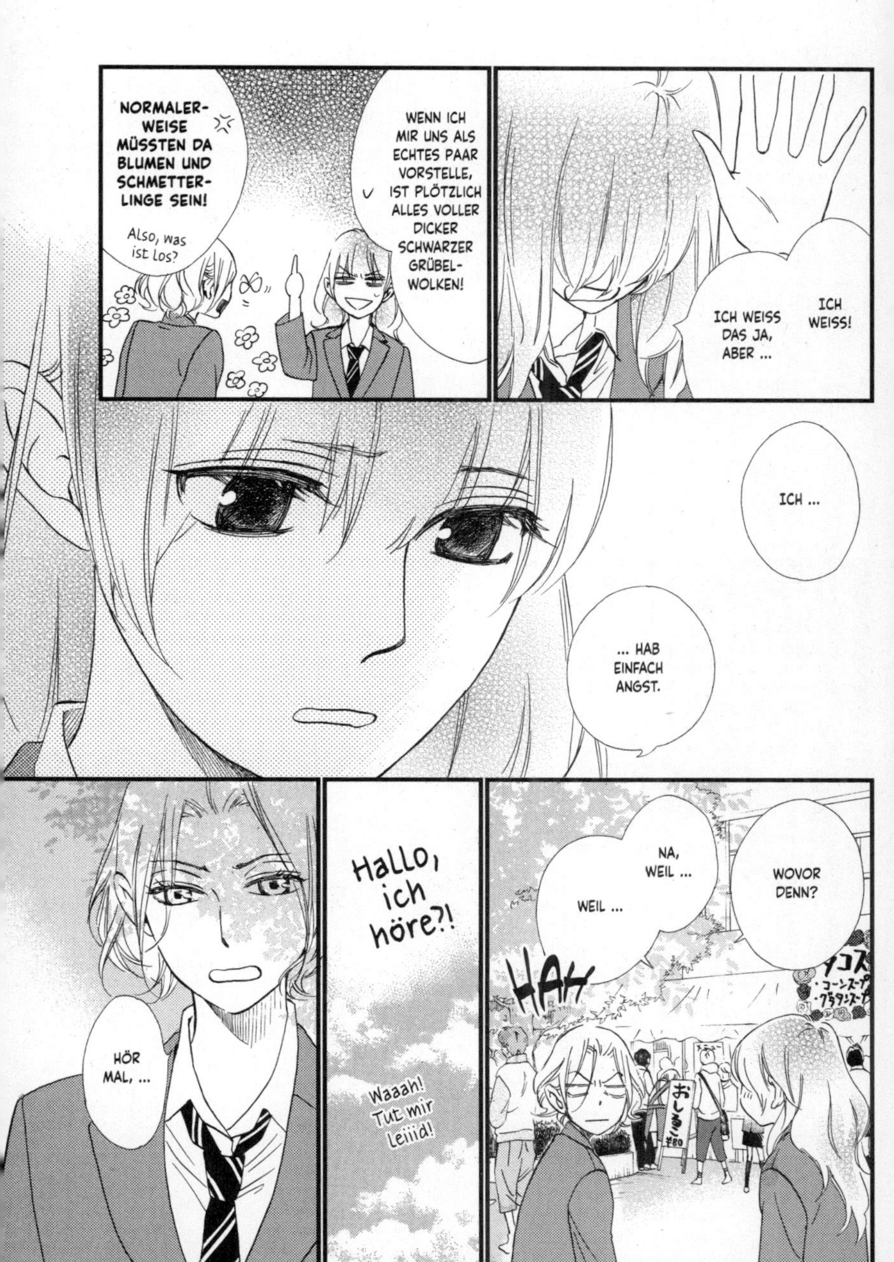
ICH WEISS!
ICH WEISS DAS JA, ABER ...
Also, was ist los?
WENN ICH MIR UNS ALS ECHTES PAAR VORSTELLE, IST PLÖTZLICH ALLES VOLLER DICKER SCHWARZER GRÜBEL-WOLKEN!
NORMALER-WEISE MÜSSTEN DA BLUMEN UND SCHMETTER-LINGE SEIN!
ICH ...
... HAB EINFACH ANGST.
WOVOR DENN?
NA, WEIL ...
WEIL ...
HAH
Hallo, ich höre?!
Waaah! Tut mir leiiid!
HÖR MAL, ...
おしるこ

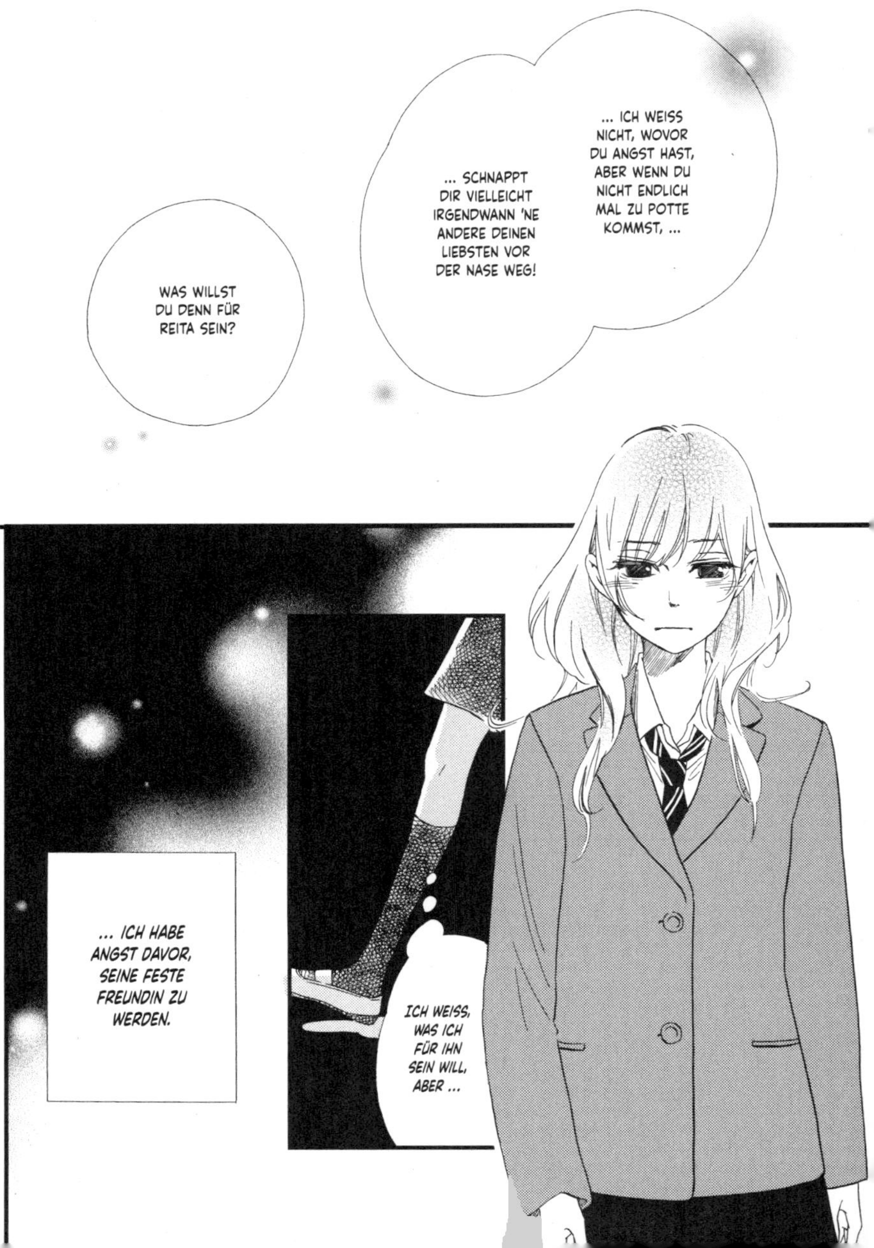

... ICH WEISS NICHT, WOVOR DU ANGST HAST, ABER WENN DU NICHT ENDLICH MAL ZU POTTE KOMMST, ...

... SCHNAPPT DIR VIELLEICHT IRGENDWANN 'NE ANDERE DEINEN LIEBSTEN VOR DER NASE WEG!

WAS WILLST DU DENN FÜR REITA SEIN?

ICH WEISS, WAS ICH FÜR IHN SEIN WILL, ABER ...

... ICH HABE ANGST DAVOR, SEINE FESTE FREUNDIN ZU WERDEN.

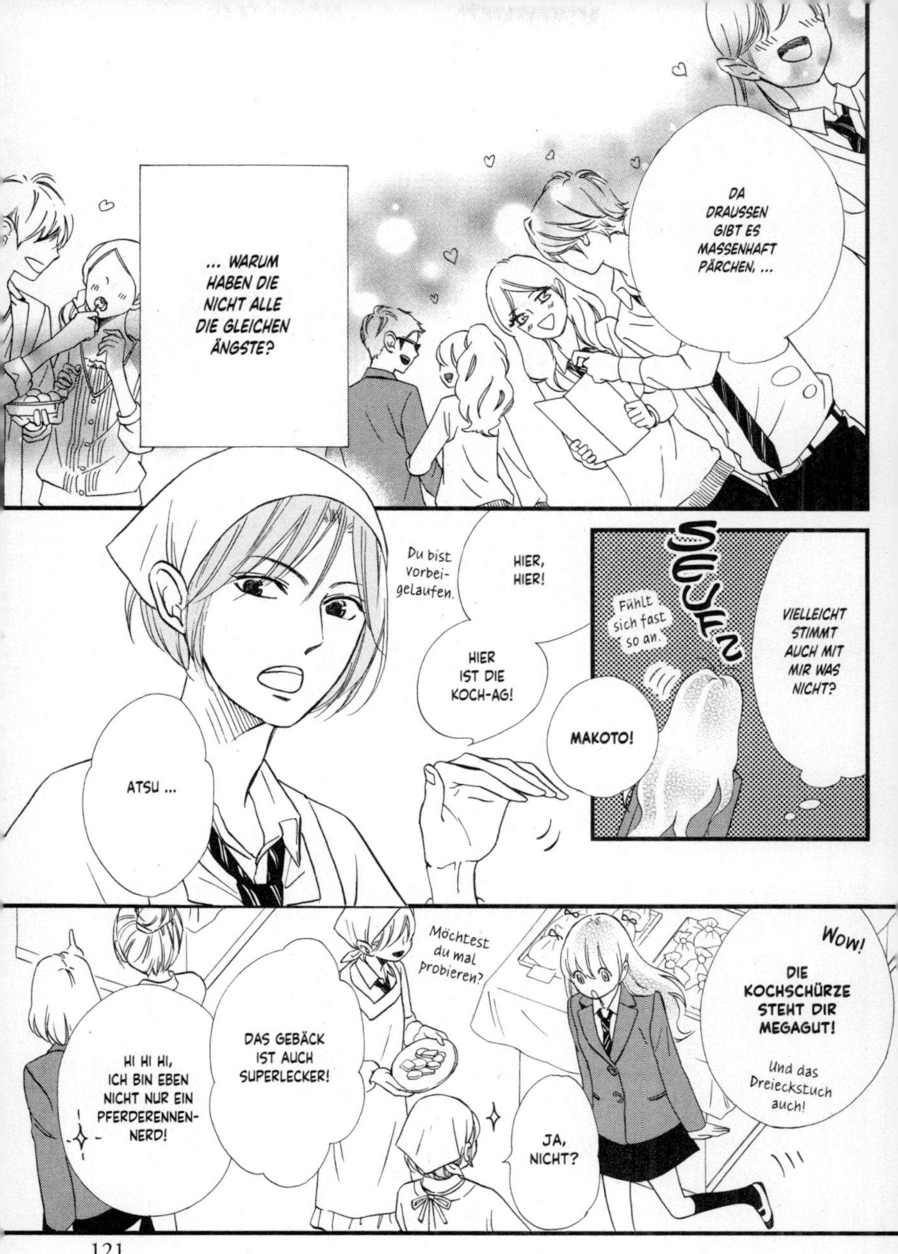
DA DRAUSSEN GIBT ES MASSENHAFT PÄRCHEN, ...
... WARUM HABEN DIE NICHT ALLE DIE GLEICHEN ÄNGSTE?
VIELLEICHT STIMMT AUCH MIT MIR WAS NICHT?
SEUFZ
Fühlt sich fast so an.
MAKOTO!
HIER, HIER!
Du bist vorbeigelaufen.
HIER IST DIE KOCH-AG!
ATSU ...
WOW!
DIE KOCHSCHÜRZE STEHT DIR MEGAGUT!
Und das Dreieckstuch auch!
JA, NICHT?
Möchtest du mal probieren?
DAS GEBÄCK IST AUCH SUPERLECKER!
HI HI HI, ICH BIN EBEN NICHT NUR EIN PFERDERENNEN-NERD!

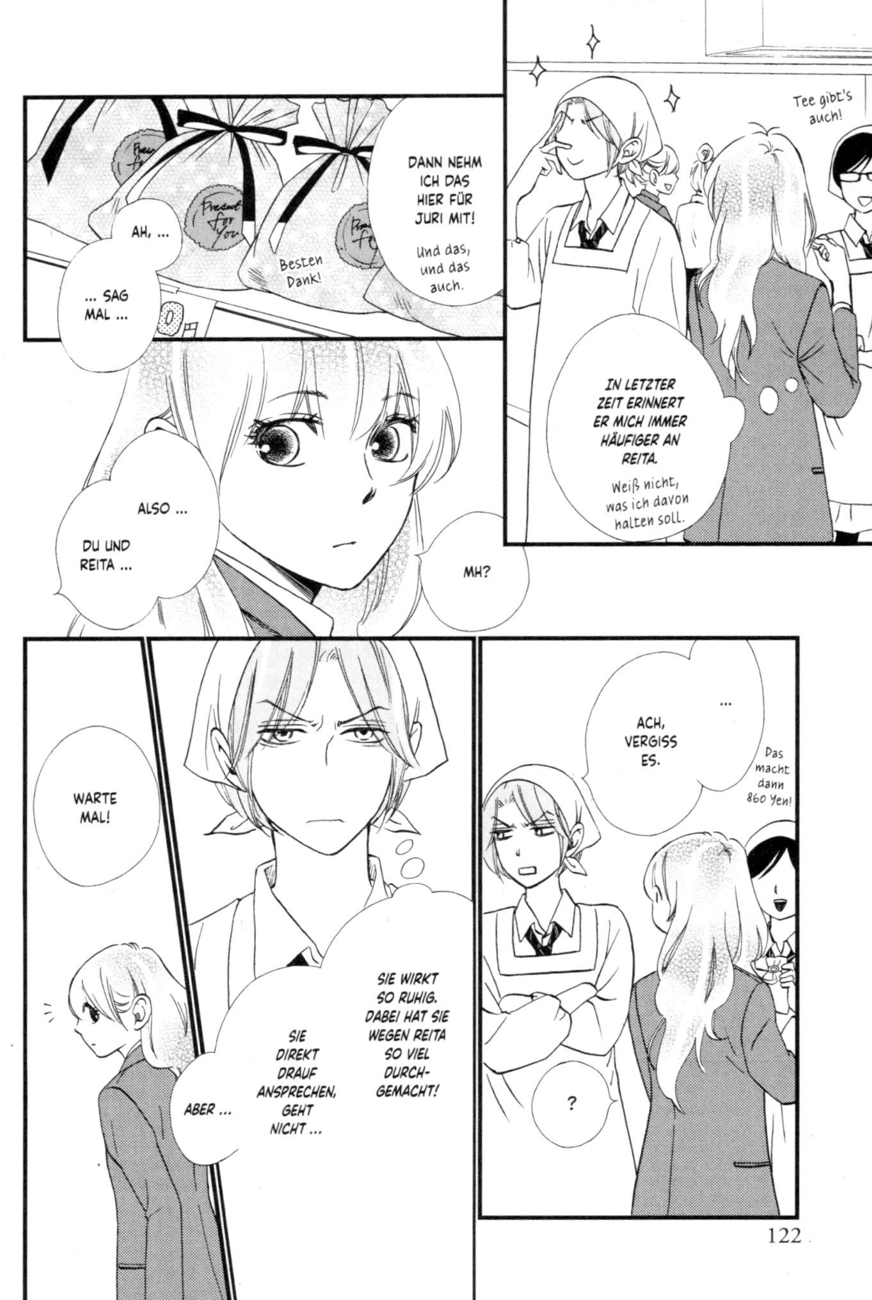
Tee gibt's auch!
IN LETZTER ZEIT ERINNERT ER MICH IMMER HÄUFIGER AN REITA.
Weiß nicht, was ich davon halten soll.
DANN NEHM ICH DAS HIER FÜR JURI MIT!
Und das, und das auch.
Besten Dank!
AH, ...
... SAG MAL ...
MH?
ALSO ...
DU UND REITA ...
...
ACH, VERGISS ES.
Das macht dann 860 Yen!
?
WARTE MAL!
SIE WIRKT SO RUHIG. DABEI HAT SIE WEGEN REITA SO VIEL DURCH-GEMACHT!
SIE DIREKT DRAUF ANSPRECHEN, GEHT NICHT ...
ABER ...

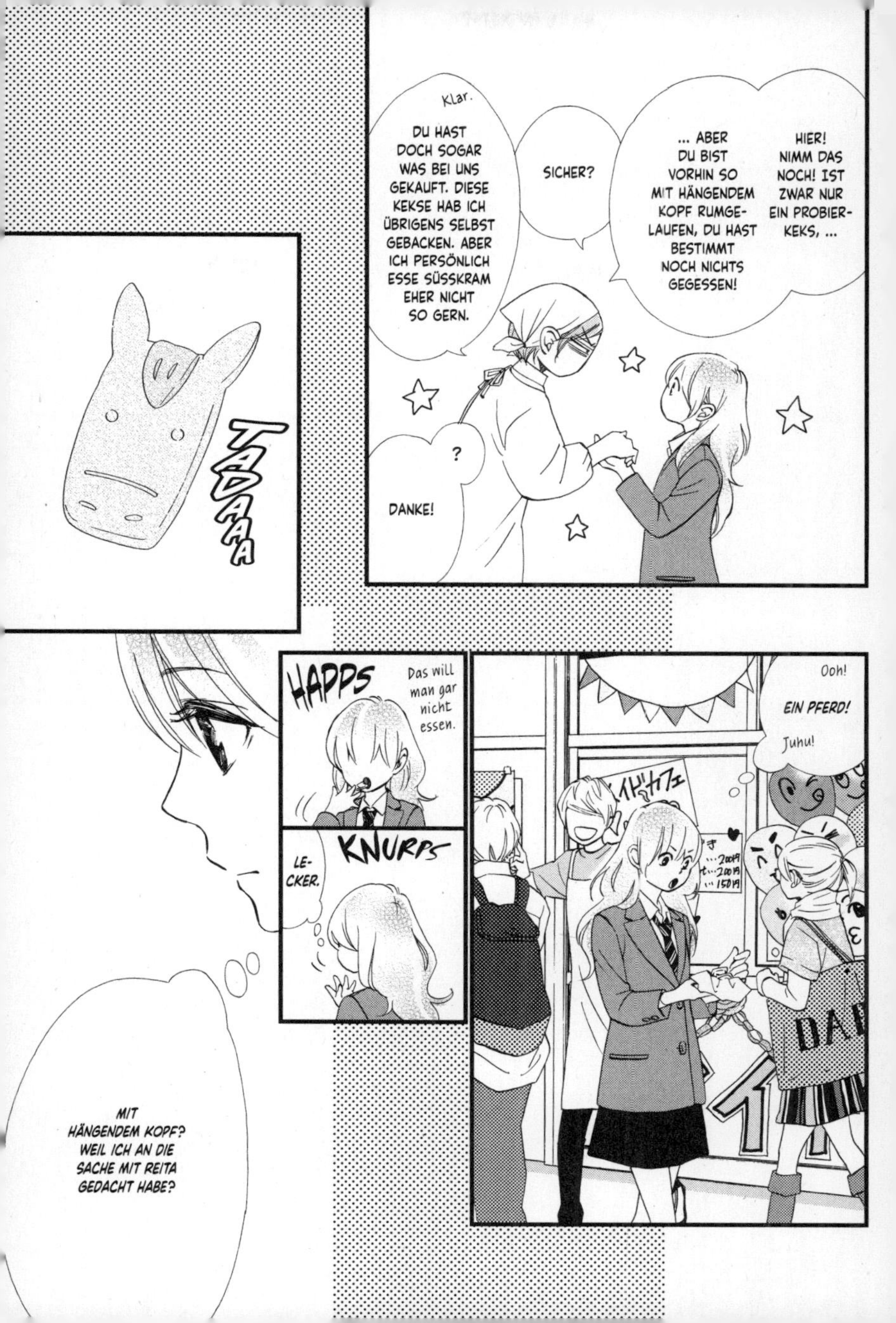

HIER! NIMM DAS NOCH! IST ZWAR NUR EIN PROBIER-KEKS, ...

... ABER DU BIST VORHIN SO MIT HÄNGENDEM KOPF RUMGE-LAUFEN, DU HAST BESTIMMT NOCH NICHTS GEGESSEN!

SICHER?

Klar.

DU HAST DOCH SOGAR WAS BEI UNS GEKAUFT. DIESE KEKSE HAB ICH ÜBRIGENS SELBST GEBACKEN. ABER ICH PERSÖNLICH ESSE SÜSSKRAM EHER NICHT SO GERN.

?

DANKE!

TADAAA

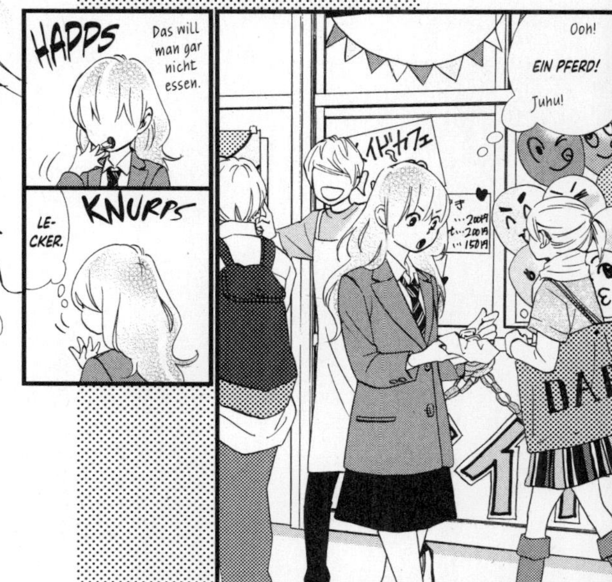

MIT HÄNGENDEM KOPF? WEIL ICH AN DIE SACHE MIT REITA GEDACHT HABE?

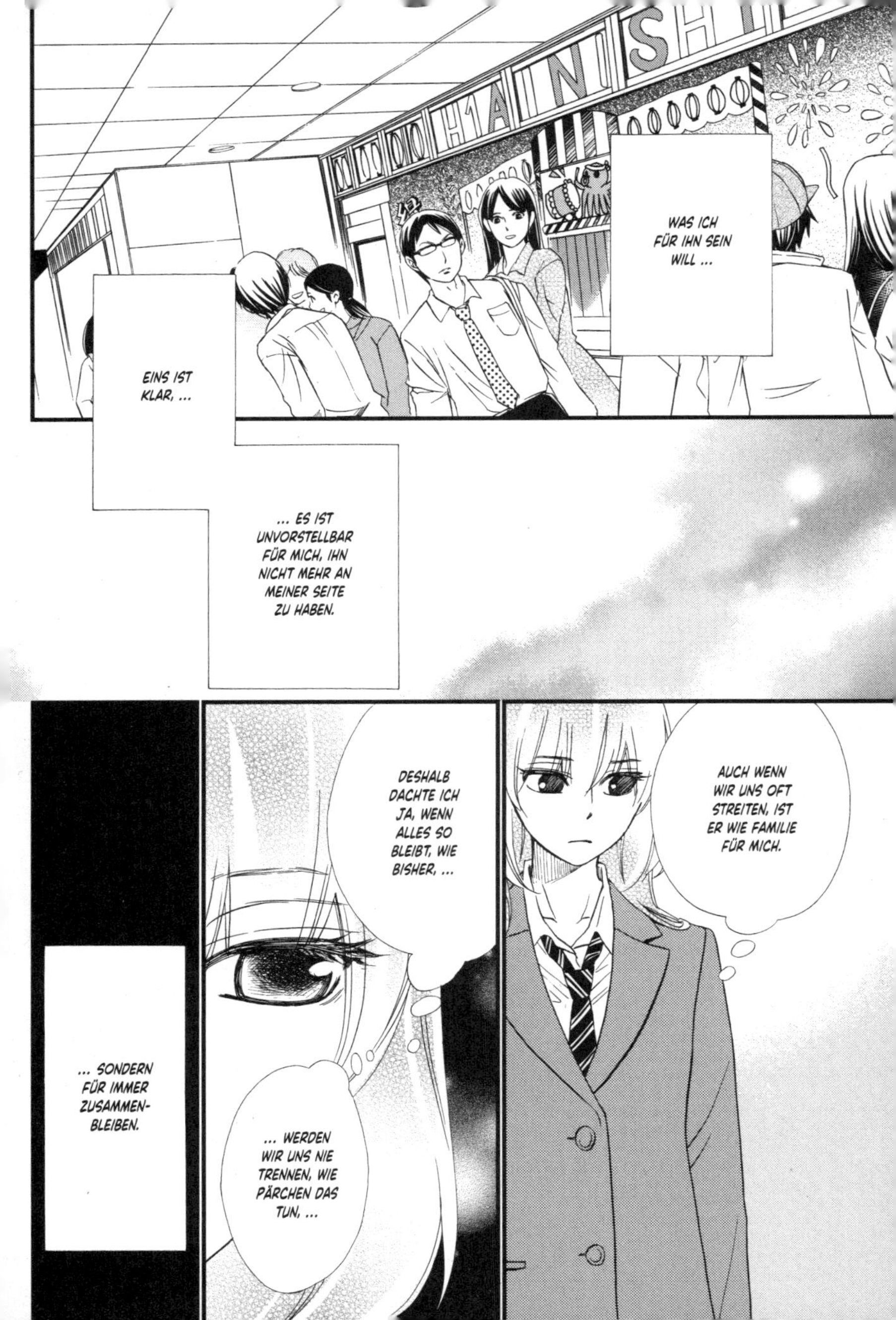
WAS ICH FÜR IHN SEIN WILL ...
EINS IST KLAR, ...
... ES IST UNVORSTELLBAR FÜR MICH, IHN NICHT MEHR AN MEINER SEITE ZU HABEN.
AUCH WENN WIR UNS OFT STREITEN, IST ER WIE FAMILIE FÜR MICH.
DESHALB DACHTE ICH JA, WENN ALLES SO BLEIBT, WIE BISHER, ...
... WERDEN WIR UNS NIE TRENNEN, WIE PÄRCHEN DAS TUN, ...
... SONDERN FÜR IMMER ZUSAMMEN-BLEIBEN.

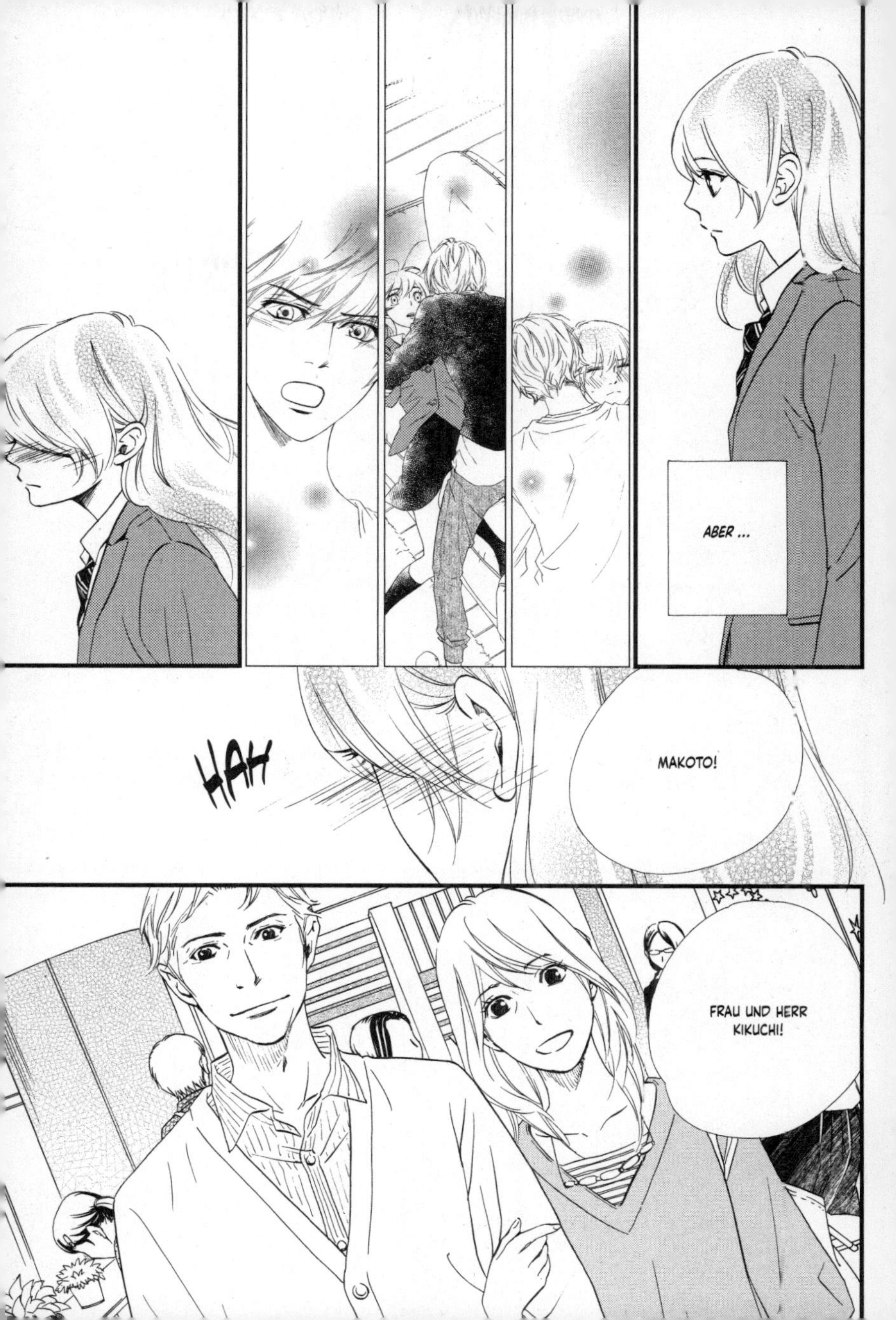
ABER ...
HAH
MAKOTO!
FRAU UND HERR KIKUCHI!

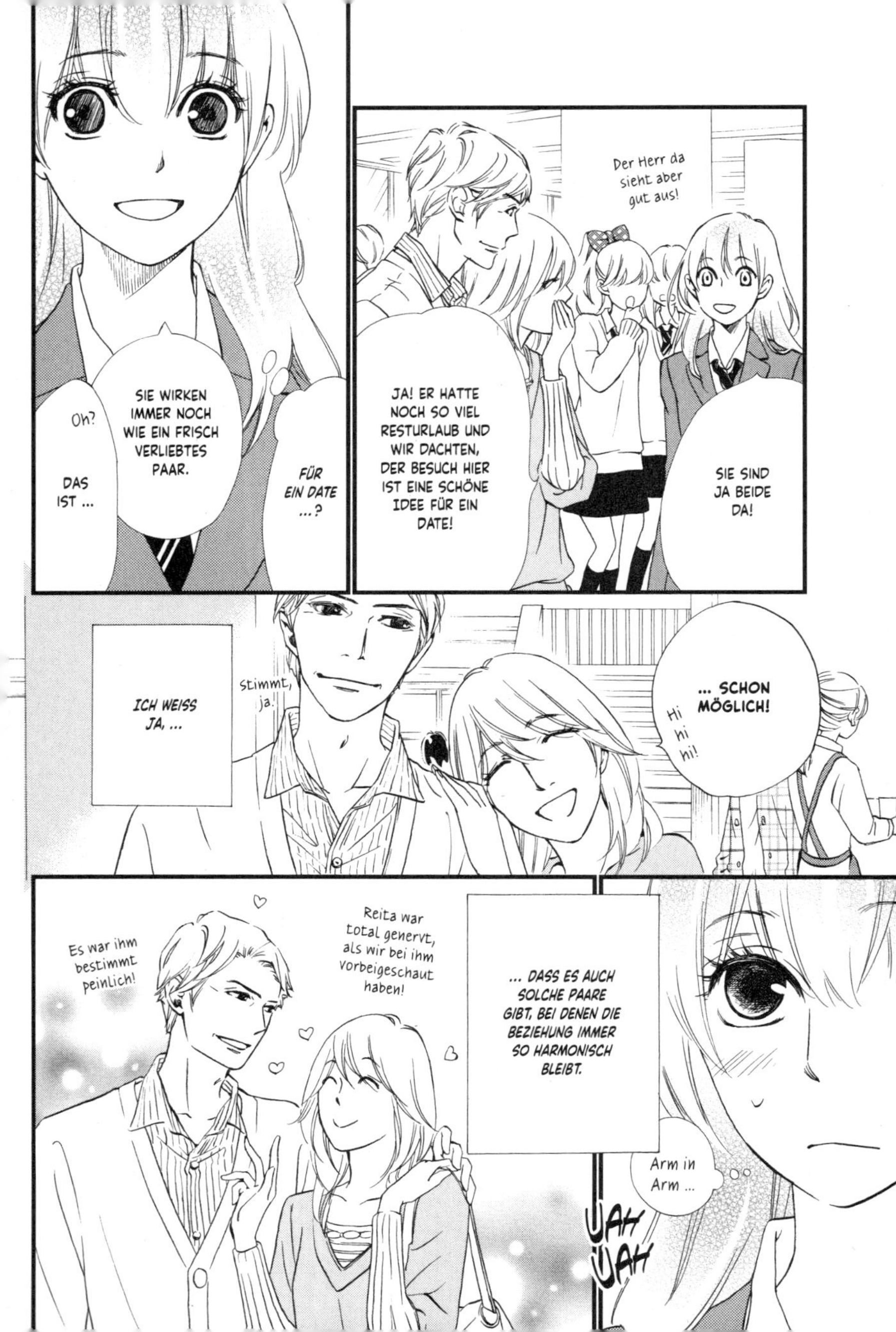
Der Herr da sieht aber gut aus!
SIE SIND JA BEIDE DA!
JA! ER HATTE NOCH SO VIEL RESTURLAUB UND WIR DACHTEN, DER BESUCH HIER IST EINE SCHÖNE IDEE FÜR EIN DATE!
FÜR EIN DATE ...?
SIE WIRKEN IMMER NOCH WIE EIN FRISCH VERLIEBTES PAAR.
Oh?
DAS IST ...
... SCHON MÖGLICH!
Hi hi hi!
Stimmt, ja!
ICH WEISS JA, ...
Arm in Arm ...
UAH UAH
... DASS ES AUCH SOLCHE PAARE GIBT, BEI DENEN DIE BEZIEHUNG IMMER SO HARMONISCH BLEIBT.
Reita war total genervt, als wir bei ihm vorbeigeschaut haben!
Es war ihm bestimmt peinlich!

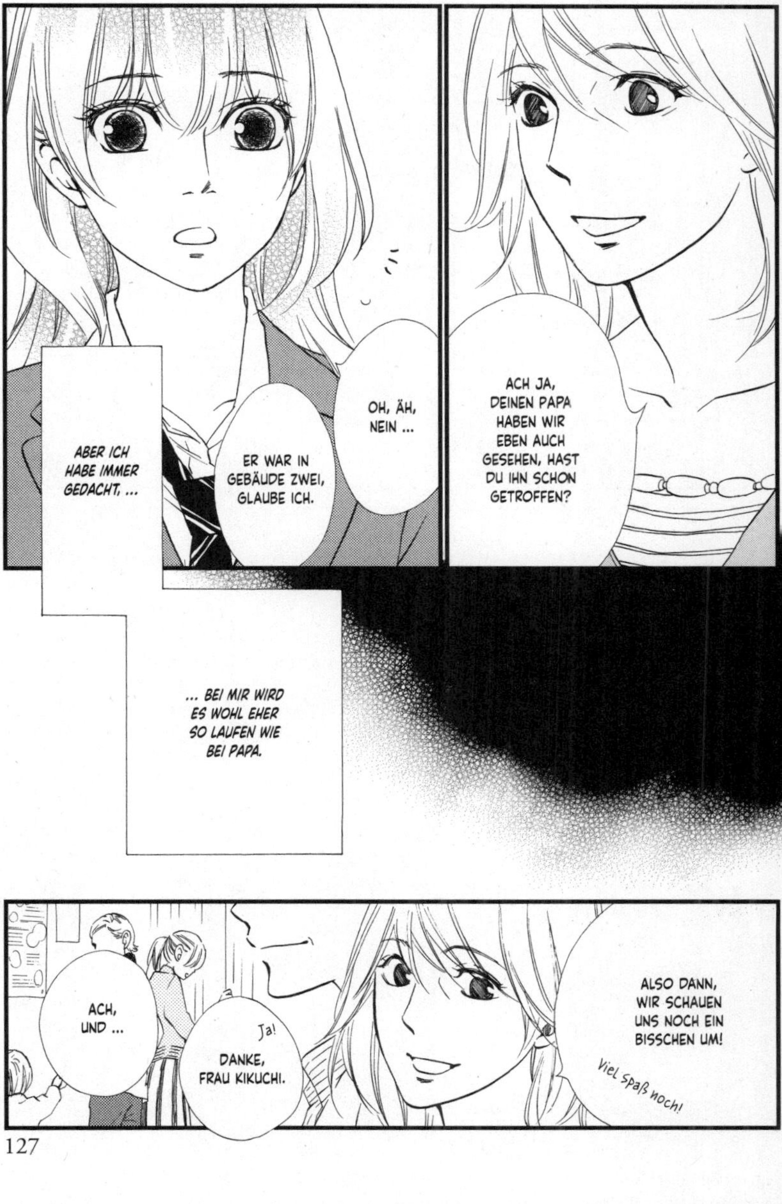

ACH JA, DEINEN PAPA HABEN WIR EBEN AUCH GESEHEN, HAST DU IHN SCHON GETROFFEN?

OH, ÄH, NEIN ...

ER WAR IN GEBÄUDE ZWEI, GLAUBE ICH.

ABER ICH HABE IMMER GEDACHT, ...

... BEI MIR WIRD ES WOHL EHER SO LAUFEN WIE BEI PAPA.

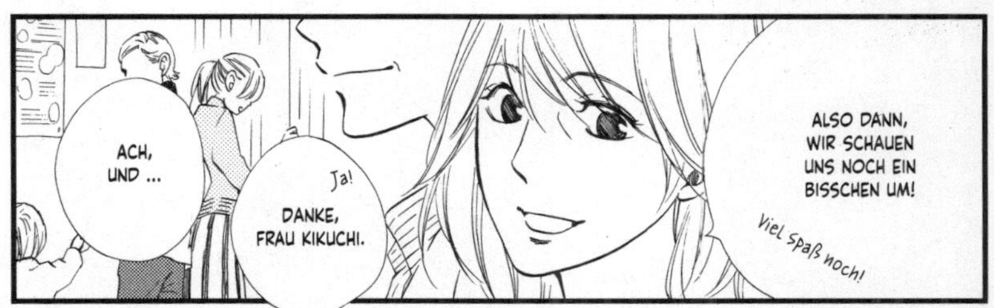

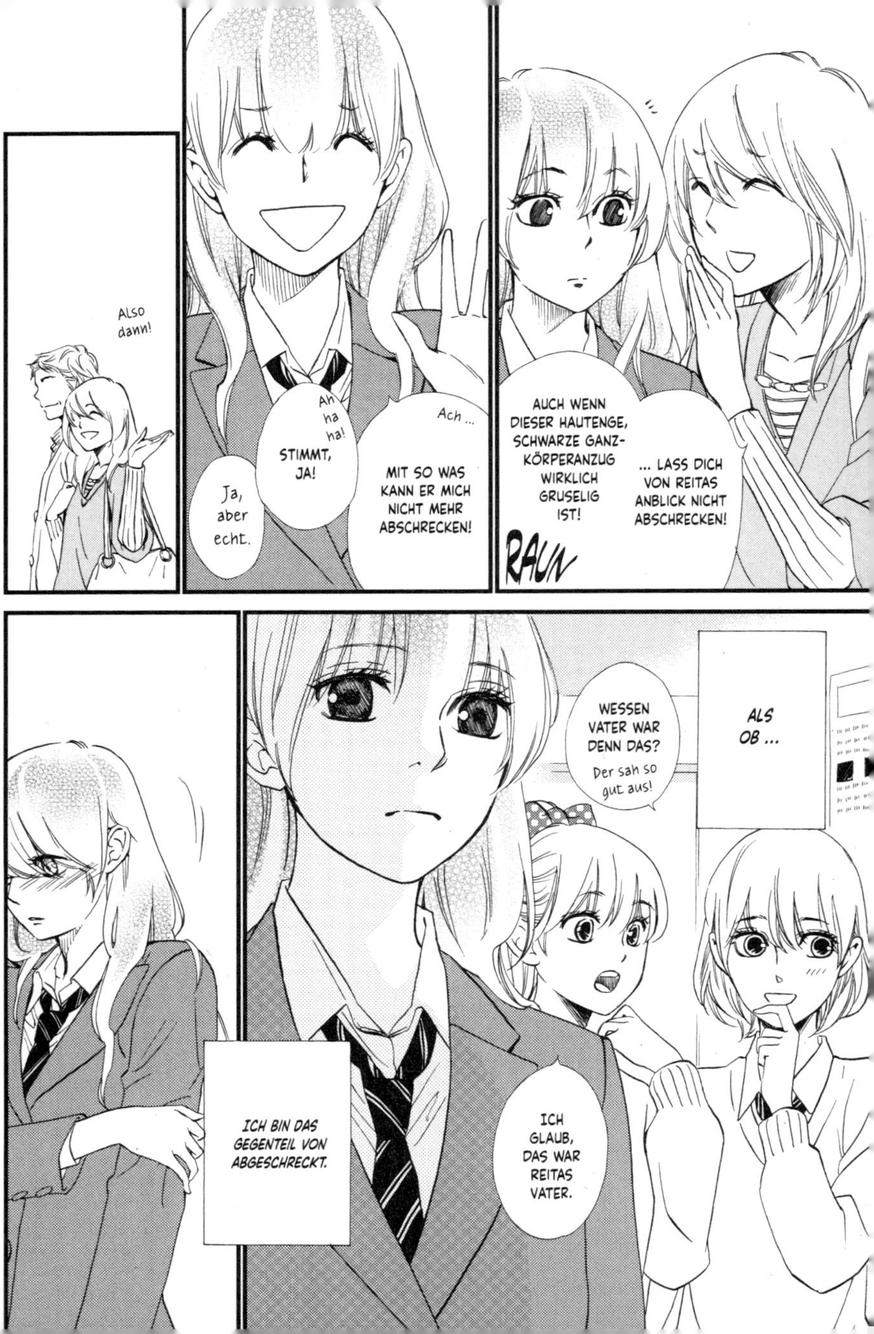

... LASS DICH VON REITAS ANBLICK NICHT ABSCHRECKEN!
AUCH WENN DIESER HAUTENGE, SCHWARZE GANZ-KÖRPERANZUG WIRKLICH GRUSELIG IST!
RAUN
Ach ...
MIT SO WAS KANN ER MICH NICHT MEHR ABSCHRECKEN!
Ah ha ha!
STIMMT, JA!
Ja, aber echt.
Also dann!
ALS OB ...
WESSEN VATER WAR DENN DAS?
Der sah so gut aus!
ICH GLAUB, DAS WAR REITAS VATER.
ICH BIN DAS GEGENTEIL VON ABGESCHRECKT.

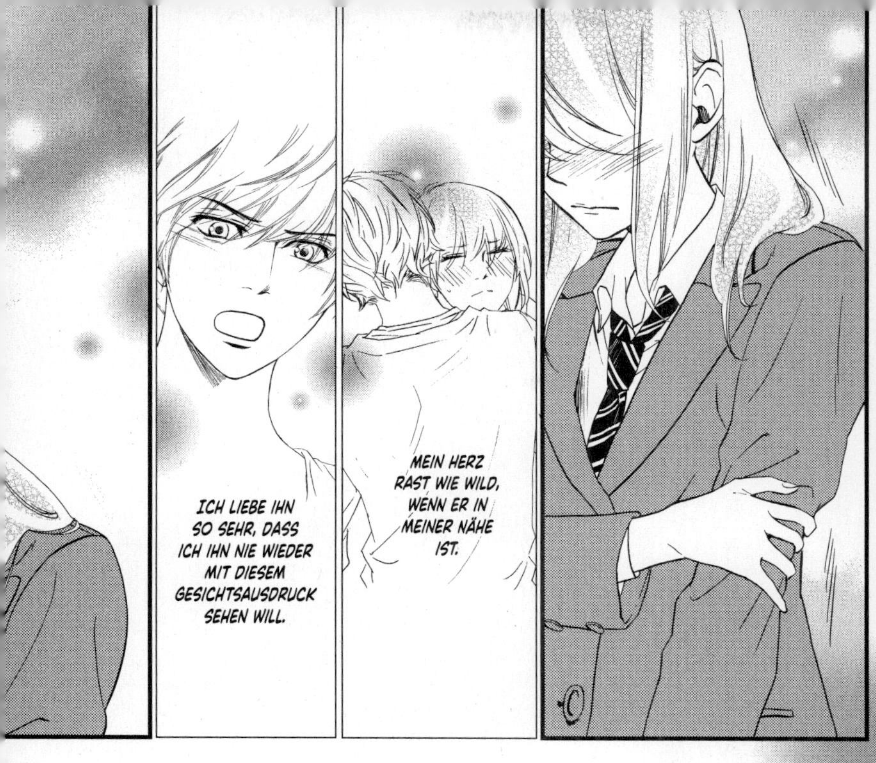

UND TROTZDEM HAB ICH IMMER NOCH SOLCHE ANGST, DASS ICH WEDER EIN NOCH AUS WEISS.

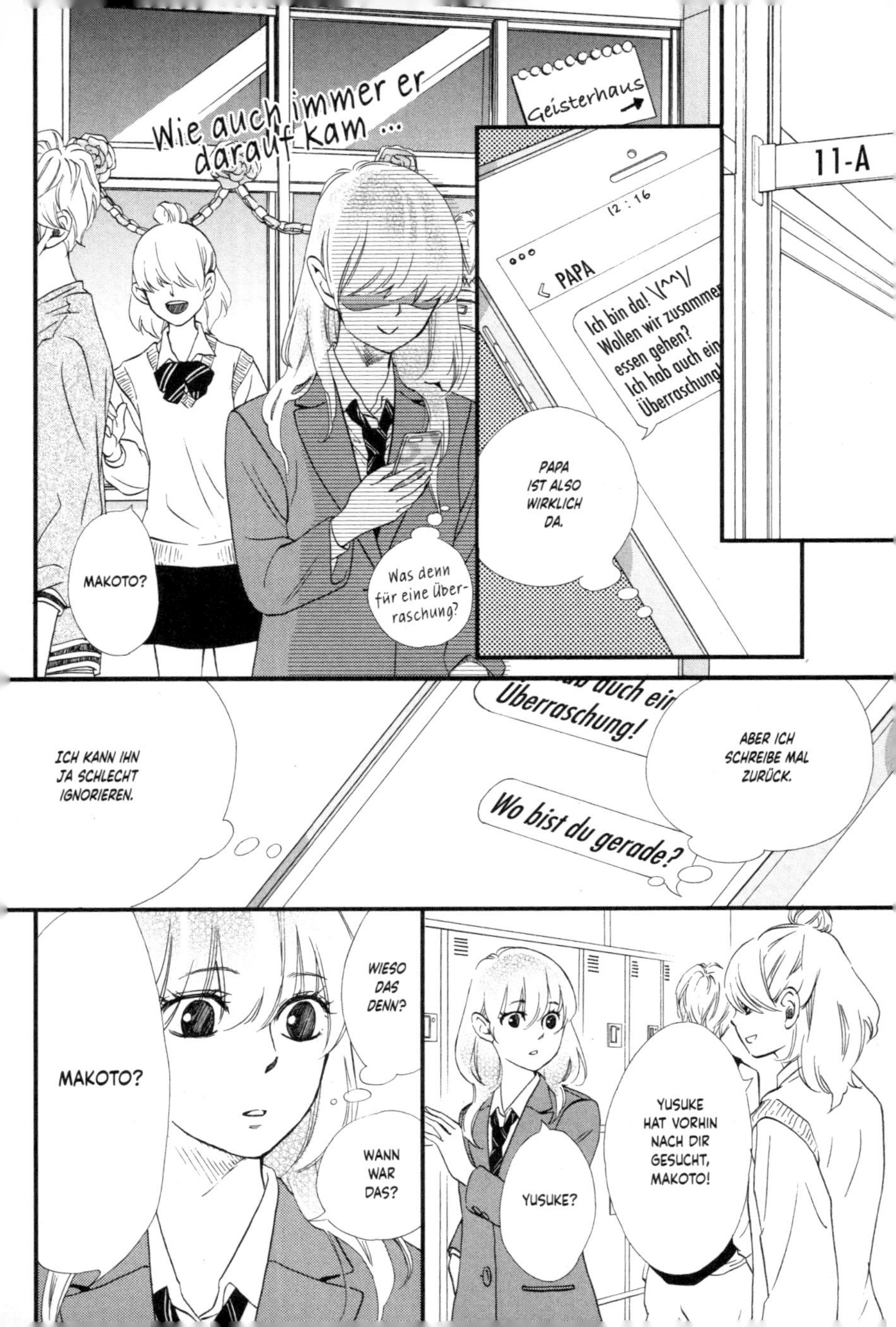
Wie auch immer er darauf kam ...
Geisterhaus
11-A
12:16
PAPA
Ich bin da! \(^^)/ Wollen wir zusammen essen gehen? Ich hab auch eine Überraschung!
PAPA IST ALSO WIRKLICH DA.
Was denn für eine Überraschung?
MAKOTO?
Überraschung!
ABER ICH SCHREIBE MAL ZURÜCK.
Wo bist du gerade?
ICH KANN IHN JA SCHLECHT IGNORIEREN.
YUSUKE HAT VORHIN NACH DIR GESUCHT, MAKOTO!
YUSUKE?
WIESO DAS DENN?
WANN WAR DAS?
MAKOTO?

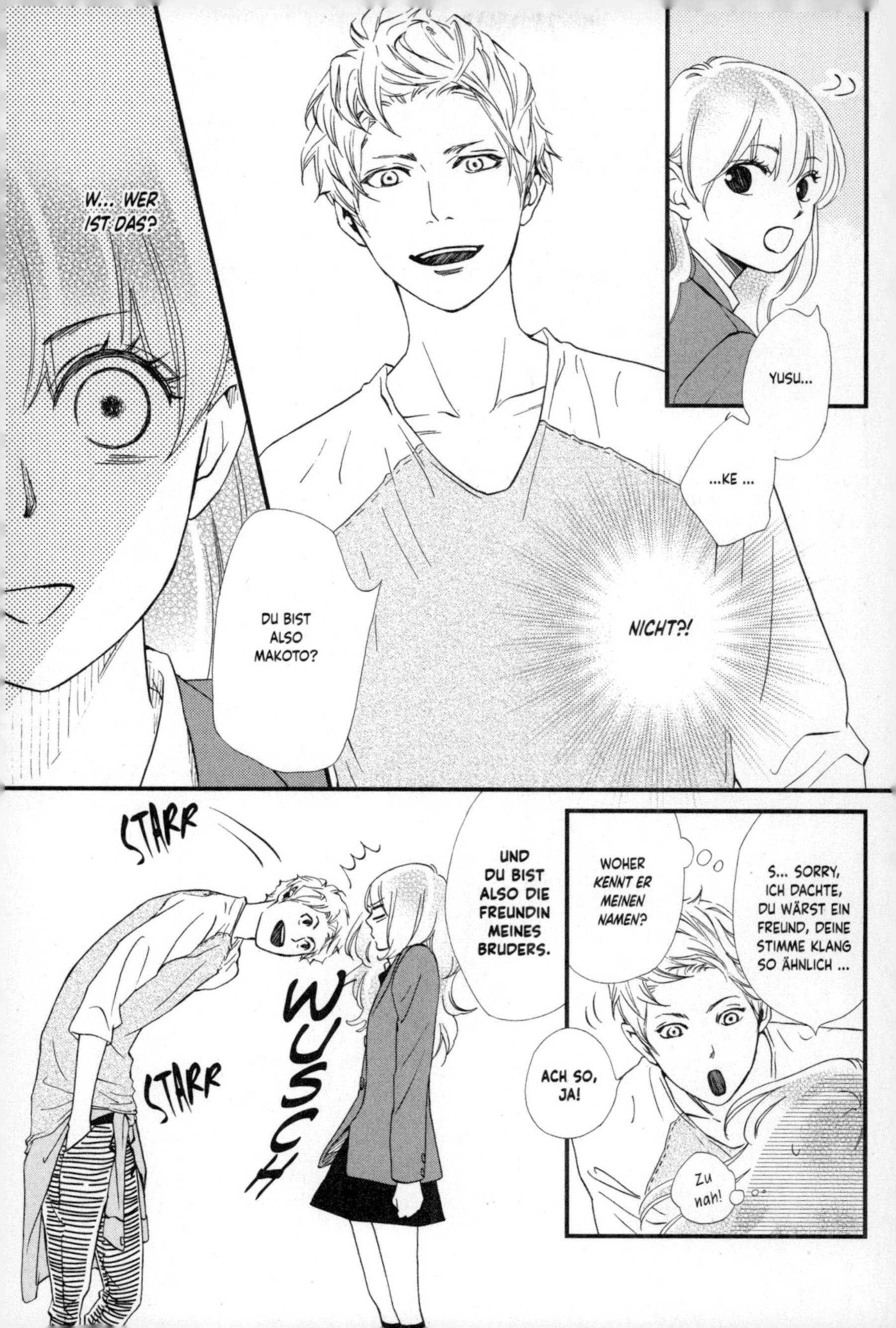
YUSU...
...KE ...
NICHT?!
DU BIST ALSO MAKOTO?
W... WER IST DAS?
S... SORRY, ICH DACHTE, DU WÄRST EIN FREUND, DEINE STIMME KLANG SO ÄHNLICH ...
ACH SO, JA!
Zu nah!
WOHER KENNT ER MEINEN NAMEN?
UND DU BIST ALSO DIE FREUNDIN MEINES BRUDERS.
STARR
WUSCH
STARR

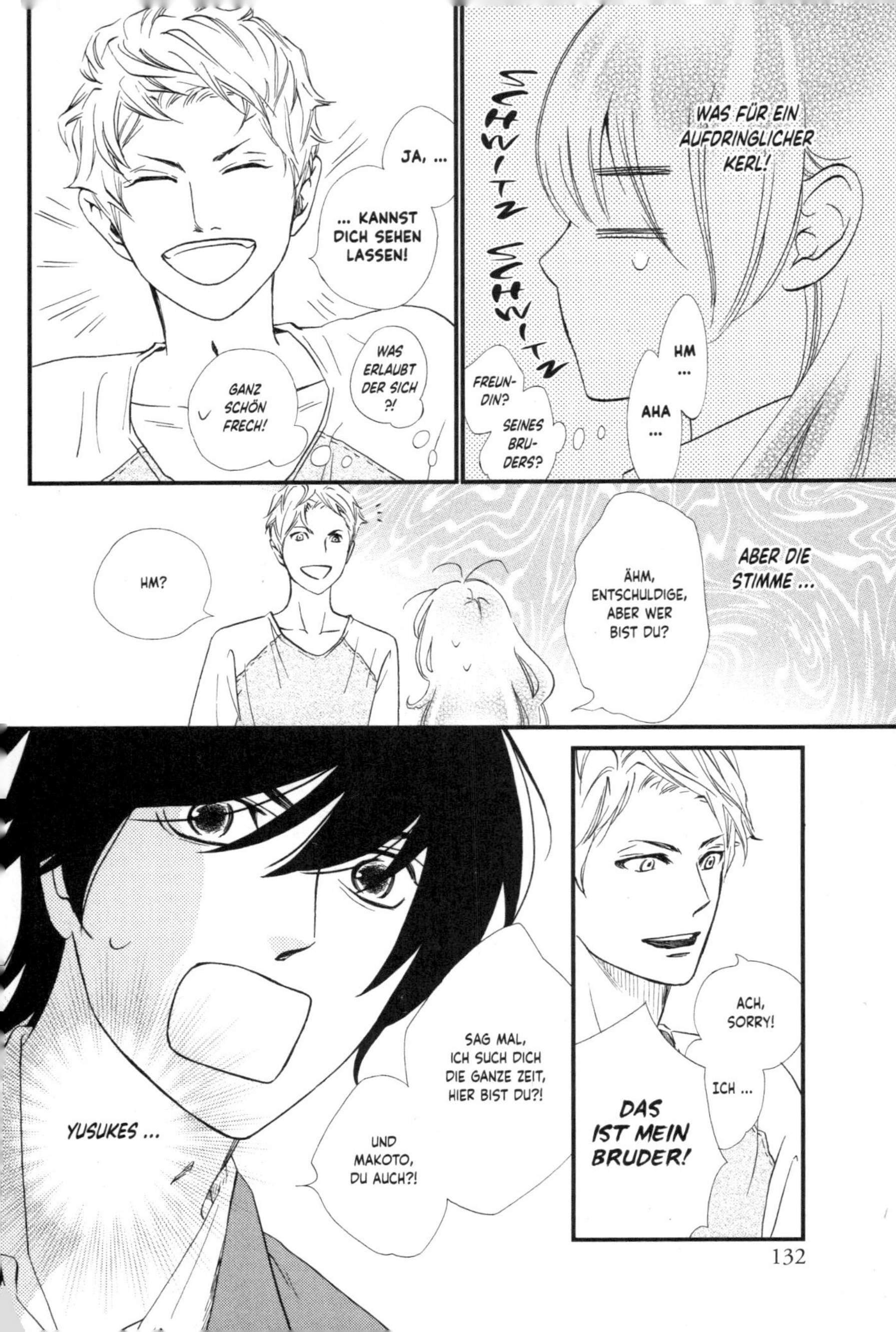
WAS FÜR EIN AUFDRINGLICHER KERL!
HM ...
AHA ...
SCHWITZ SCHWITZ
FREUN-DIN? SEINES BRU-DERS?
JA, ...
... KANNST DICH SEHEN LASSEN!
WAS ERLAUBT DER SICH ?!
GANZ SCHÖN FRECH!
ABER DIE STIMME ...
ÄHM, ENTSCHULDIGE, ABER WER BIST DU?
HM?
ACH, SORRY!
ICH ...
DAS IST MEIN BRUDER!
SAG MAL, ICH SUCH DICH DIE GANZE ZEIT, HIER BIST DU?!
UND MAKOTO, DU AUCH?!
YUSUKES ...

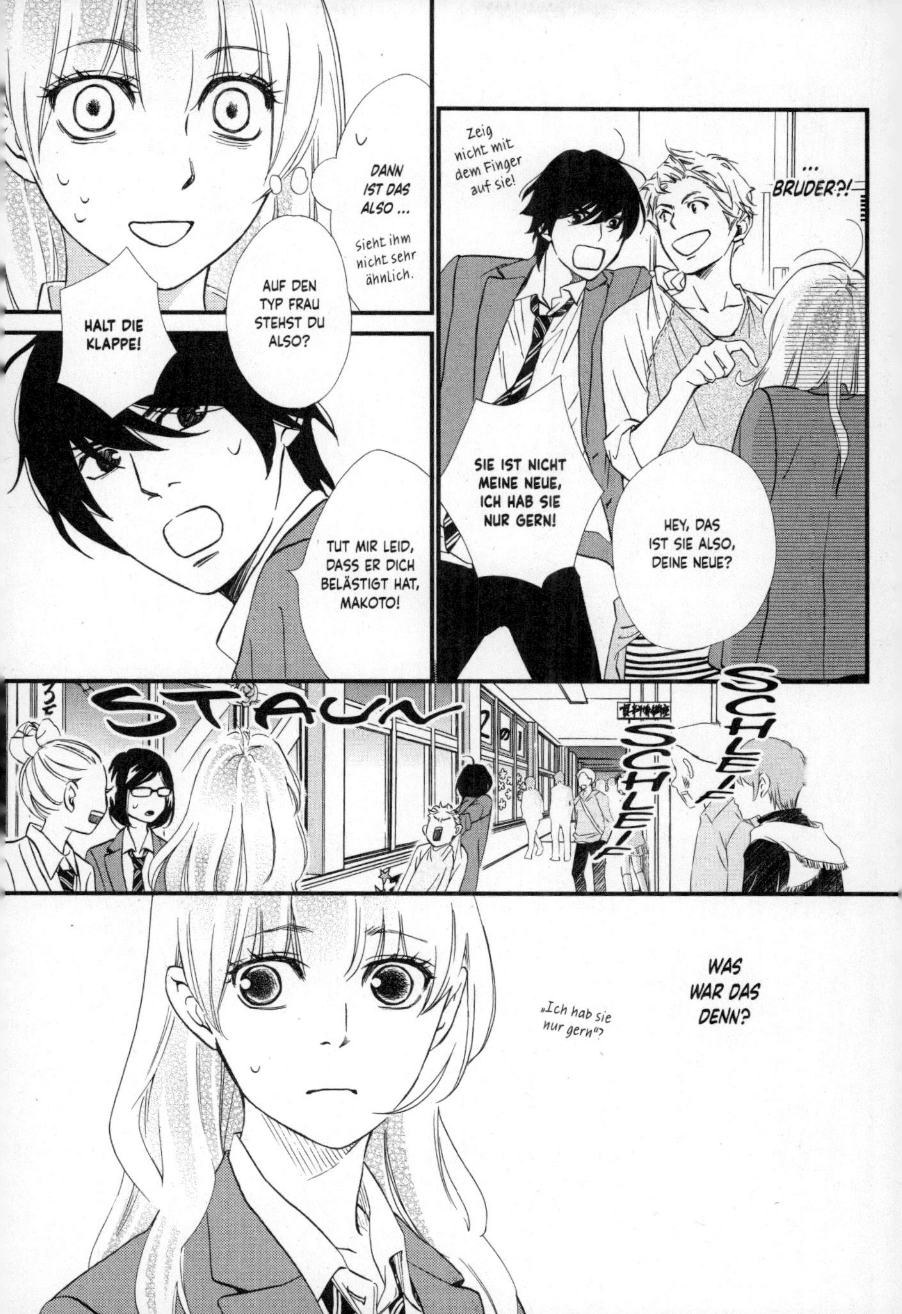
... BRUDER?!
Zeig nicht mit dem Finger auf sie!
HEY, DAS IST SIE ALSO, DEINE NEUE?
SIE IST NICHT MEINE NEUE, ICH HAB SIE NUR GERN!
DANN IST DAS ALSO ...
Sieht ihm nicht sehr ähnlich.
AUF DEN TYP FRAU STEHST DU ALSO?
HALT DIE KLAPPE!
TUT MIR LEID, DASS ER DICH BELÄSTIGT HAT, MAKOTO!
SCHLEIF
SCHLEIF
STAUN
WAS WAR DAS DENN?
„Ich hab sie nur gern"?

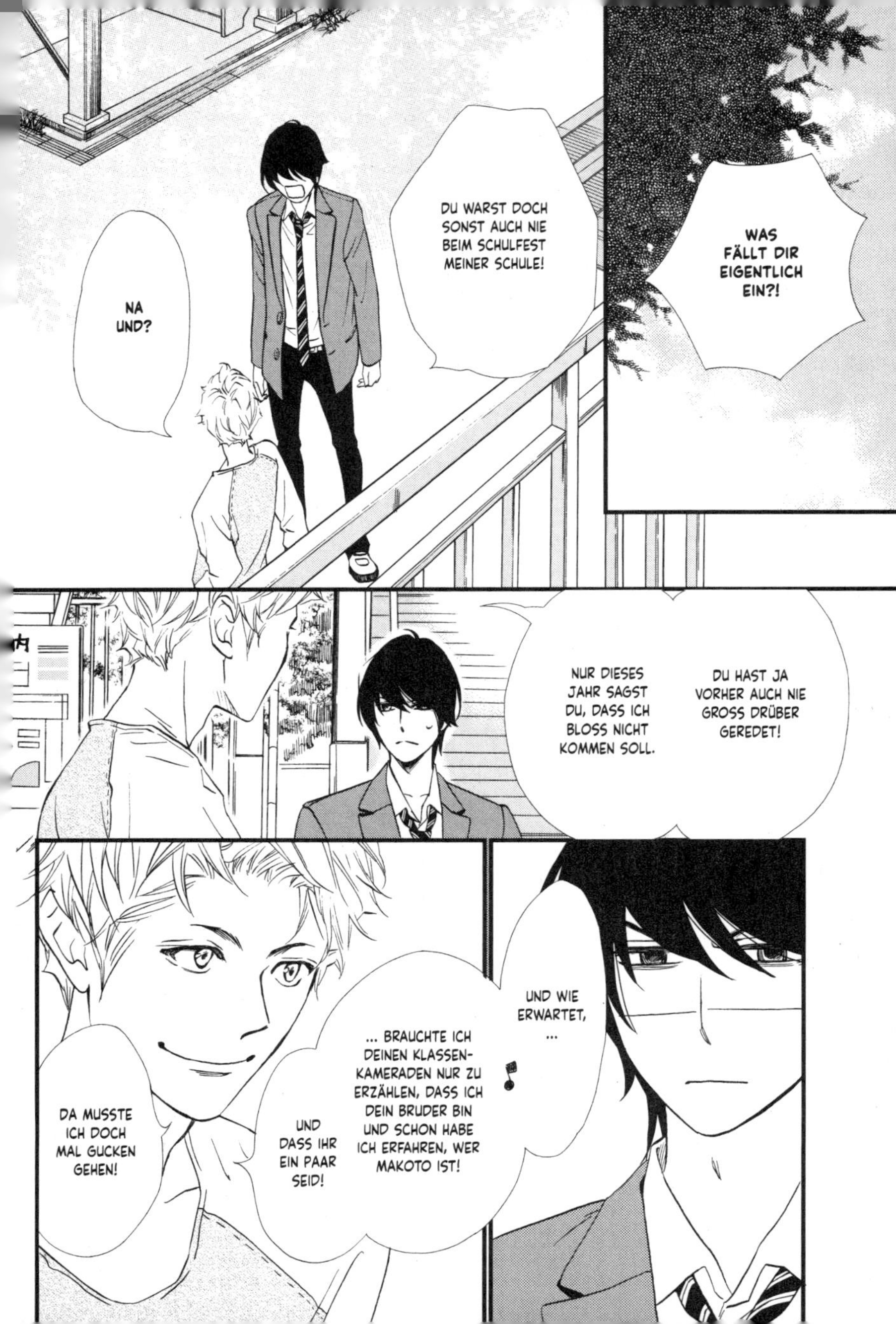
WAS FÄLLT DIR EIGENTLICH EIN?!
DU WARST DOCH SONST AUCH NIE BEIM SCHULFEST MEINER SCHULE!
NA UND?
DU HAST JA VORHER AUCH NIE GROSS DRÜBER GEREDET!
NUR DIESES JAHR SAGST DU, DASS ICH BLOSS NICHT KOMMEN SOLL.
UND WIE ERWARTET, ...
... BRAUCHTE ICH DEINEN KLASSEN-KAMERADEN NUR ZU ERZÄHLEN, DASS ICH DEIN BRUDER BIN UND SCHON HABE ICH ERFAHREN, WER MAKOTO IST!
UND DASS IHR EIN PAAR SEID!
DA MUSSTE ICH DOCH MAL GUCKEN GEHEN!

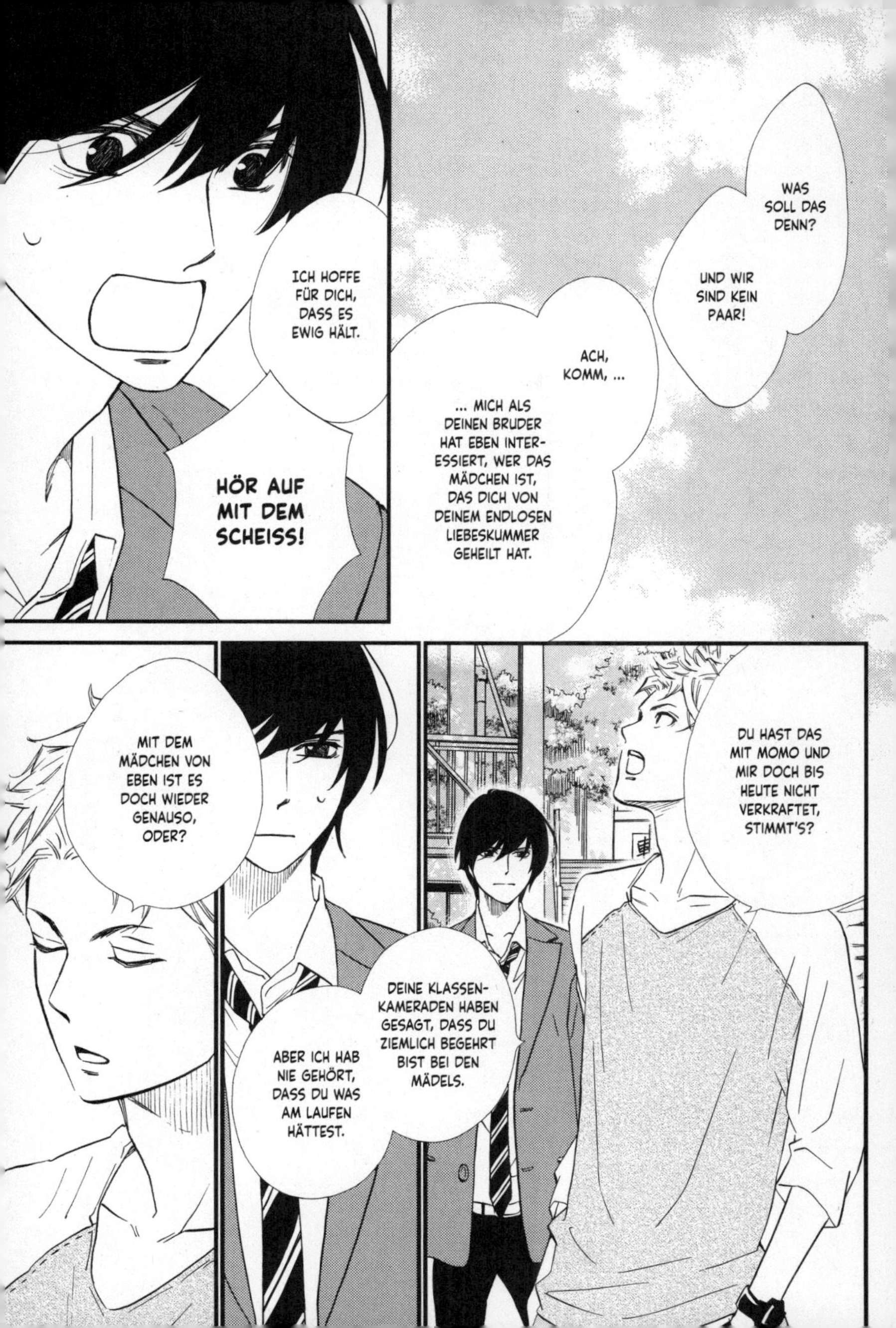
WAS SOLL DAS DENN?
UND WIR SIND KEIN PAAR!
ACH, KOMM, ...
... MICH ALS DEINEN BRUDER HAT EBEN INTER-ESSIERT, WER DAS MÄDCHEN IST, DAS DICH VON DEINEM ENDLOSEN LIEBESKUMMER GEHEILT HAT.
ICH HOFFE FÜR DICH, DASS ES EWIG HÄLT.
HÖR AUF MIT DEM SCHEISS!
DU HAST DAS MIT MOMO UND MIR DOCH BIS HEUTE NICHT VERKRAFTET, STIMMT'S?
DEINE KLASSEN-KAMERADEN HABEN GESAGT, DASS DU ZIEMLICH BEGEHRT BIST BEI DEN MÄDELS.
ABER ICH HAB NIE GEHÖRT, DASS DU WAS AM LAUFEN HÄTTEST.
MIT DEM MÄDCHEN VON EBEN IST ES DOCH WIEDER GENAUSO, ODER?

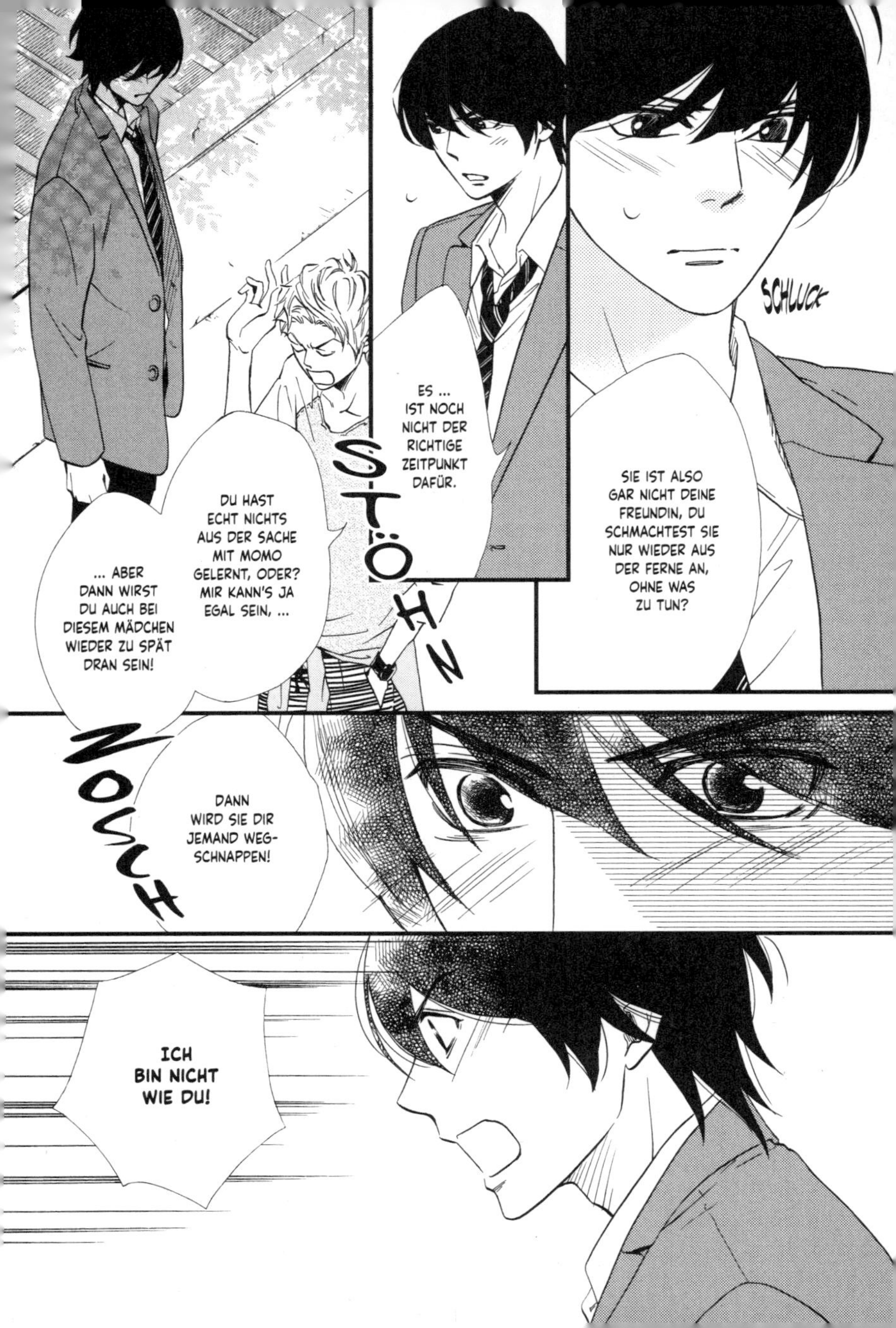

SCHLUCK
SIE IST ALSO GAR NICHT DEINE FREUNDIN, DU SCHMACHTEST SIE NUR WIEDER AUS DER FERNE AN, OHNE WAS ZU TUN?
ES ... IST NOCH NICHT DER RICHTIGE ZEITPUNKT DAFÜR.
STÖHN
DU HAST ECHT NICHTS AUS DER SACHE MIT MOMO GELERNT, ODER? MIR KANN'S JA EGAL SEIN, ...
... ABER DANN WIRST DU AUCH BEI DIESEM MÄDCHEN WIEDER ZU SPÄT DRAN SEIN!
DANN WIRD SIE DIR JEMAND WEG-SCHNAPPEN!
WOSCH
ICH BIN NICHT WIE DU!

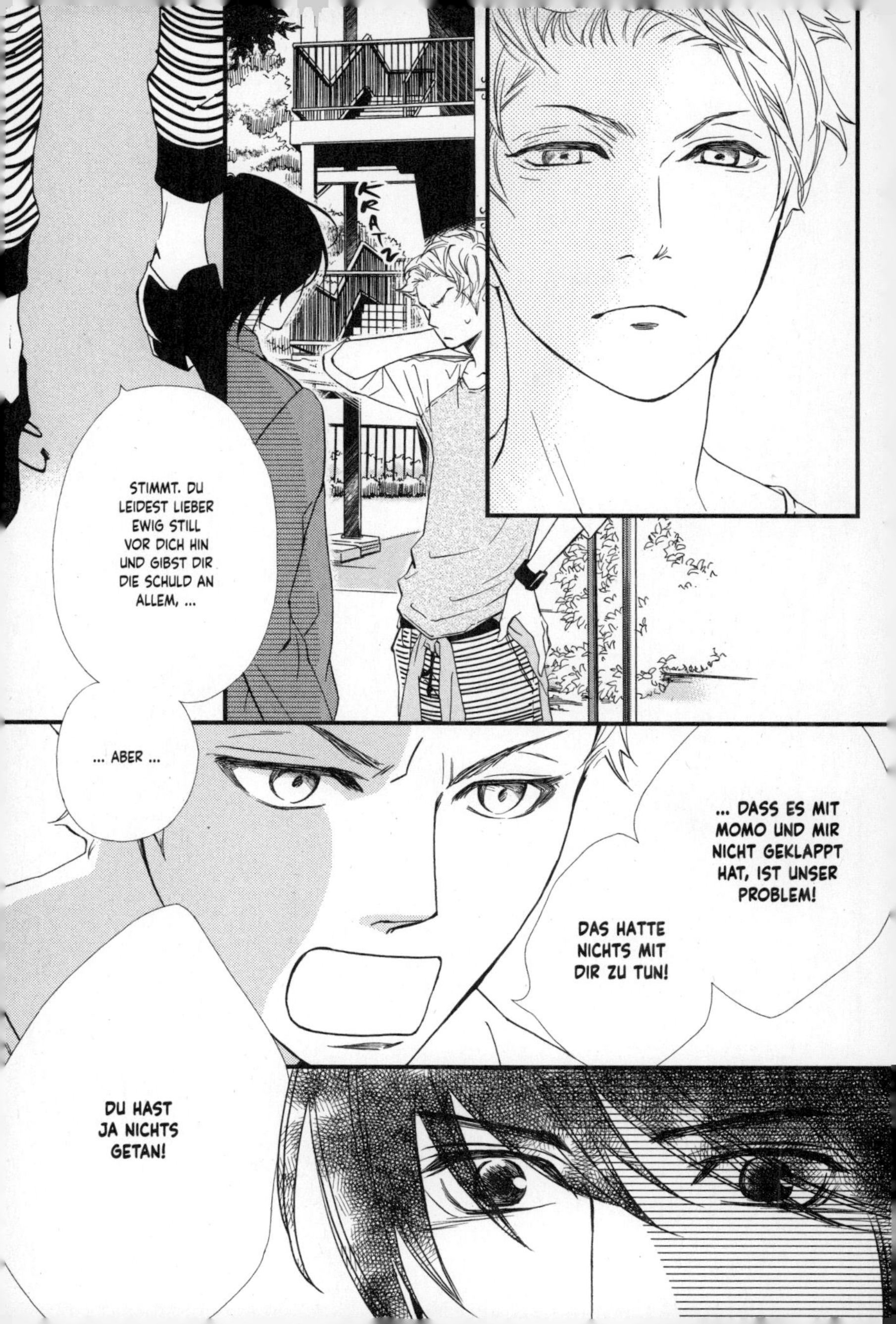
KRATN
STIMMT. DU LEIDEST LIEBER EWIG STILL VOR DICH HIN UND GIBST DIR DIE SCHULD AN ALLEM, ...
... ABER ...
... DASS ES MIT MOMO UND MIR NICHT GEKLAPPT HAT, IST UNSER PROBLEM!
DAS HATTE NICHTS MIT DIR ZU TUN!
DU HAST JA NICHTS GETAN!

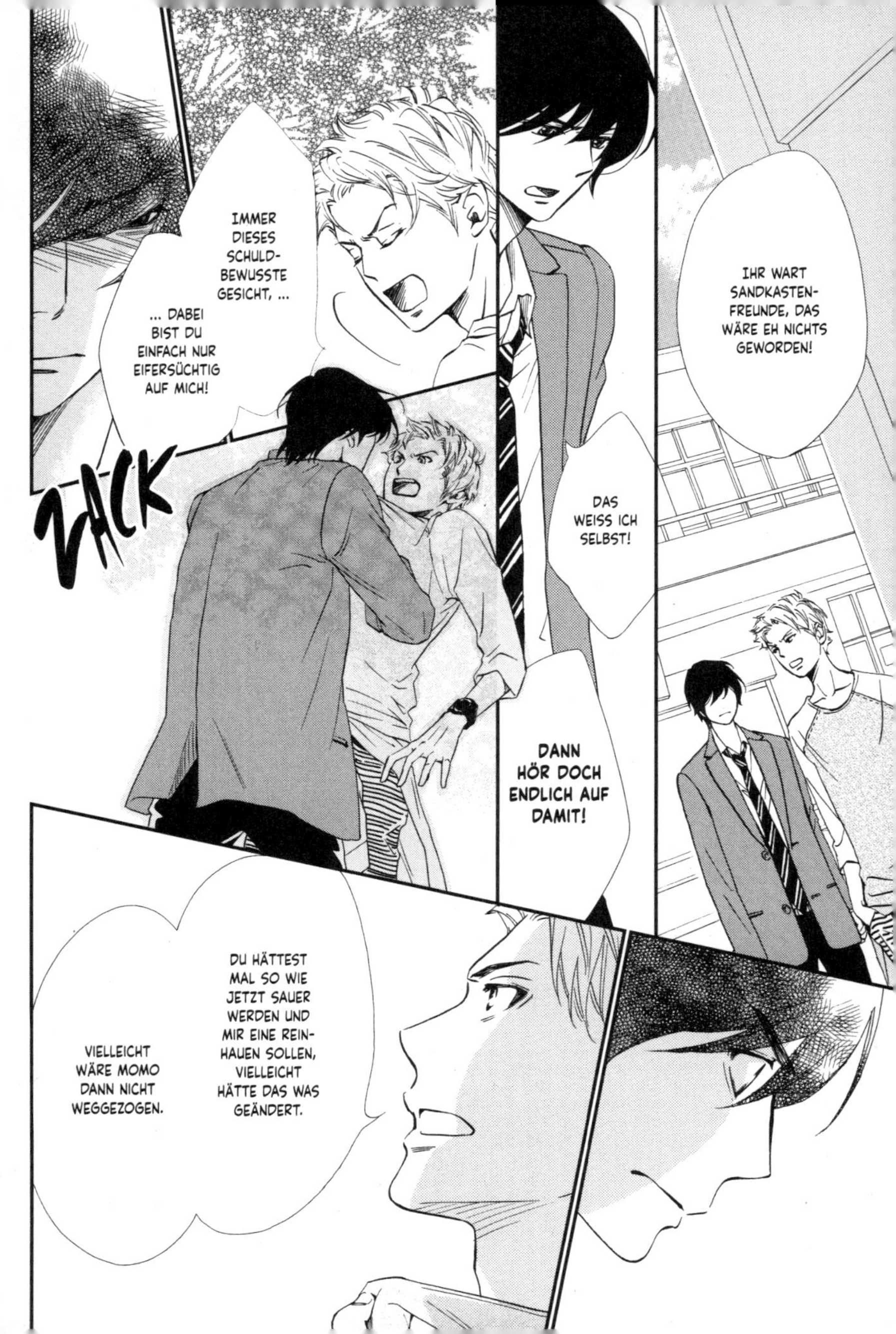

IHR WART SANDKASTEN-FREUNDE, DAS WÄRE EH NICHTS GEWORDEN!
DAS WEISS ICH SELBST!
DANN HÖR DOCH ENDLICH AUF DAMIT!
IMMER DIESES SCHULD-BEWUSSTE GESICHT, ...
... DABEI BIST DU EINFACH NUR EIFERSÜCHTIG AUF MICH!
ZACK
DU HÄTTEST MAL SO WIE JETZT SAUER WERDEN UND MIR EINE REIN-HAUEN SOLLEN, VIELLEICHT HÄTTE DAS WAS GEÄNDERT.
VIELLEICHT WÄRE MOMO DANN NICHT WEGGEZOGEN.

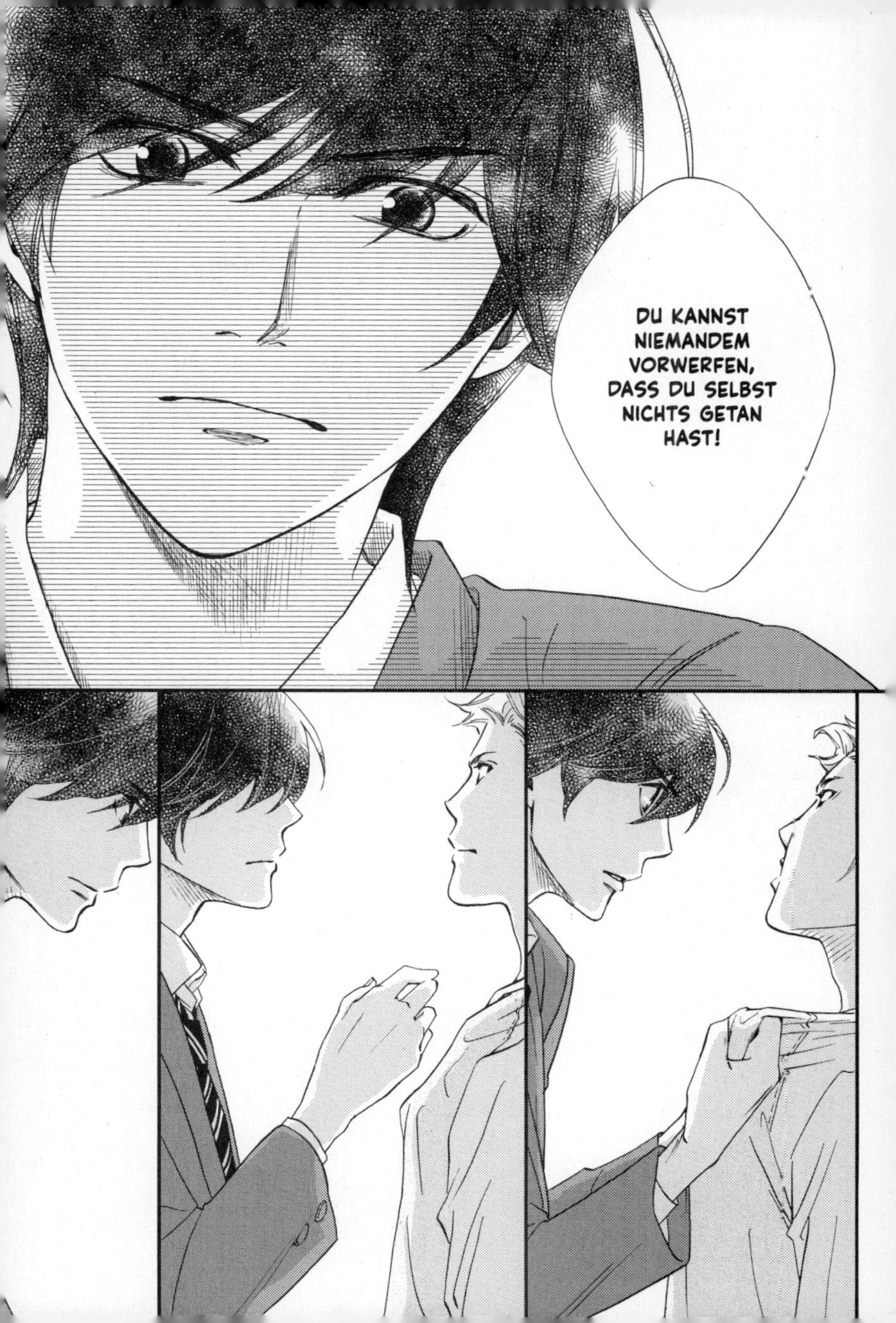
DU KANNST NIEMANDEM VORWERFEN, DASS DU SELBST NICHTS GETAN HAST!

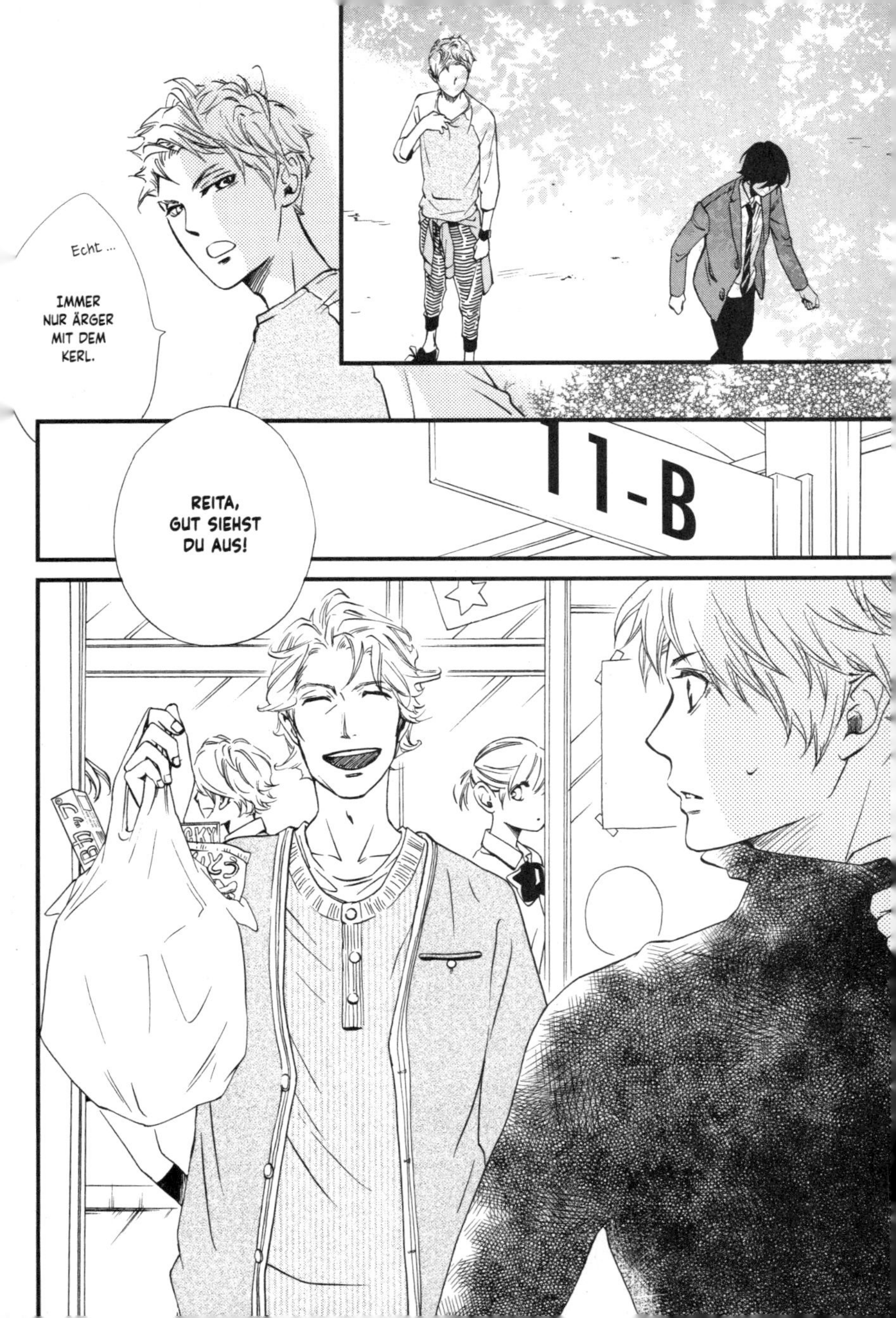
Echt ...
IMMER NUR ÄRGER MIT DEM KERL.
11-B
REITA, GUT SIEHST DU AUS!

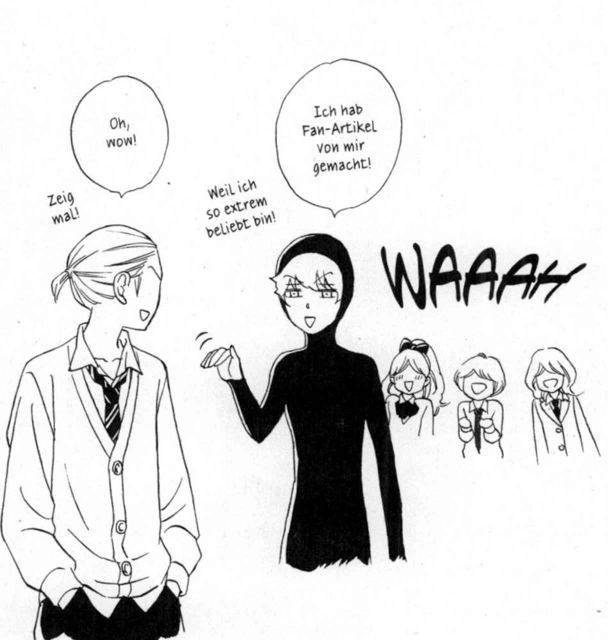
Ich hab Fan-Artikel von mir gemacht!
Weil ich so extrem beliebt bin!
WAAAH
Oh, wow!
Zeig mal!

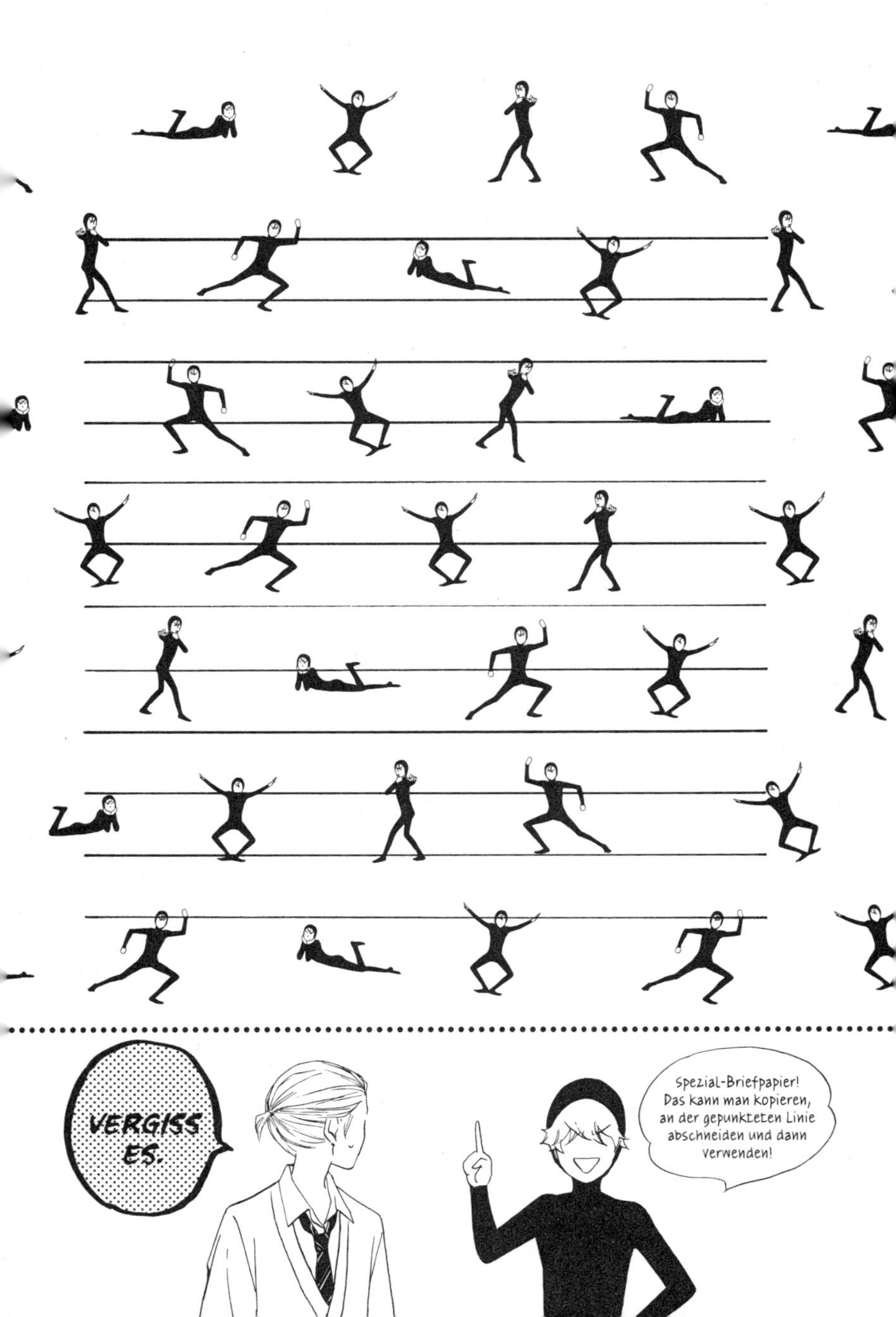
Spezial-Briefpapier! Das kann man kopieren, an der gepunkteten Linie abschneiden und dann verwenden!
VERGISS ES.

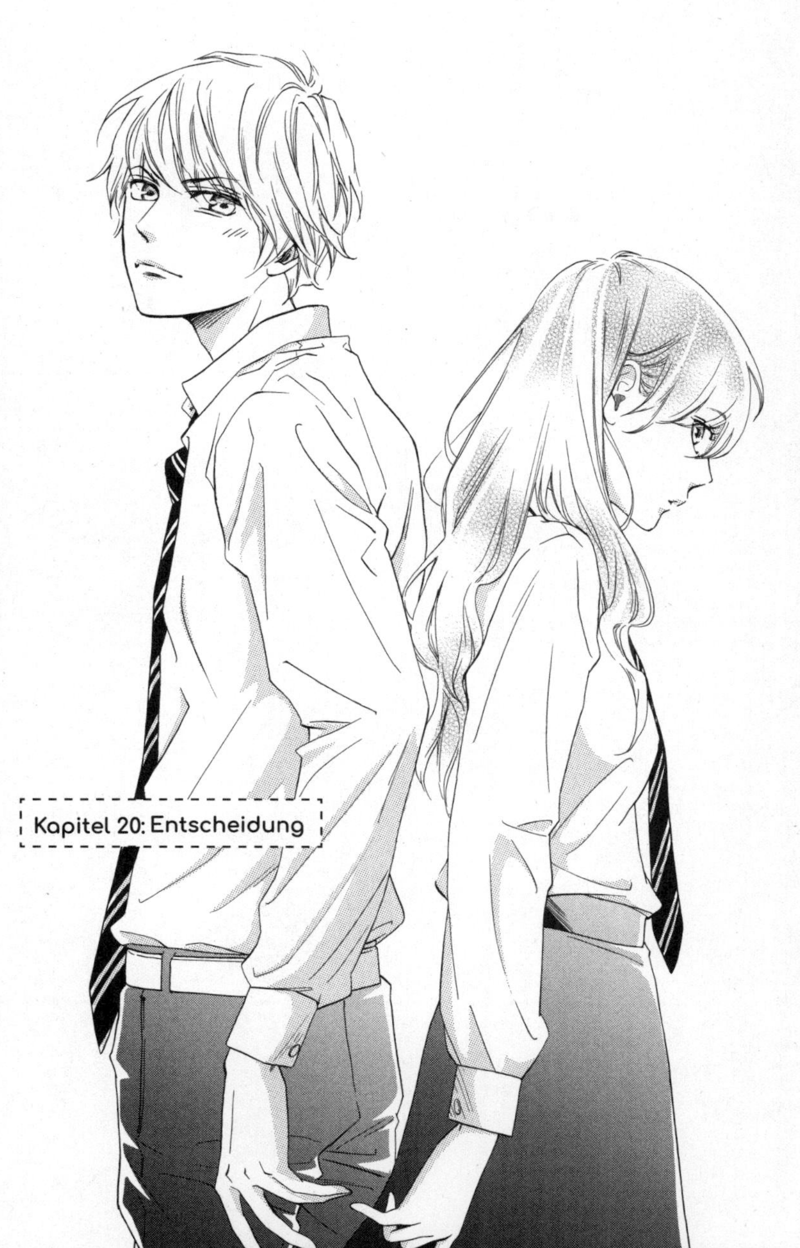

Kapitel 20: Entscheidung

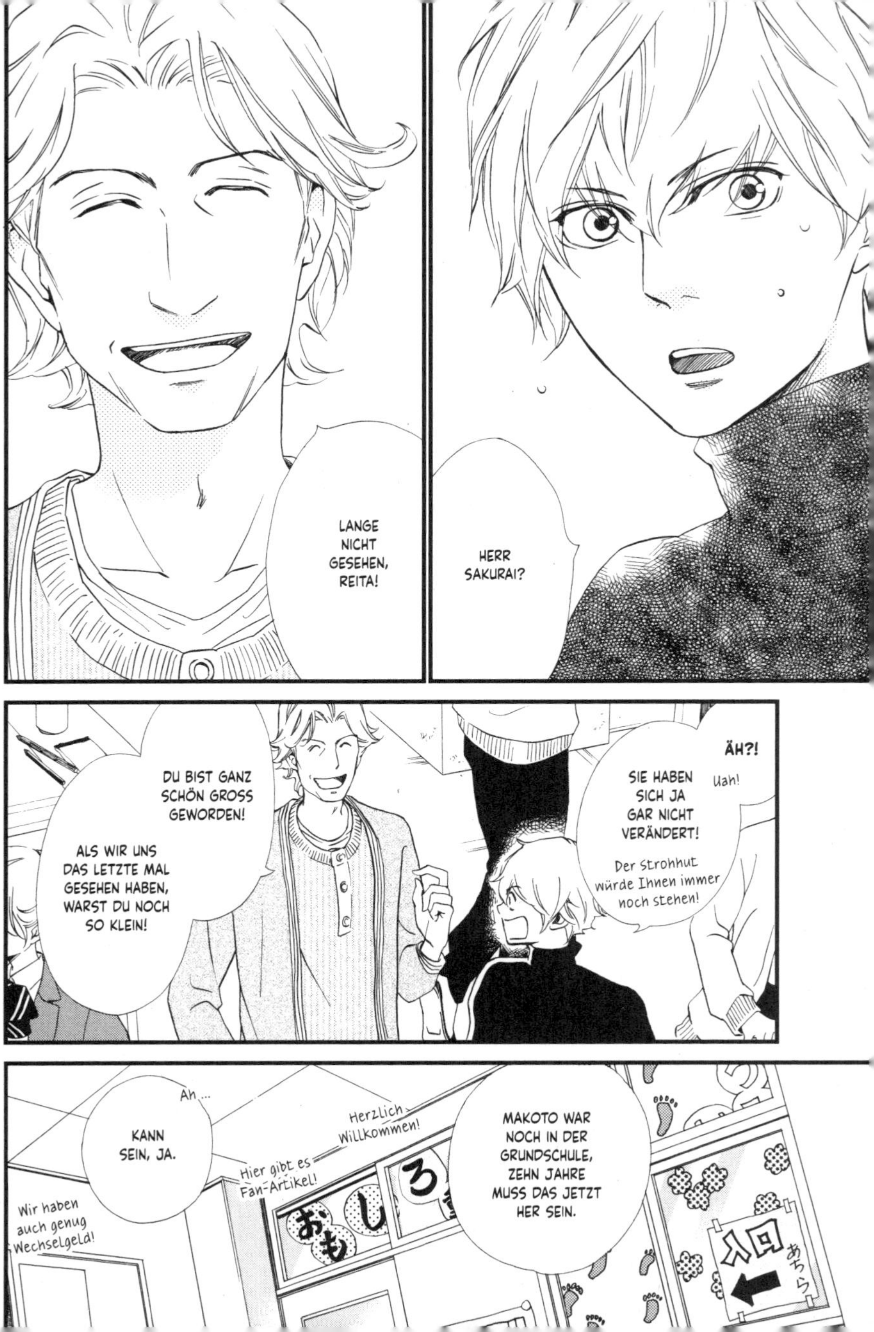

HERR SAKURAI?

LANGE NICHT GESEHEN, REITA!

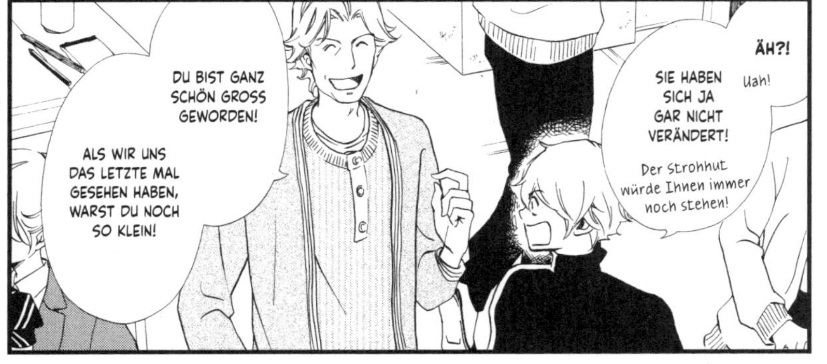

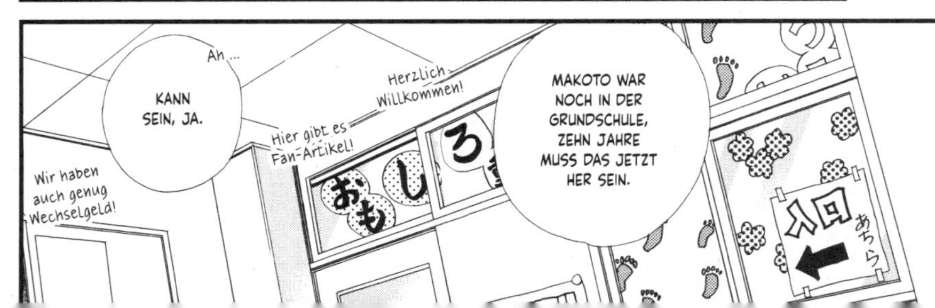

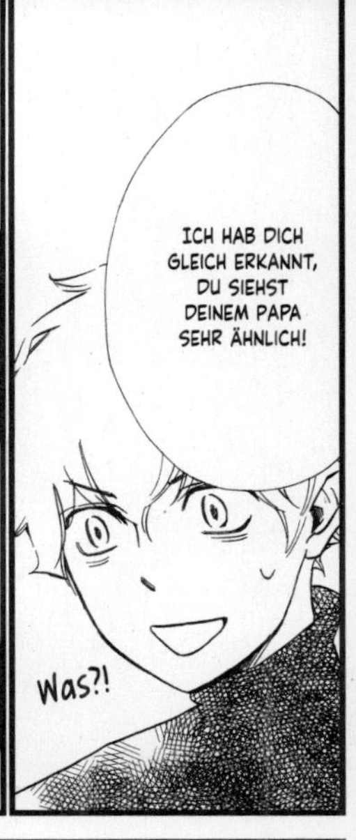
ICH HAB DICH GLEICH ERKANNT, DU SIEHST DEINEM PAPA SEHR ÄHNLICH!
Was?!

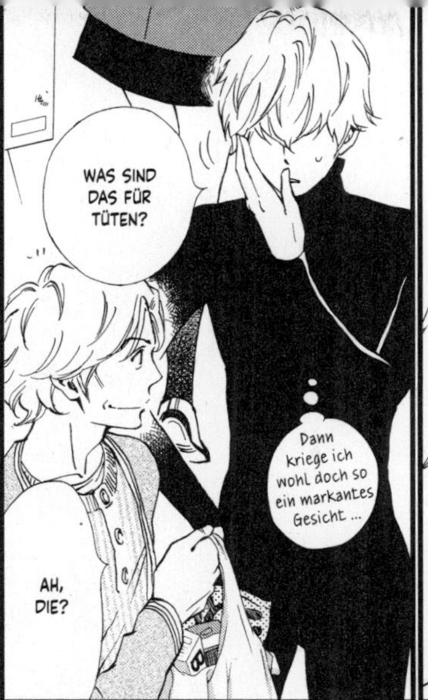
WAS SIND DAS FÜR TÜTEN?
Dann kriege ich wohl doch so ein markantes Gesicht ...
AH, DIE?

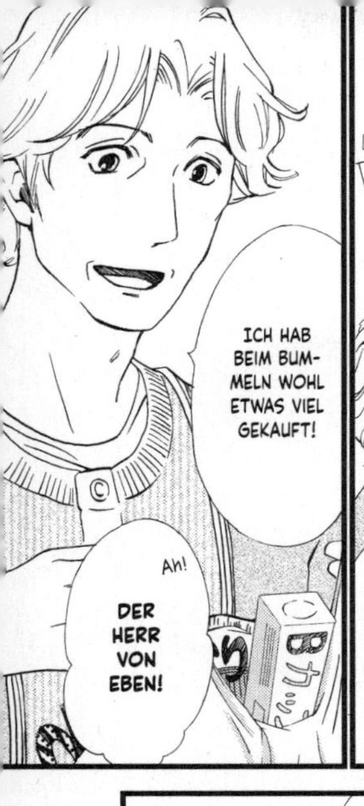
ICH HAB BEIM BUM-MELN WOHL ETWAS VIEL GEKAUFT!
Ah!
DER HERR VON EBEN!

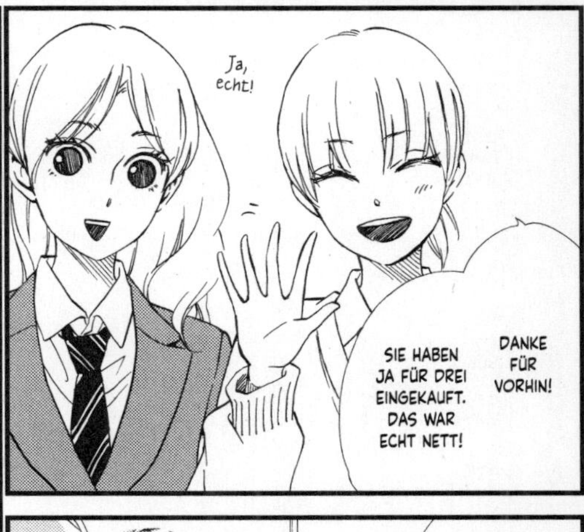
DANKE FÜR VORHIN!
SIE HABEN JA FÜR DREI EINGEKAUFT. DAS WAR ECHT NETT!
Ja, echt!

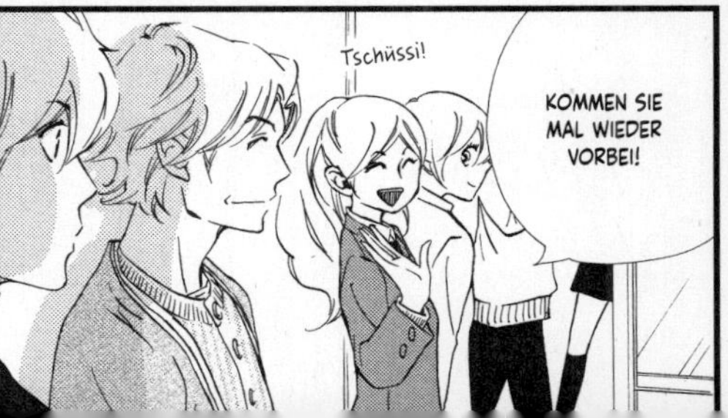
KOMMEN SIE MAL WIEDER VORBEI!
Tschüssi!

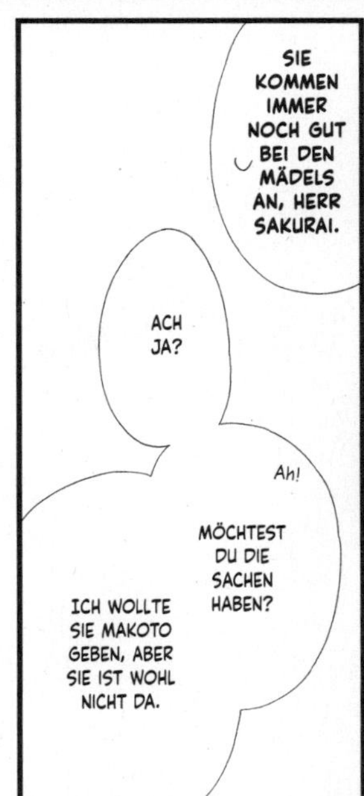
SIE KOMMEN IMMER NOCH GUT BEI DEN MÄDELS AN, HERR SAKURAI.
ACH JA?
Ah!
MÖCHTEST DU DIE SACHEN HABEN?
ICH WOLLTE SIE MAKOTO GEBEN, ABER SIE IST WOHL NICHT DA.

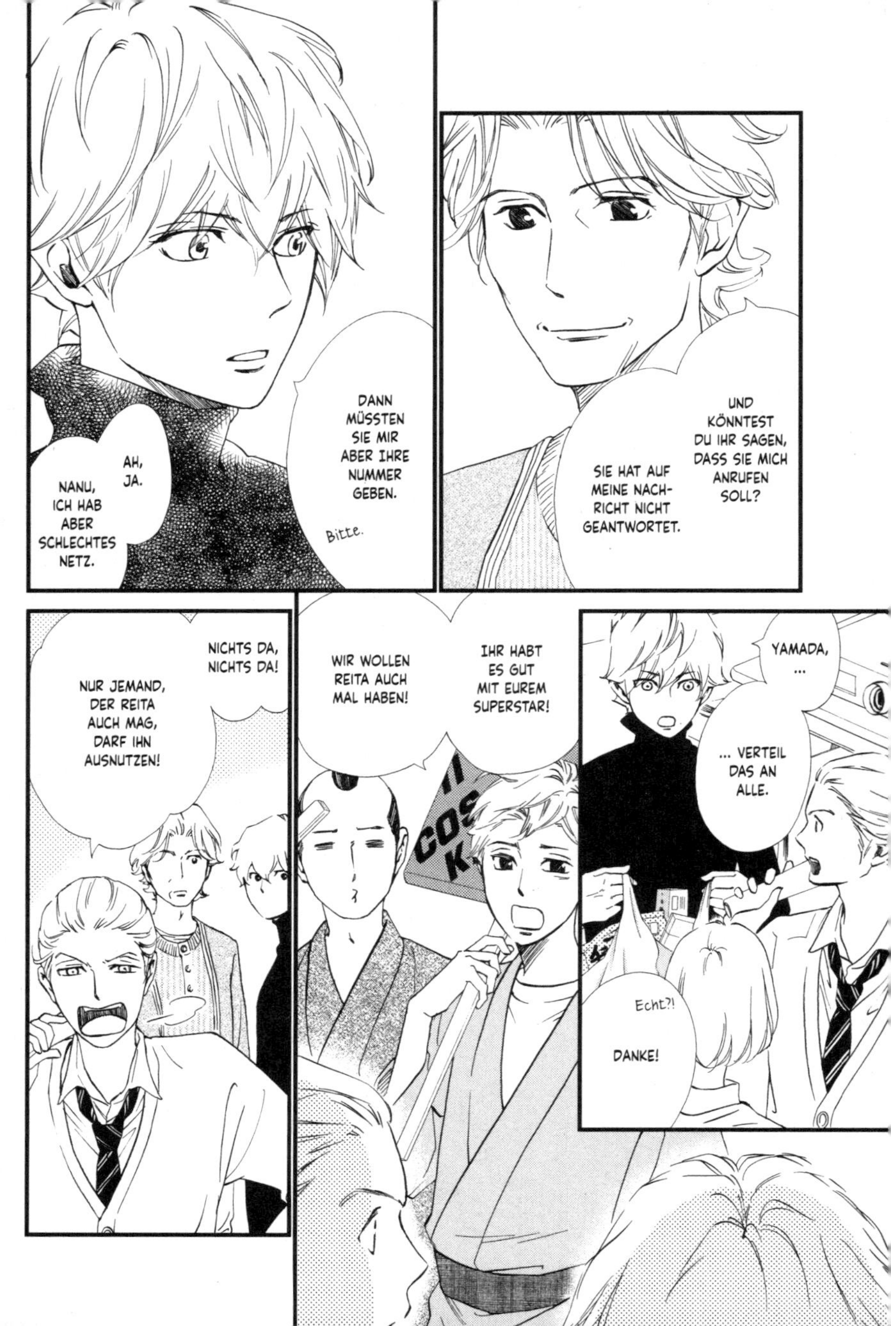
SIE HAT AUF MEINE NACHRICHT NICHT GEANTWORTET.
UND KÖNNTEST DU IHR SAGEN, DASS SIE MICH ANRUFEN SOLL?
DANN MÜSSTEN SIE MIR ABER IHRE NUMMER GEBEN.
Bitte.
AH, JA.
NANU, ICH HAB ABER SCHLECHTES NETZ.
YAMADA, ...
... VERTEIL DAS AN ALLE.
Echt?!
DANKE!
IHR HABT ES GUT MIT EUREM SUPERSTAR!
WIR WOLLEN REITA AUCH MAL HABEN!
NICHTS DA, NICHTS DA!
NUR JEMAND, DER REITA AUCH MAG, DARF IHN AUSNUTZEN!

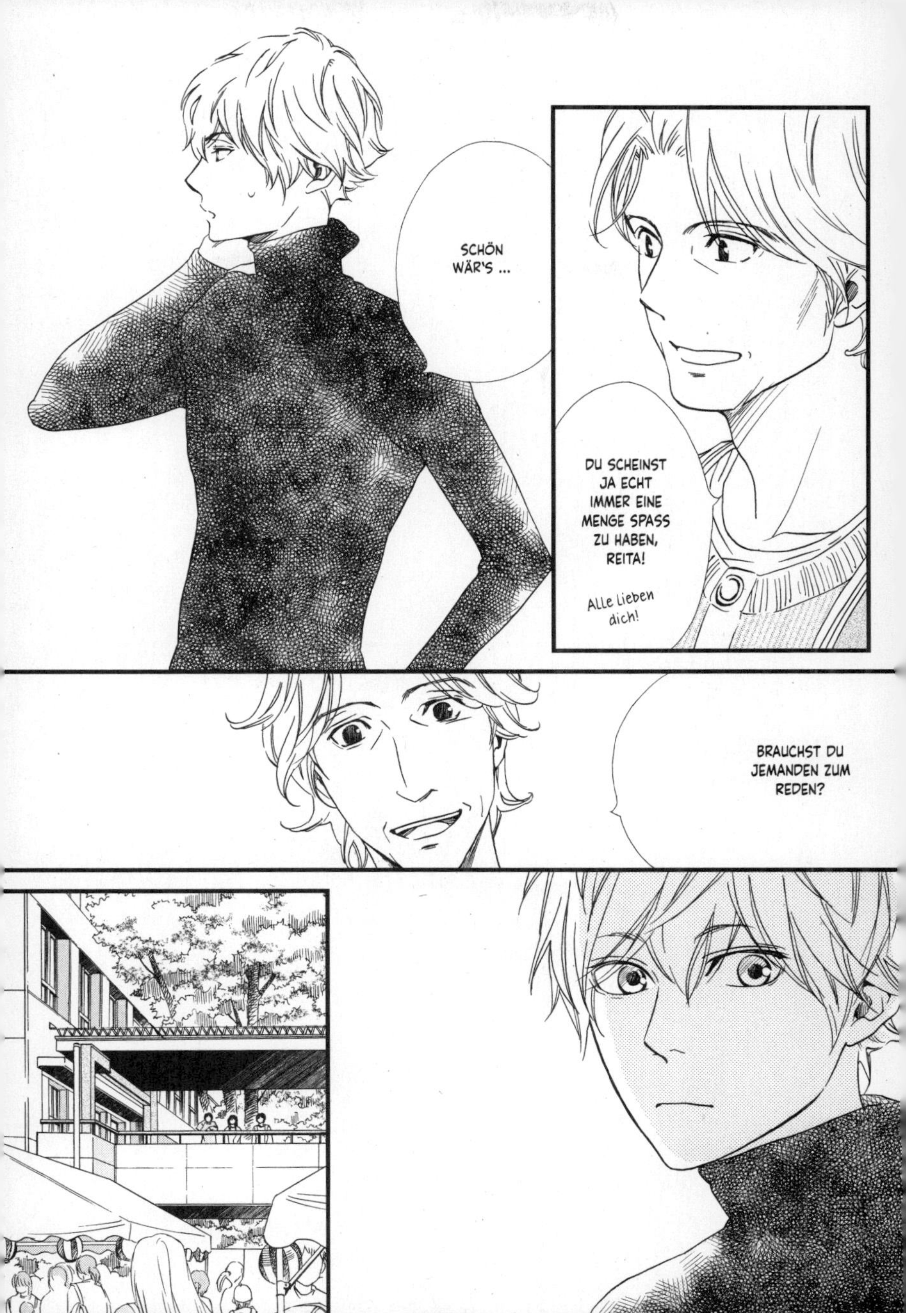
DU SCHEINST JA ECHT IMMER EINE MENGE SPASS ZU HABEN, REITA!
Alle lieben dich!
SCHÖN WÄR'S ...
BRAUCHST DU JEMANDEN ZUM REDEN?

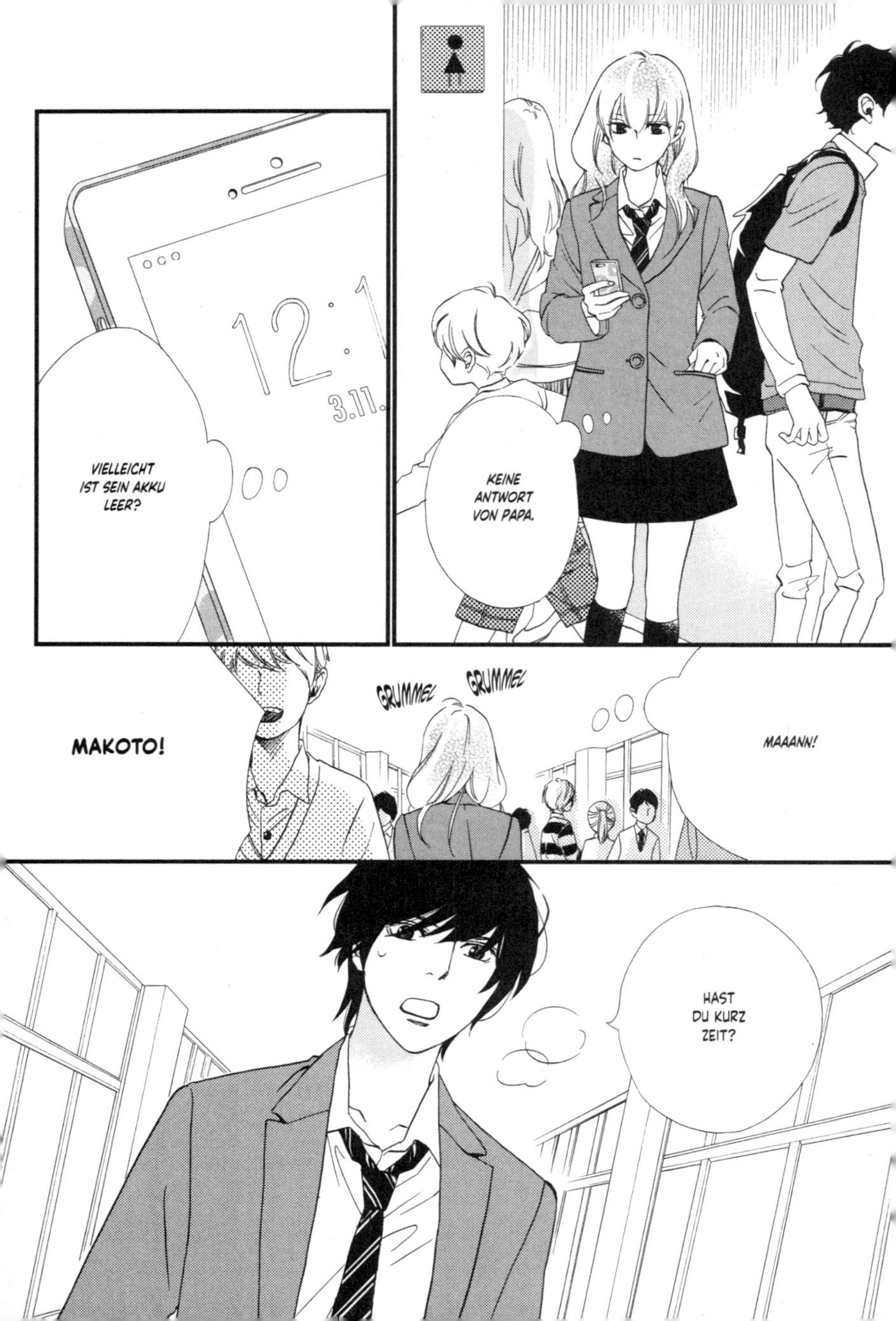
KEINE ANTWORT VON PAPA.
12:1
3.11.
VIELLEICHT IST SEIN AKKU LEER?
MAAANN!
GRUMMEL
GRUMMEL
MAKOTO!
HAST DU KURZ ZEIT?

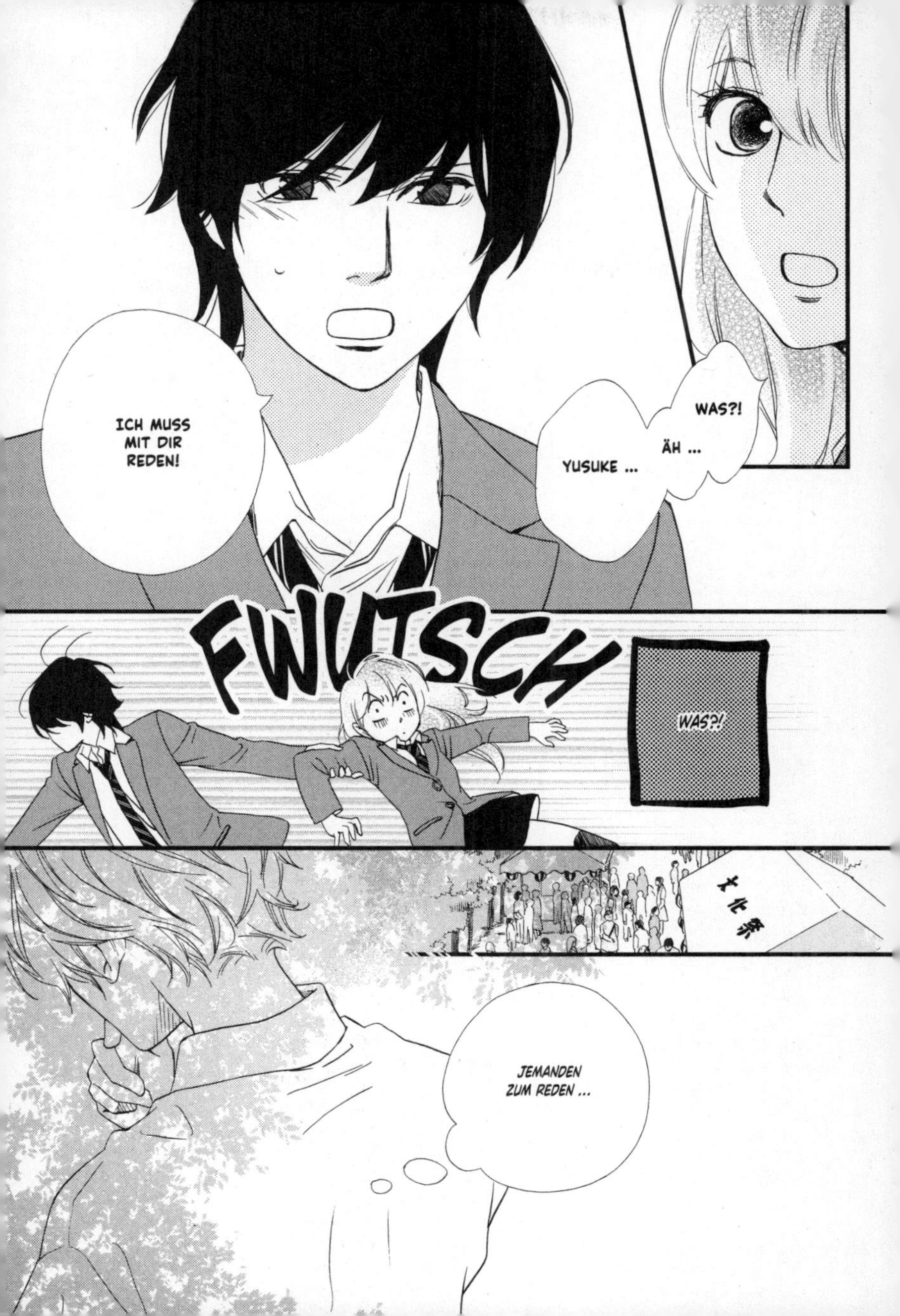
WAS?!
ÄH ...
YUSUKE ...
ICH MUSS MIT DIR REDEN!
FWUTSCH
WAS?!
文化祭
JEMANDEN ZUM REDEN ...

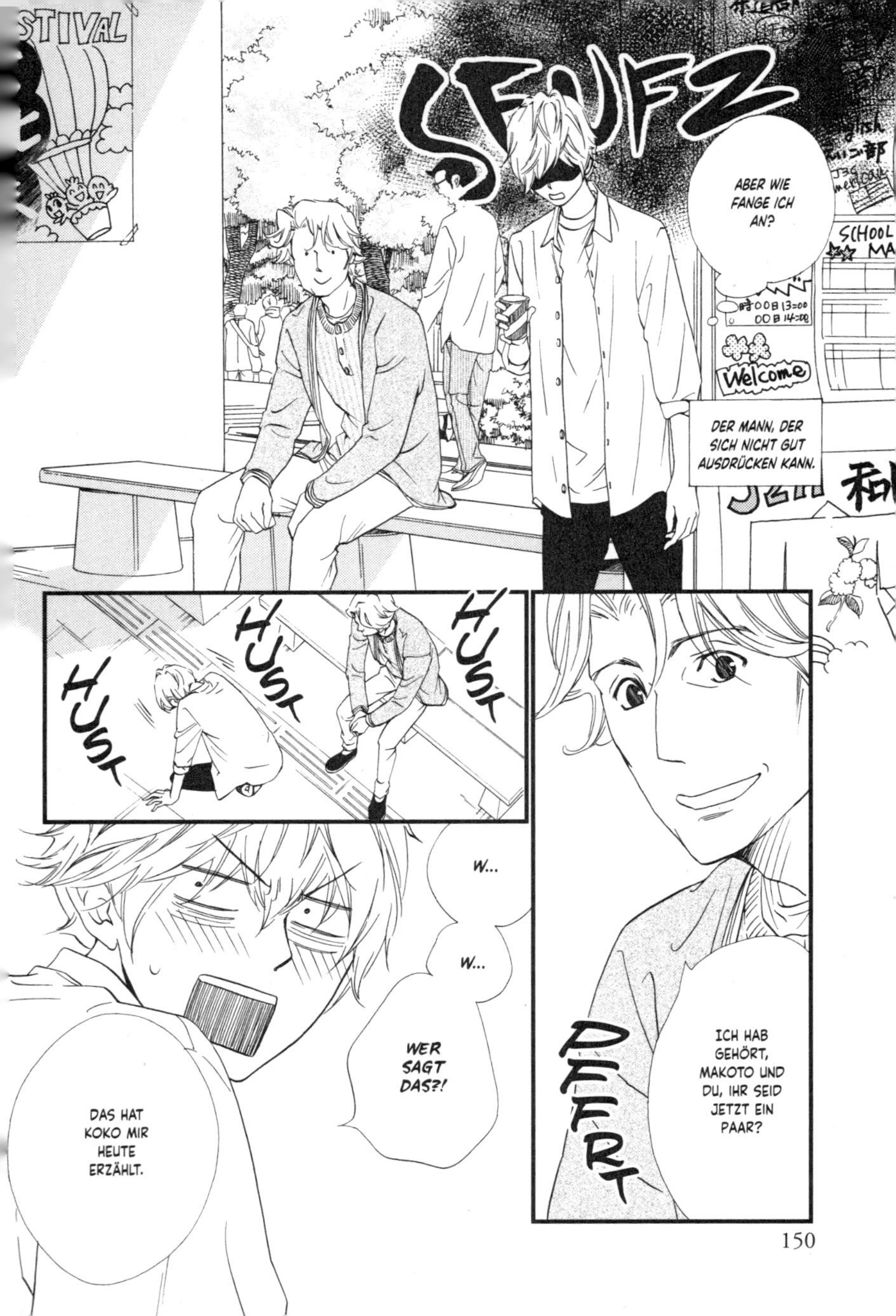
STIVAL
SEUFZ
ABER WIE FANGE ICH AN?
Welcome
SCHOOL
DER MANN, DER SICH NICHT GUT AUSDRÜCKEN KANN.
HUST
HUST
HUST
ICH HAB GEHÖRT, MAKOTO UND DU, IHR SEID JETZT EIN PAAR?
PFFRT
W...
W...
WER SAGT DAS?!
DAS HAT KOKO MIR HEUTE ERZÄHLT.

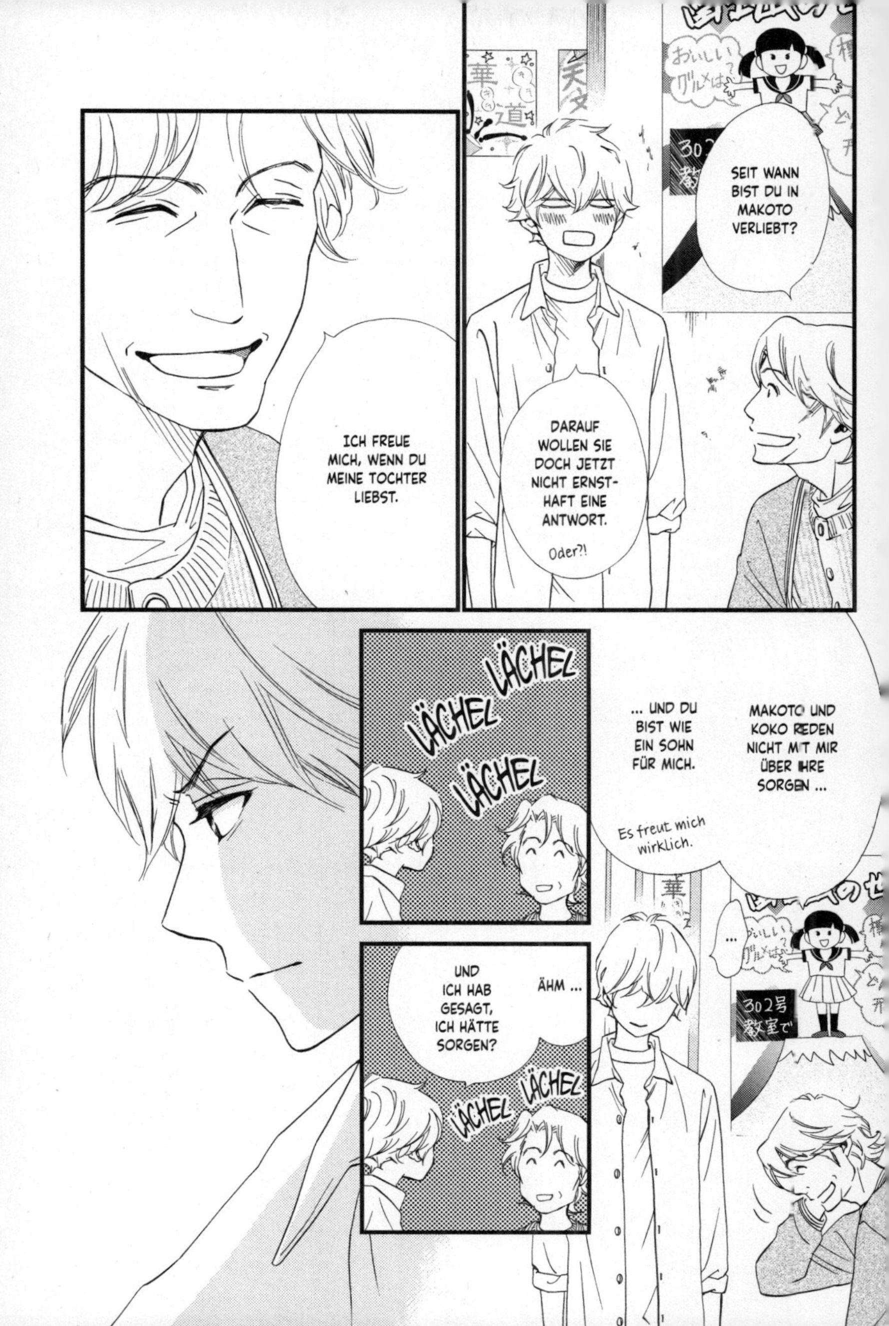

Seit wann bist du in Makoto verliebt?
Darauf wollen Sie doch jetzt nicht ernsthaft eine Antwort.
Oder?!
Ich freue mich, wenn du meine Tochter liebst.
Makoto und Koko reden nicht mit mir über ihre Sorgen ...
... und du bist wie ein Sohn für mich.
Es freut mich wirklich.
Lächel
Lächel
Lächel
...
Ähm ...
Und ich hab gesagt, ich hätte Sorgen?
Lächel
Lächel
おいしい グルメは?
302号 教室で

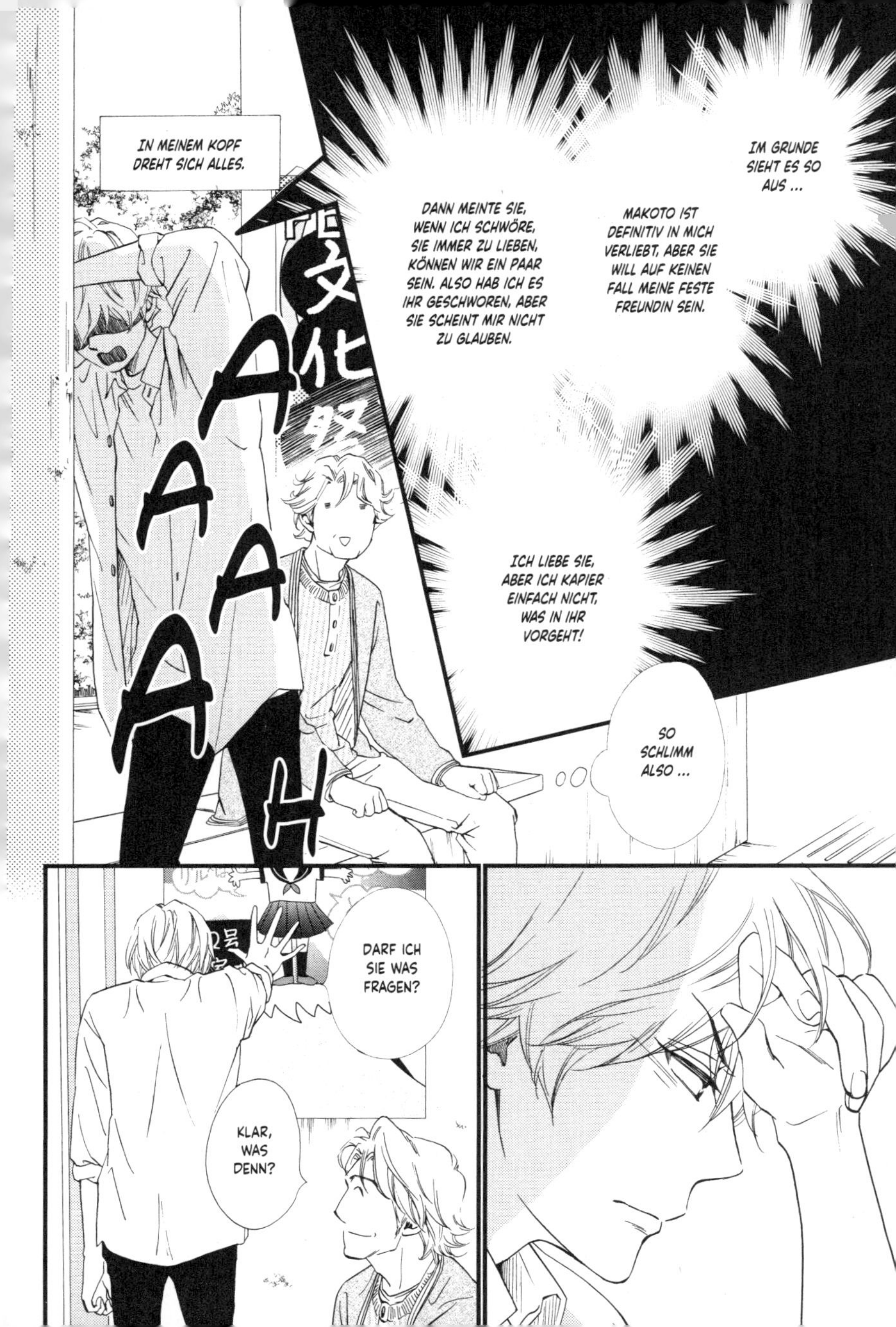
IM GRUNDE SIEHT ES SO AUS ...
MAKOTO IST DEFINITIV IN MICH VERLIEBT, ABER SIE WILL AUF KEINEN FALL MEINE FESTE FREUNDIN SEIN.
DANN MEINTE SIE, WENN ICH SCHWÖRE, SIE IMMER ZU LIEBEN, KÖNNEN WIR EIN PAAR SEIN. ALSO HAB ICH ES IHR GESCHWOREN, ABER SIE SCHEINT MIR NICHT ZU GLAUBEN.
IN MEINEM KOPF DREHT SICH ALLES.
ICH LIEBE SIE, ABER ICH KAPIER EINFACH NICHT, WAS IN IHR VORGEHT!
AAAAAAH
SO SCHLIMM ALSO ...
DARF ICH SIE WAS FRAGEN?
KLAR, WAS DENN?

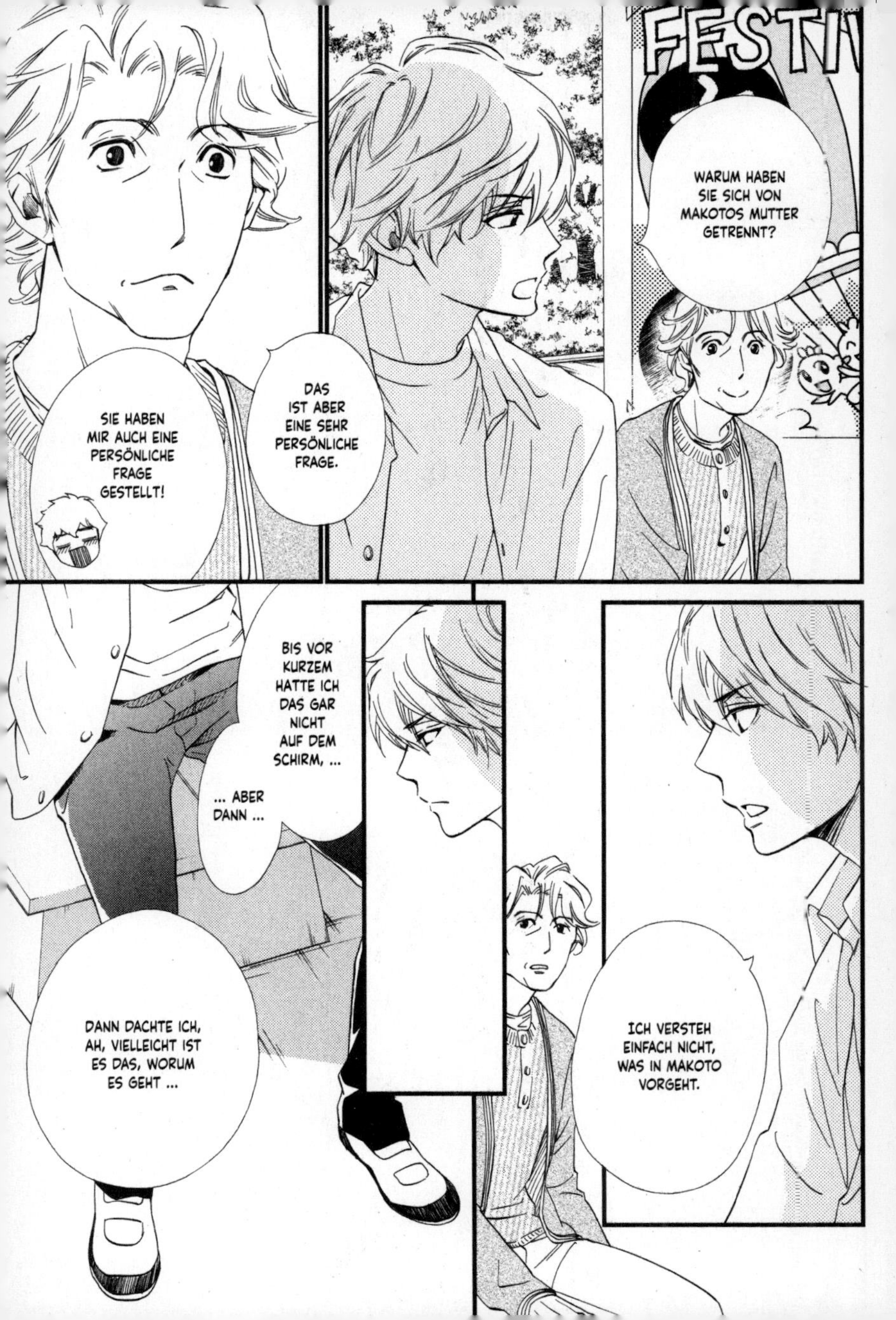
FESTI
WARUM HABEN SIE SICH VON MAKOTOS MUTTER GETRENNT?
DAS IST ABER EINE SEHR PERSÖNLICHE FRAGE.
SIE HABEN MIR AUCH EINE PERSÖNLICHE FRAGE GESTELLT!
ICH VERSTEH EINFACH NICHT, WAS IN MAKOTO VORGEHT.
BIS VOR KURZEM HATTE ICH DAS GAR NICHT AUF DEM SCHIRM, ...
... ABER DANN ...
DANN DACHTE ICH, AH, VIELLEICHT IST ES DAS, WORUM ES GEHT ...

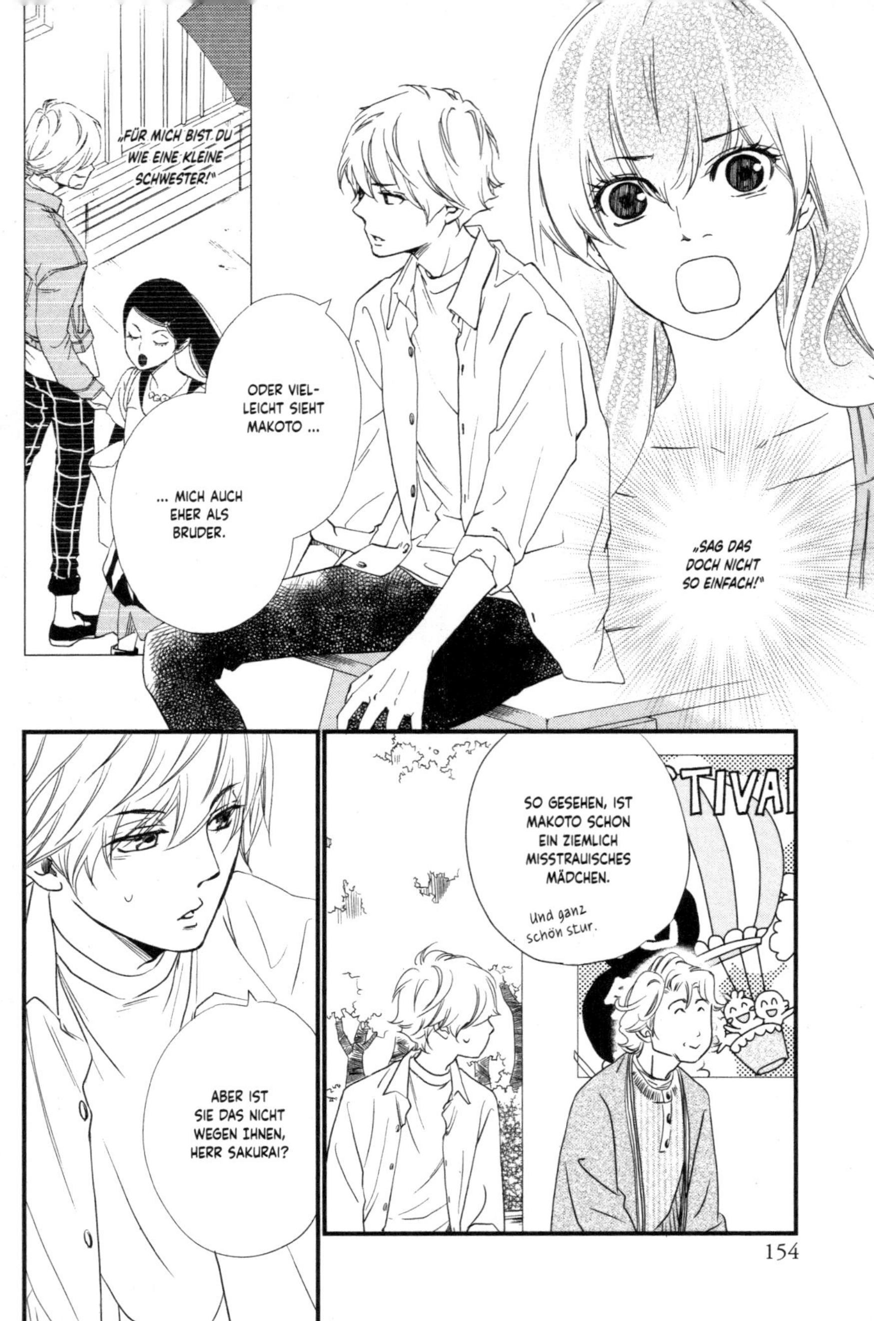
„SAG DAS DOCH NICHT SO EINFACH!“
ODER VIEL-LEICHT SIEHT MAKOTO …
… MICH AUCH EHER ALS BRUDER.
„FÜR MICH BIST DU WIE EINE KLEINE SCHWESTER!“
SO GESEHEN, IST MAKOTO SCHON EIN ZIEMLICH MISSTRAUISCHES MÄDCHEN.
Und ganz schön stur.
TIVAL
ABER IST SIE DAS NICHT WEGEN IHNEN, HERR SAKURAI?

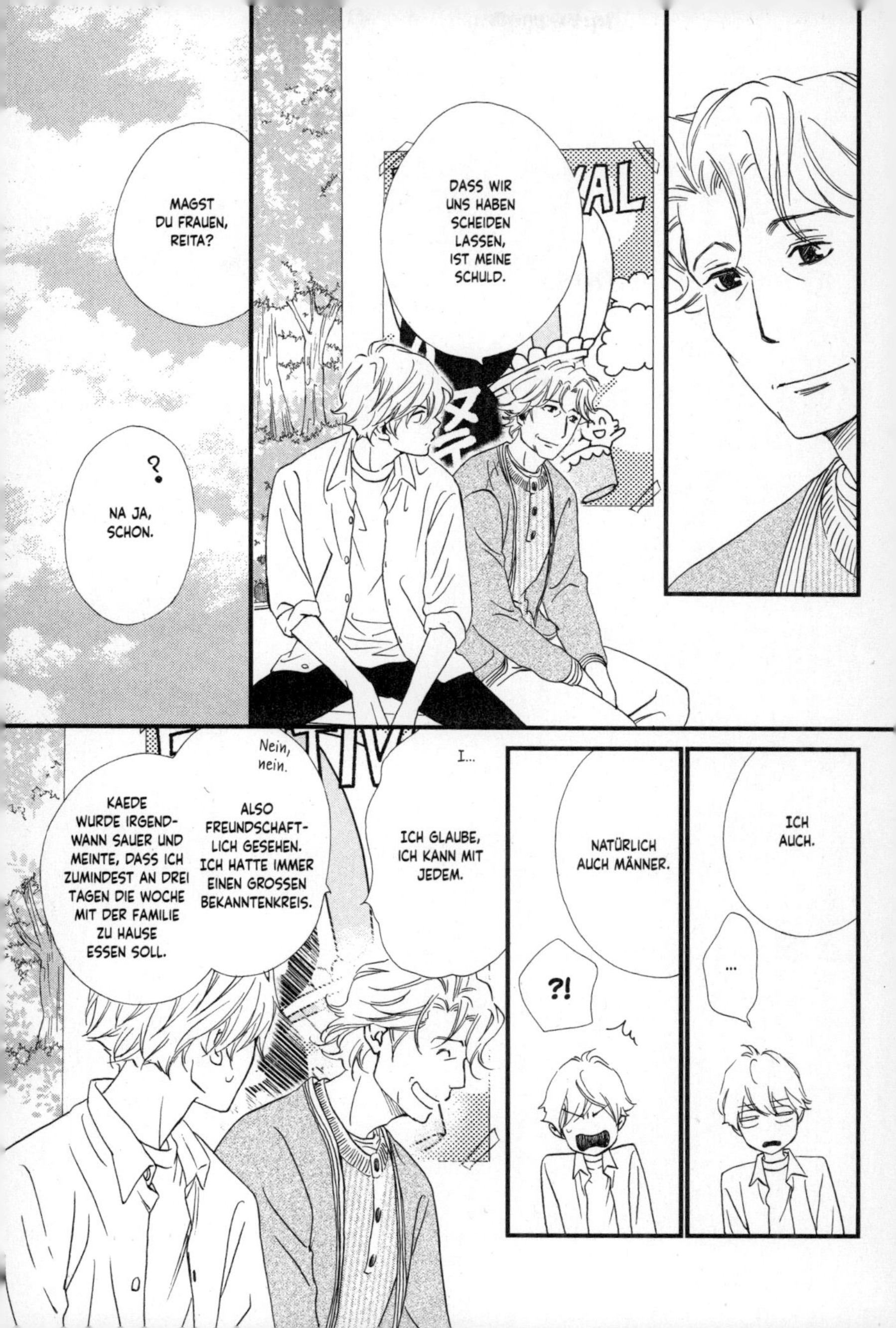
DASS WIR UNS HABEN SCHEIDEN LASSEN, IST MEINE SCHULD.
MAGST DU FRAUEN, REITA?
?
NA JA, SCHON.
ICH AUCH.
...
NATÜRLICH AUCH MÄNNER.
?!
I...
ICH GLAUBE, ICH KANN MIT JEDEM.
Nein, nein.
ALSO FREUNDSCHAFT-LICH GESEHEN. ICH HATTE IMMER EINEN GROSSEN BEKANNTENKREIS.
KAEDE WURDE IRGEND-WANN SAUER UND MEINTE, DASS ICH ZUMINDEST AN DREI TAGEN DIE WOCHE MIT DER FAMILIE ZU HAUSE ESSEN SOLL.

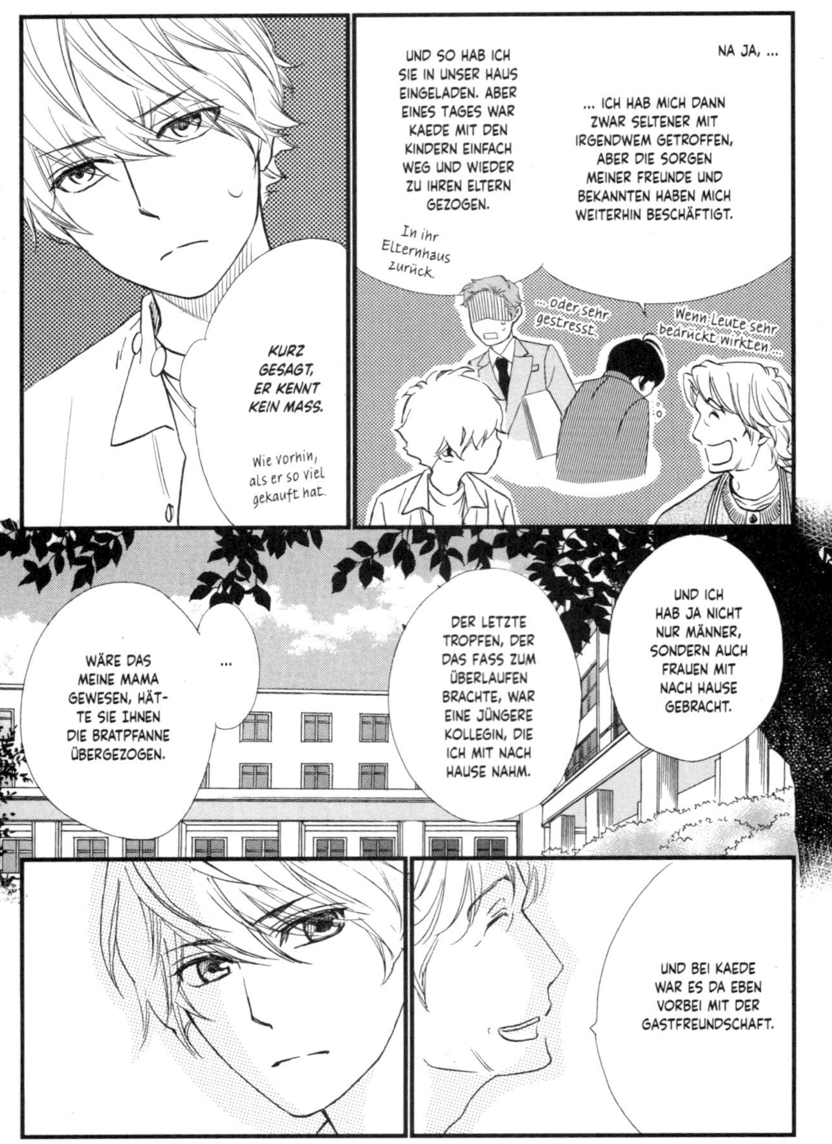
NA JA, ...
... ICH HAB MICH DANN ZWAR SELTENER MIT IRGENDWEM GETROFFEN, ABER DIE SORGEN MEINER FREUNDE UND BEKANNTEN HABEN MICH WEITERHIN BESCHÄFTIGT.
Wenn Leute sehr bedrückt wirkten ...
... oder sehr gestresst.
UND SO HAB ICH SIE IN UNSER HAUS EINGELADEN. ABER EINES TAGES WAR KAEDE MIT DEN KINDERN EINFACH WEG UND WIEDER ZU IHREN ELTERN GEZOGEN.
In ihr Elternhaus zurück.
KURZ GESAGT, ER KENNT KEIN MASS.
Wie vorhin, als er so viel gekauft hat.
UND ICH HAB JA NICHT NUR MÄNNER, SONDERN AUCH FRAUEN MIT NACH HAUSE GEBRACHT.
DER LETZTE TROPFEN, DER DAS FASS ZUM ÜBERLAUFEN BRACHTE, WAR EINE JÜNGERE KOLLEGIN, DIE ICH MIT NACH HAUSE NAHM.
...
WÄRE DAS MEINE MAMA GEWESEN, HÄTTE SIE IHNEN DIE BRATPFANNE ÜBERGEZOGEN.
UND BEI KAEDE WAR ES DA EBEN VORBEI MIT DER GASTFREUNDSCHAFT.

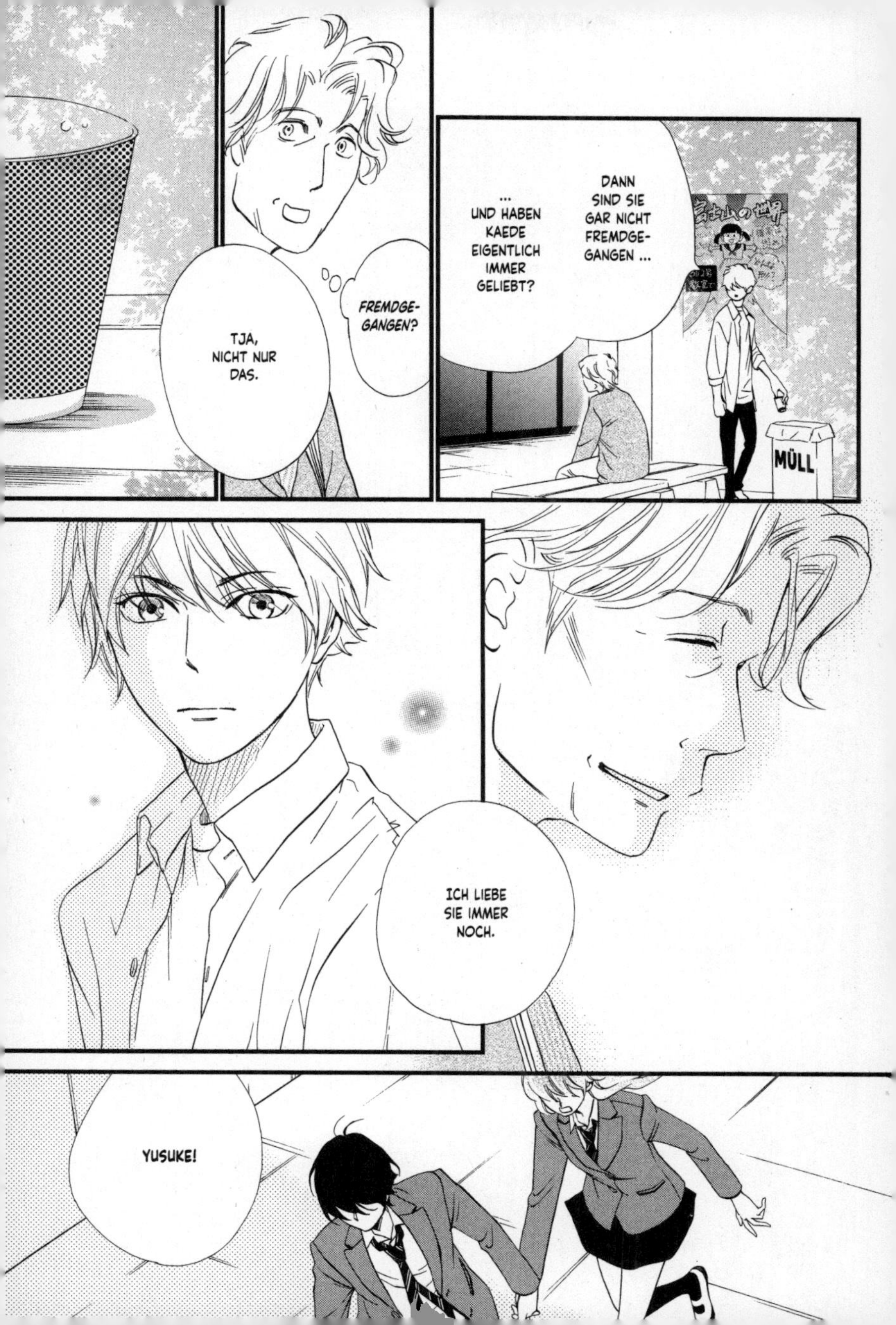
DANN SIND SIE GAR NICHT FREMDGEGANGEN ...
... UND HABEN KAEDE EIGENTLICH IMMER GELIEBT?
MÜLL
FREMDGEGANGEN?
TJA, NICHT NUR DAS.
ICH LIEBE SIE IMMER NOCH.
YUSUKE!

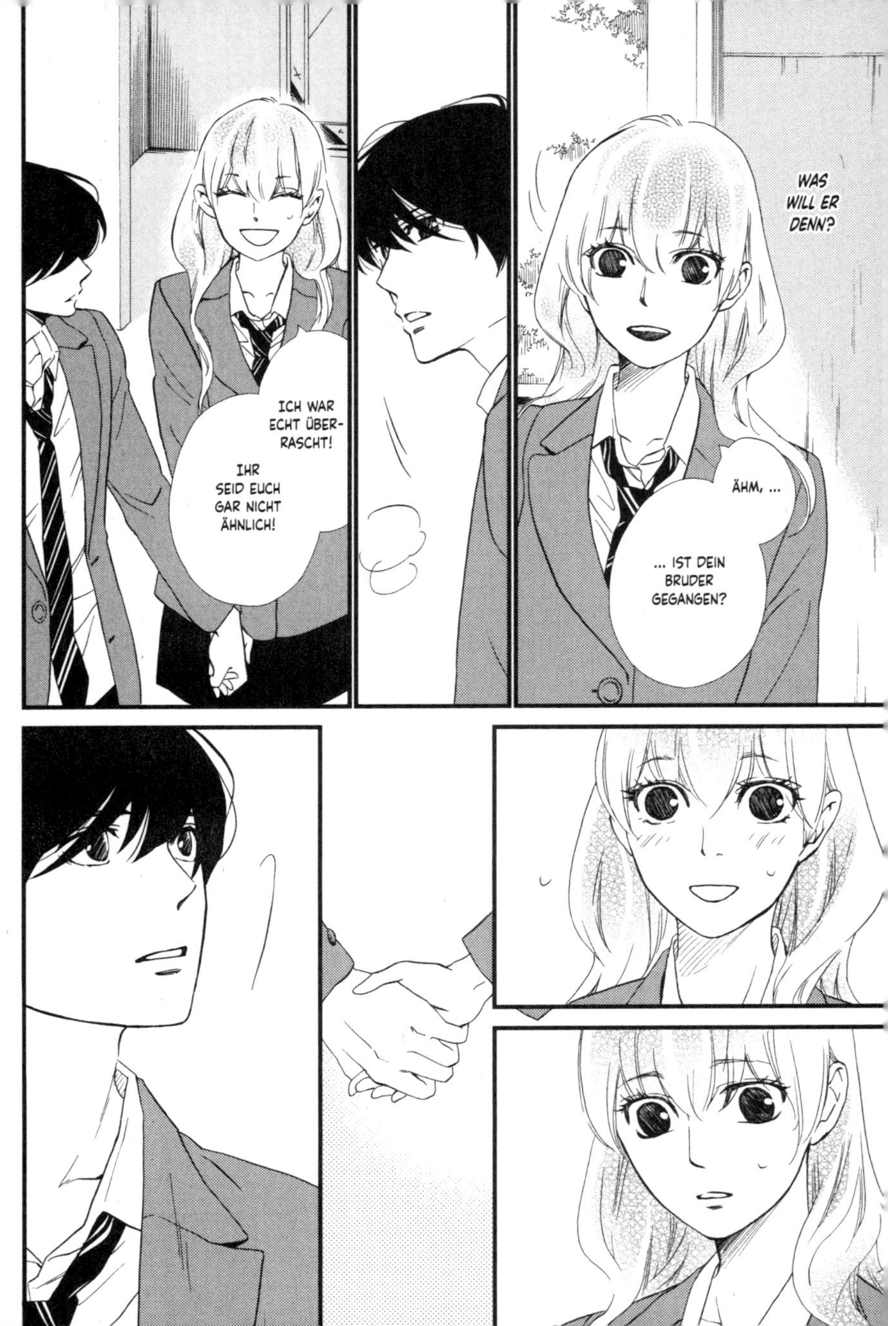
WAS WILL ER DENN?
ÄHM, ...
... IST DEIN BRUDER GEGANGEN?
ICH WAR ECHT ÜBERRASCHT!
IHR SEID EUCH GAR NICHT ÄHNLICH!

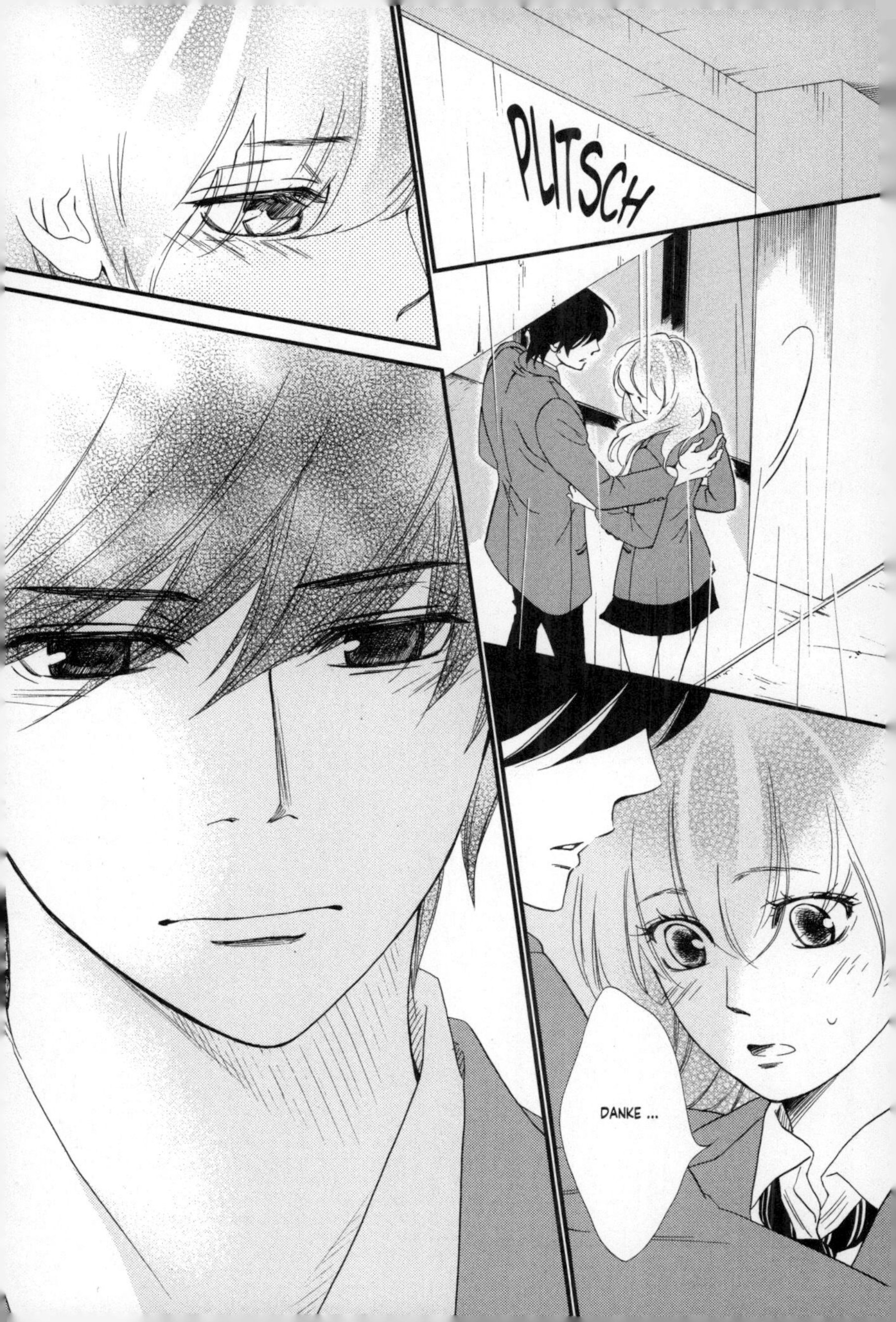
PLITSCH
DANKE ...

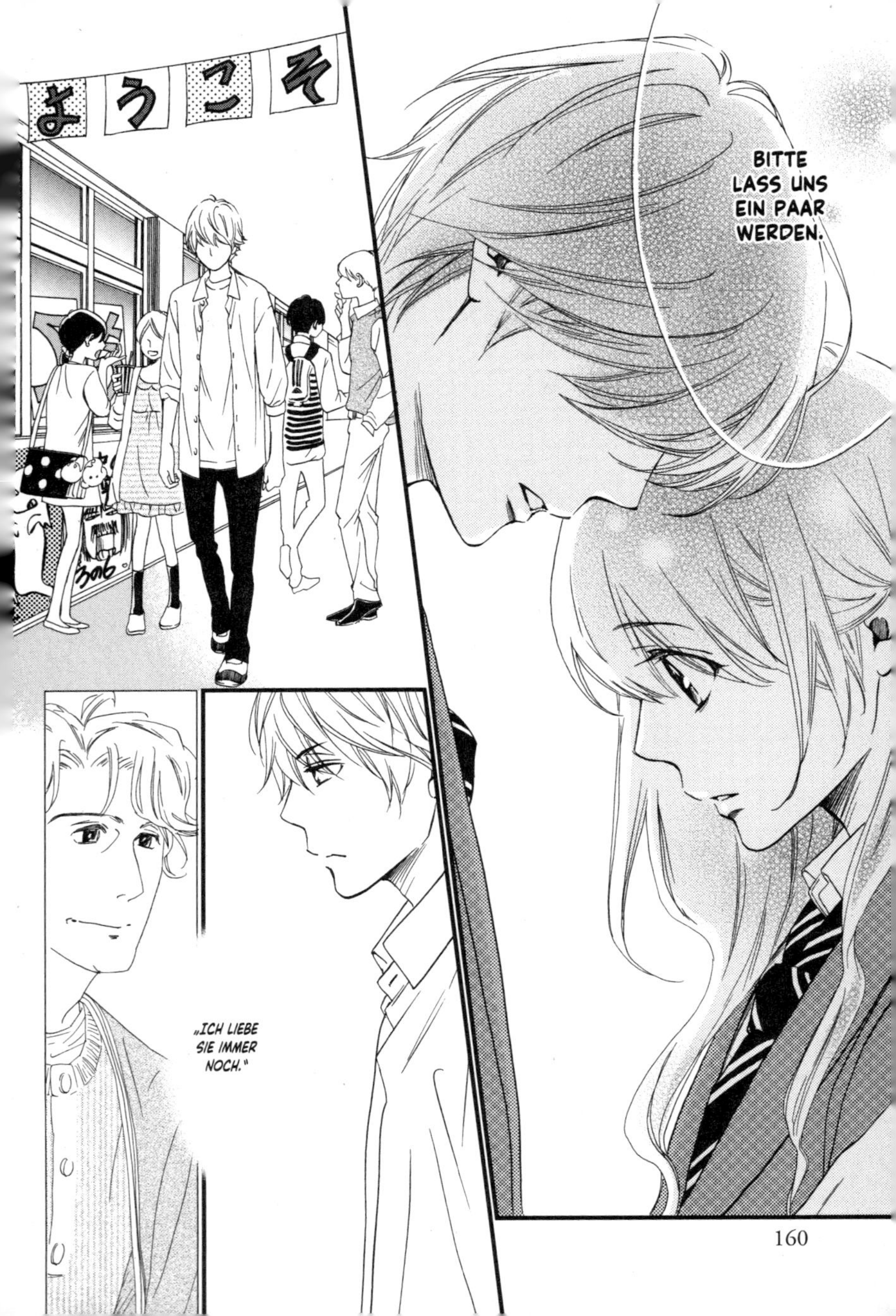
ようこそ
BITTE LASS UNS EIN PAAR WERDEN.
„ICH LIEBE SIE IMMER NOCH.“

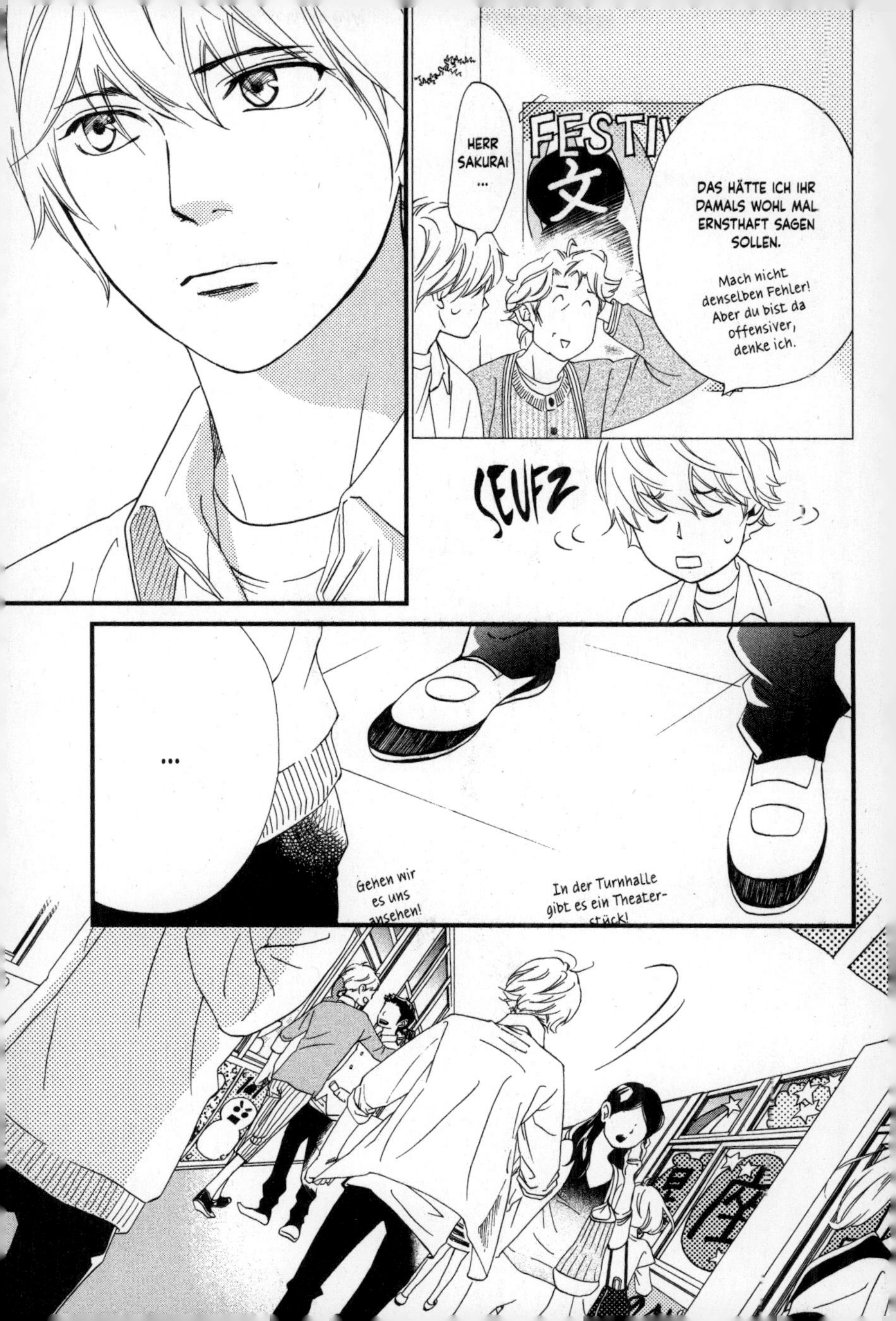
HERR SAKURAI ...
DAS HÄTTE ICH IHR DAMALS WOHL MAL ERNSTHAFT SAGEN SOLLEN.
Mach nicht denselben Fehler! Aber du bist da offensiver, denke ich.
SEUFZ
...
In der Turnhalle gibt es ein Theaterstück!
Gehen wir es uns ansehen!

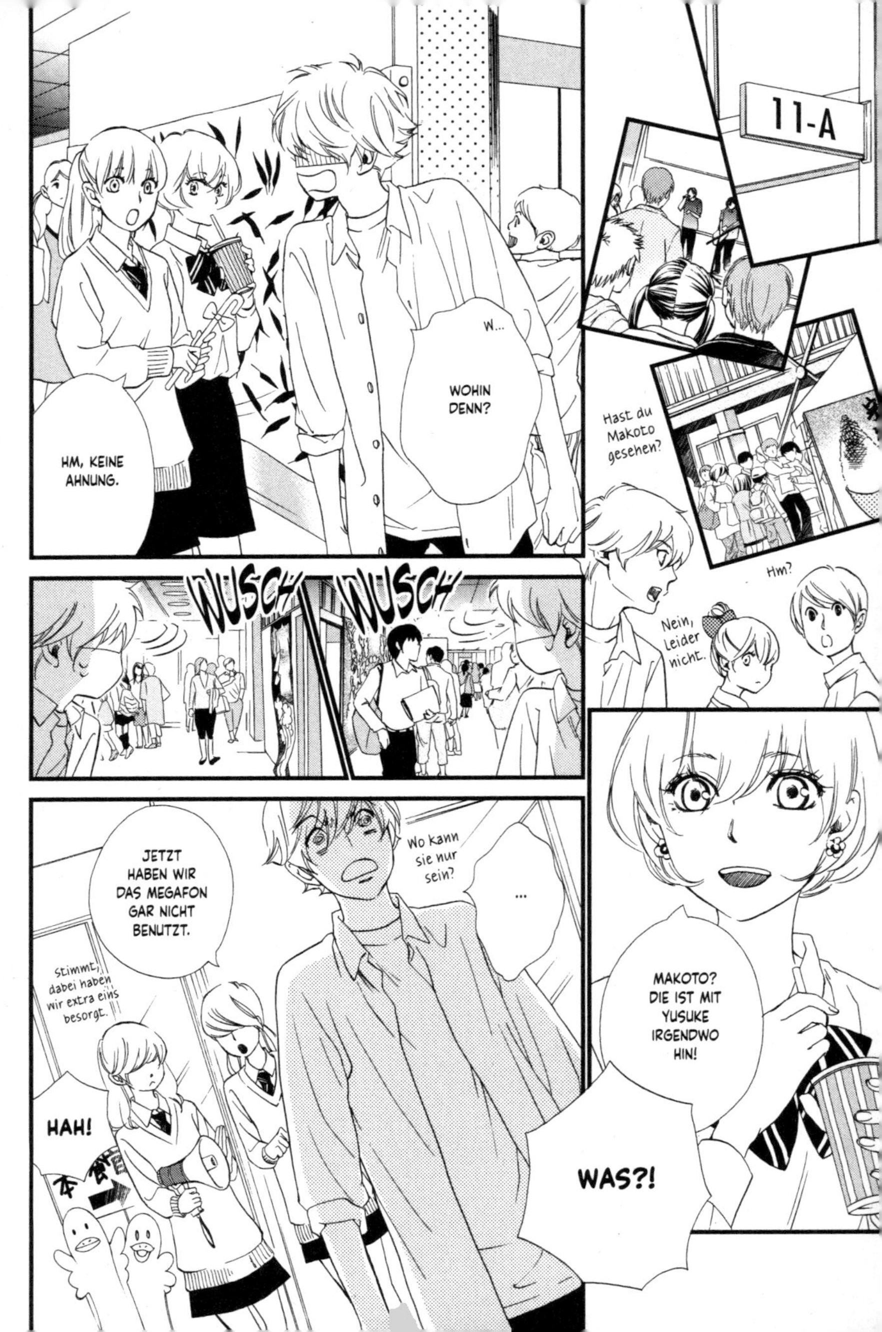

11-A
Hast du Makoto gesehen?
Hm?
Nein, leider nicht.
WUSCH
WUSCH
Wo kann sie nur sein?
...
JETZT HABEN WIR DAS MEGAFON GAR NICHT BENUTZT.
Stimmt, dabei haben wir extra eins besorgt.
HAH!
MAKOTO? DIE IST MIT YUSUKE IRGENDWO HIN!
WAS?!
W...
WOHIN DENN?
HM, KEINE AHNUNG.

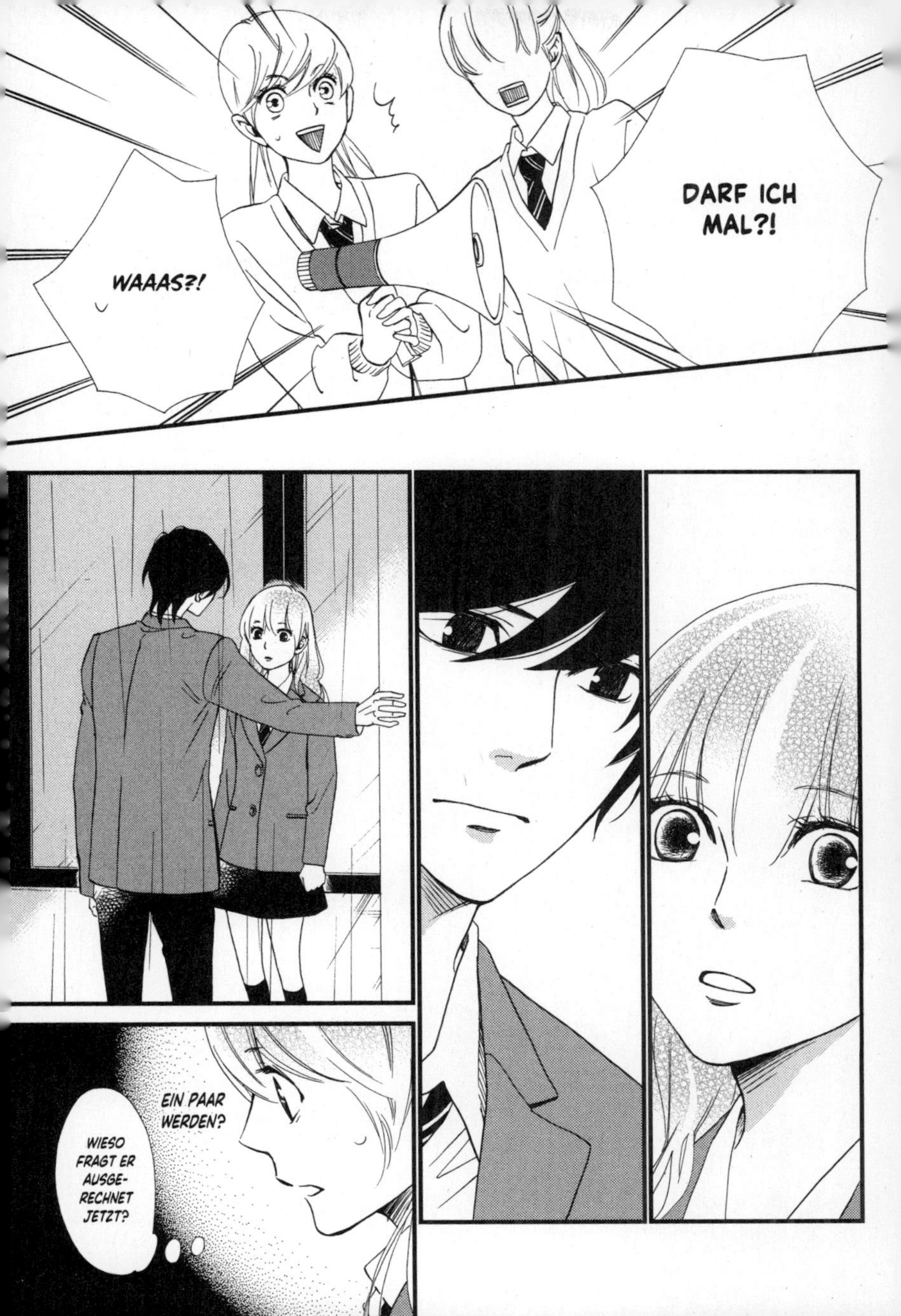
DARF ICH MAL?!
WAAAS?!
EIN PAAR WERDEN?
WIESO FRAGT ER AUSGE-RECHNET JETZT?
...

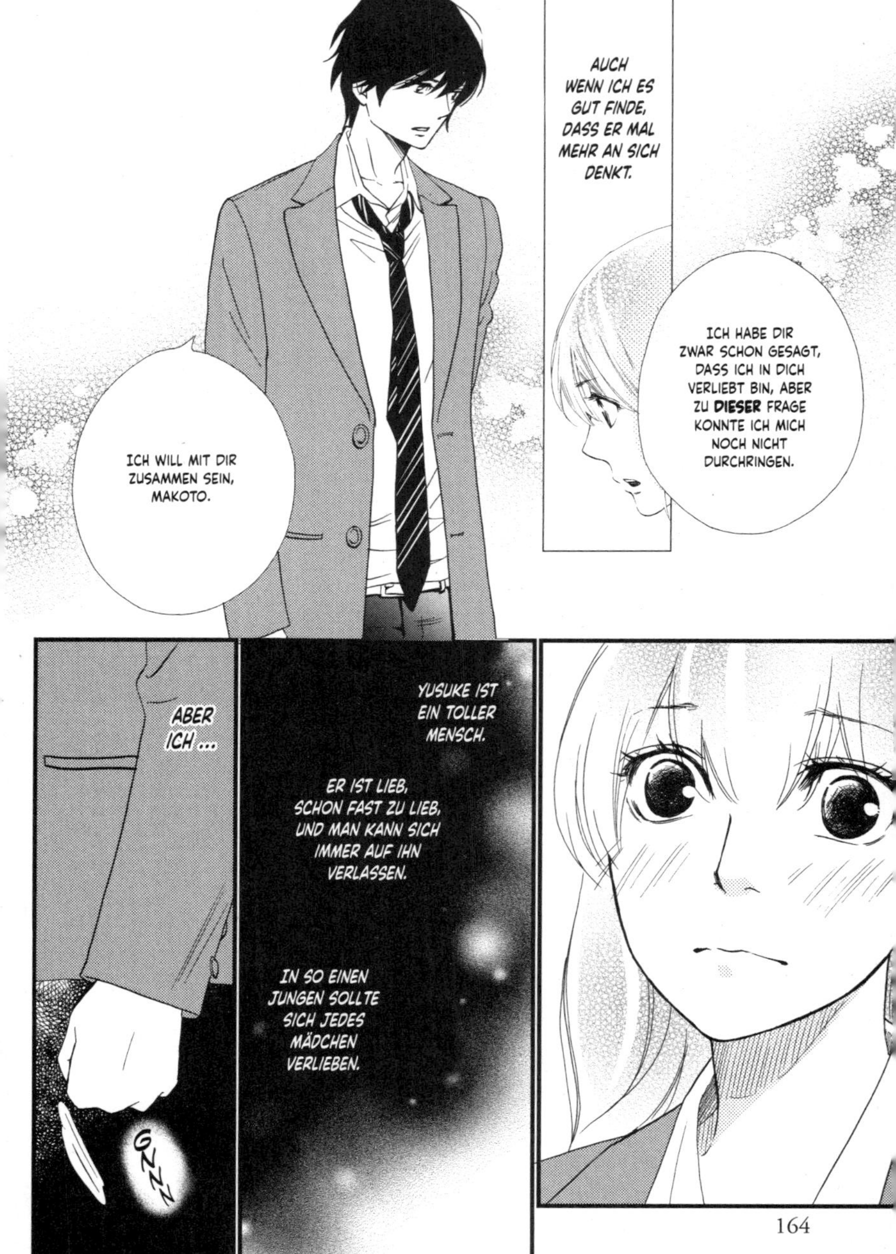
AUCH WENN ICH ES GUT FINDE, DASS ER MAL MEHR AN SICH DENKT.
ICH HABE DIR ZWAR SCHON GESAGT, DASS ICH IN DICH VERLIEBT BIN, ABER ZU **DIESER** FRAGE KONNTE ICH MICH NOCH NICHT DURCHRINGEN.
ICH WILL MIT DIR ZUSAMMEN SEIN, MAKOTO.
YUSUKE IST EIN TOLLER MENSCH.
ER IST LIEB, SCHON FAST ZU LIEB, UND MAN KANN SICH IMMER AUF IHN VERLASSEN.
IN SO EINEN JUNGEN SOLLTE SICH JEDES MÄDCHEN VERLIEBEN.
ABER ICH ...
GNNN

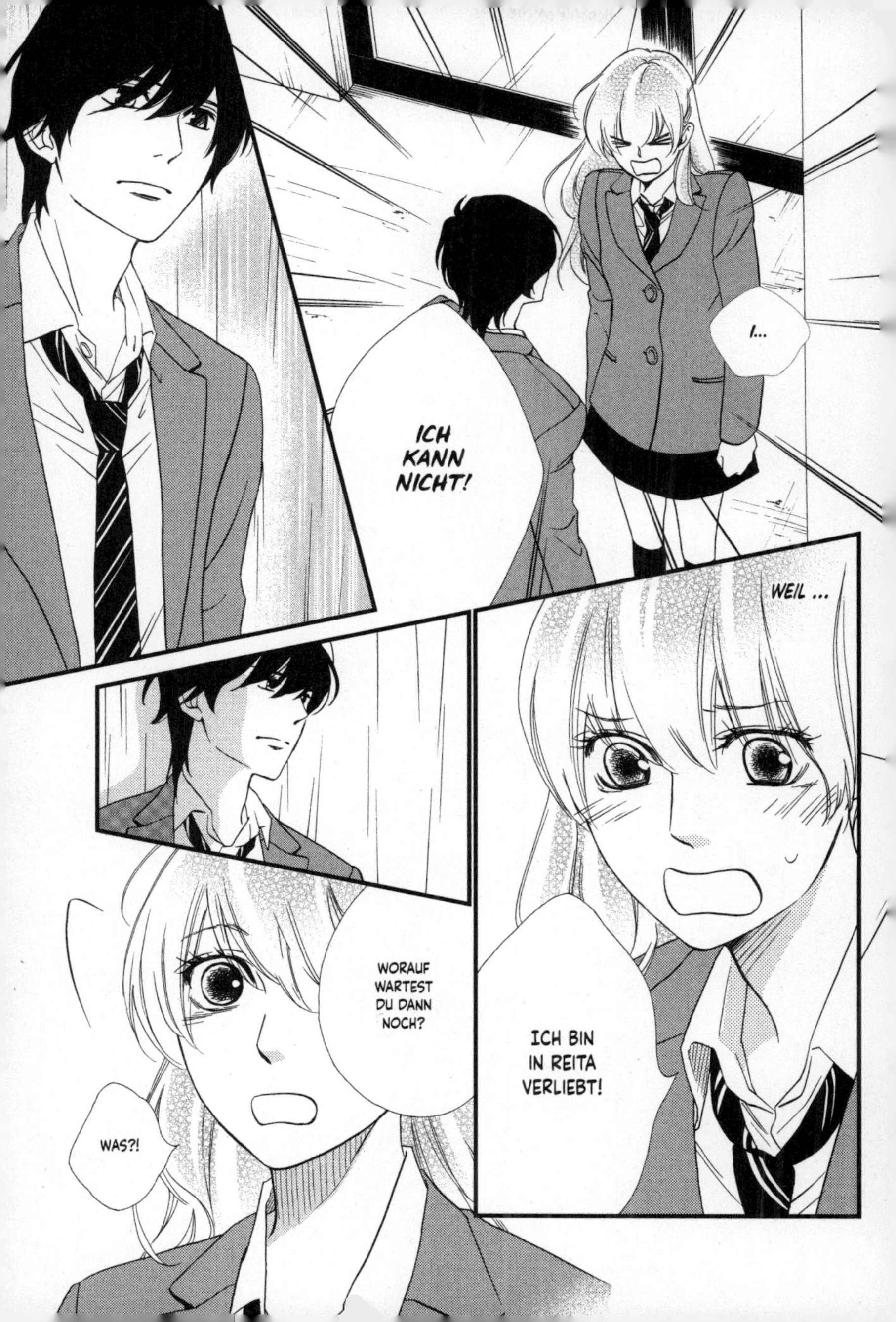
I...
ICH KANN NICHT!
WEIL ...
ICH BIN IN REITA VERLIEBT!
WORAUF WARTEST DU DANN NOCH?
WAS?!

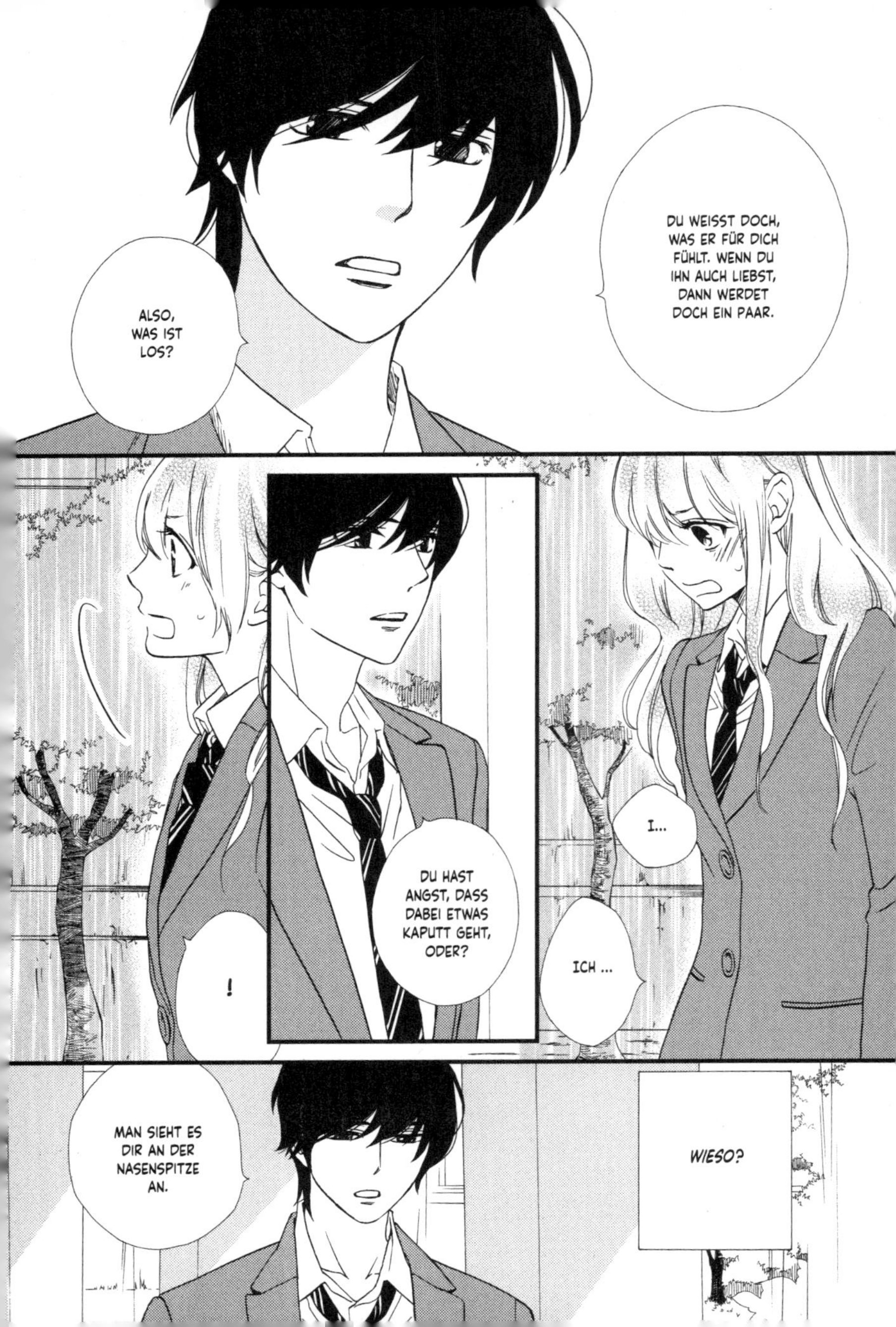
DU WEISST DOCH, WAS ER FÜR DICH FÜHLT. WENN DU IHN AUCH LIEBST, DANN WERDET DOCH EIN PAAR.
ALSO, WAS IST LOS?
I...
ICH ...
DU HAST ANGST, DASS DABEI ETWAS KAPUTT GEHT, ODER?
!
WIESO?
MAN SIEHT ES DIR AN DER NASENSPITZE AN.

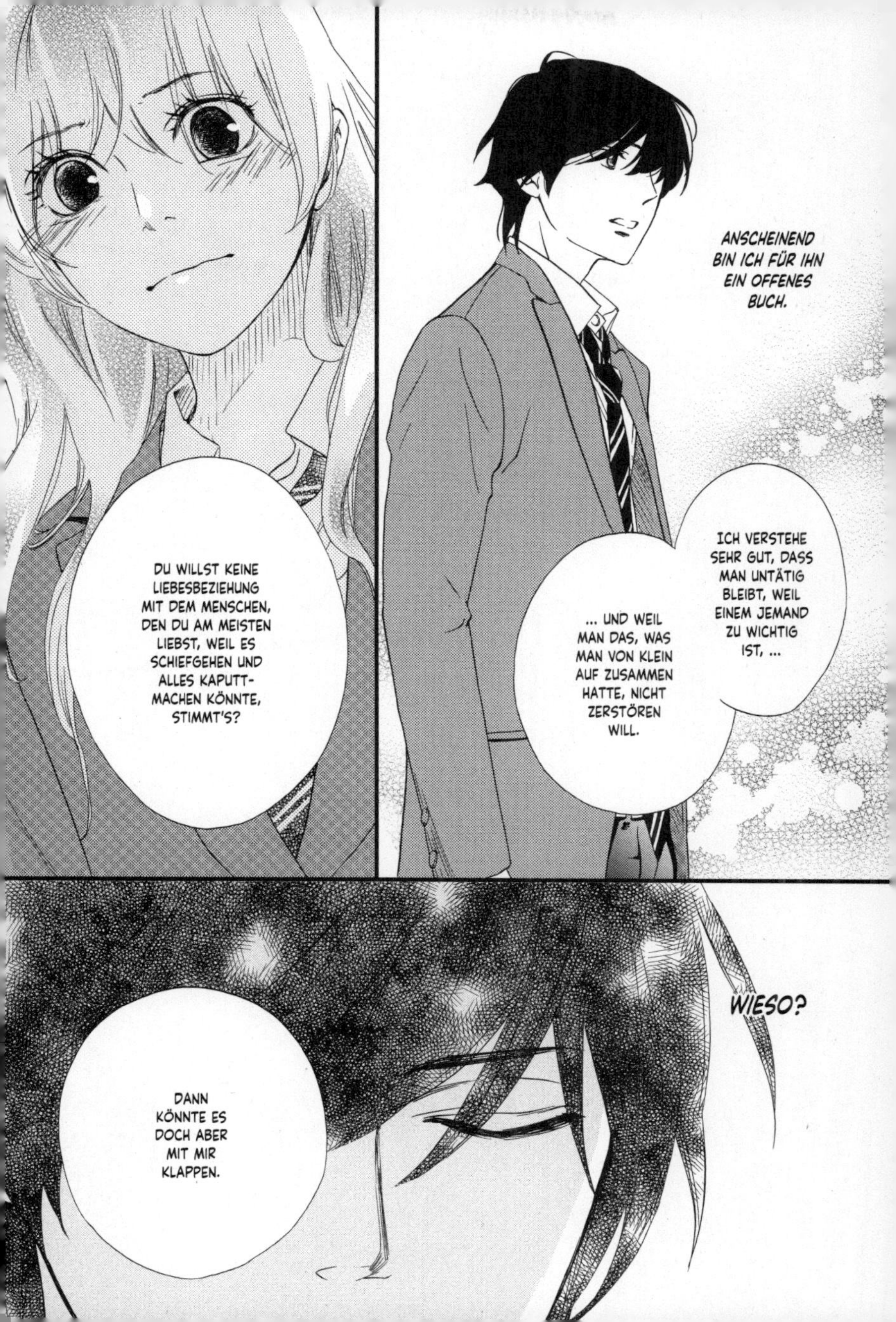
ANSCHEINEND BIN ICH FÜR IHN EIN OFFENES BUCH.
ICH VERSTEHE SEHR GUT, DASS MAN UNTÄTIG BLEIBT, WEIL EINEM JEMAND ZU WICHTIG IST, ...
... UND WEIL MAN DAS, WAS MAN VON KLEIN AUF ZUSAMMEN HATTE, NICHT ZERSTÖREN WILL.
DU WILLST KEINE LIEBESBEZIEHUNG MIT DEM MENSCHEN, DEN DU AM MEISTEN LIEBST, WEIL ES SCHIEFGEHEN UND ALLES KAPUTT-MACHEN KÖNNTE, STIMMT'S?
WIESO?
DANN KÖNNTE ES DOCH ABER MIT MIR KLAPPEN.

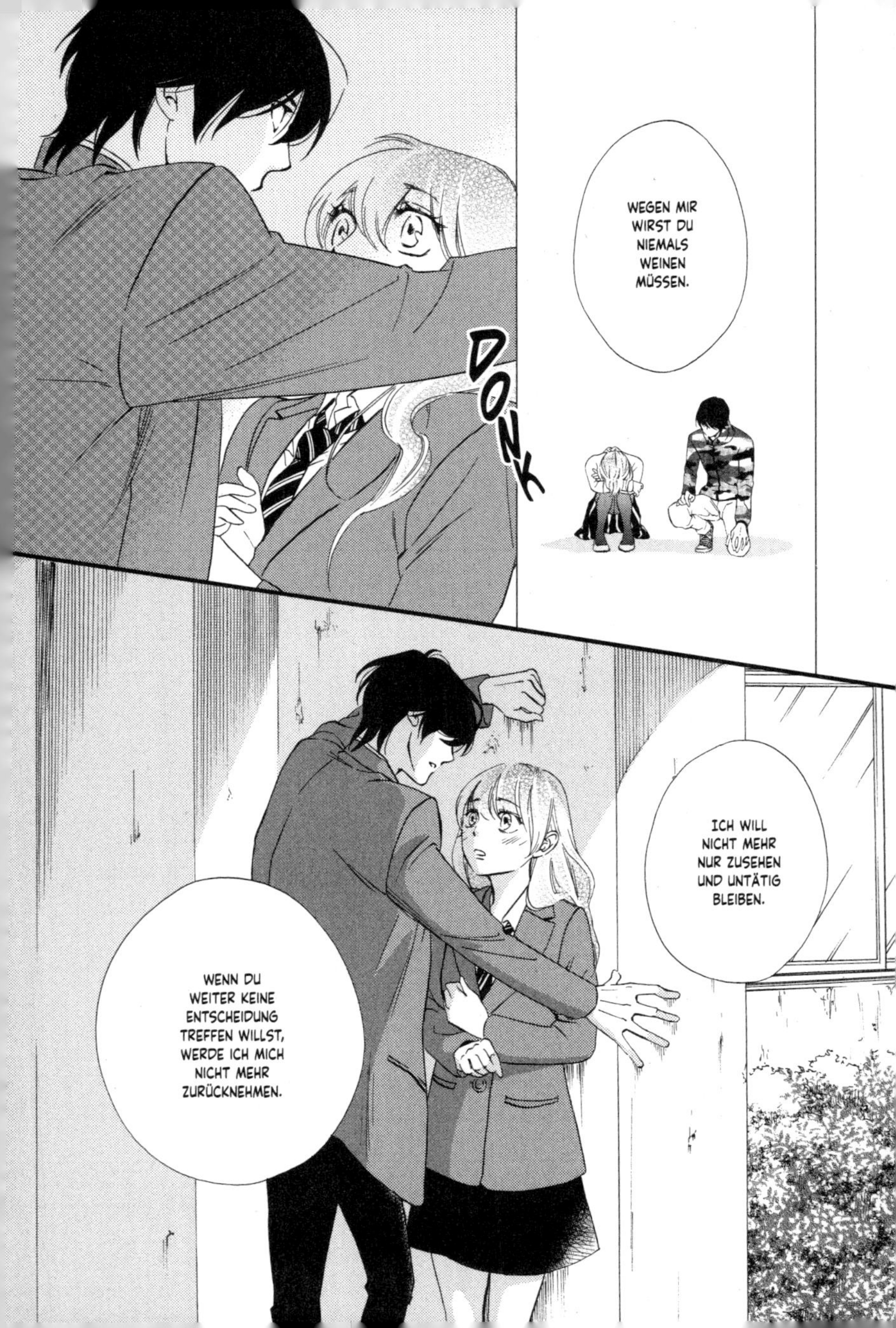
WEGEN MIR WIRST DU NIEMALS WEINEN MÜSSEN.
DONK
ICH WILL NICHT MEHR NUR ZUSEHEN UND UNTÄTIG BLEIBEN.
WENN DU WEITER KEINE ENTSCHEIDUNG TREFFEN WILLST, WERDE ICH MICH NICHT MEHR ZURÜCKNEHMEN.

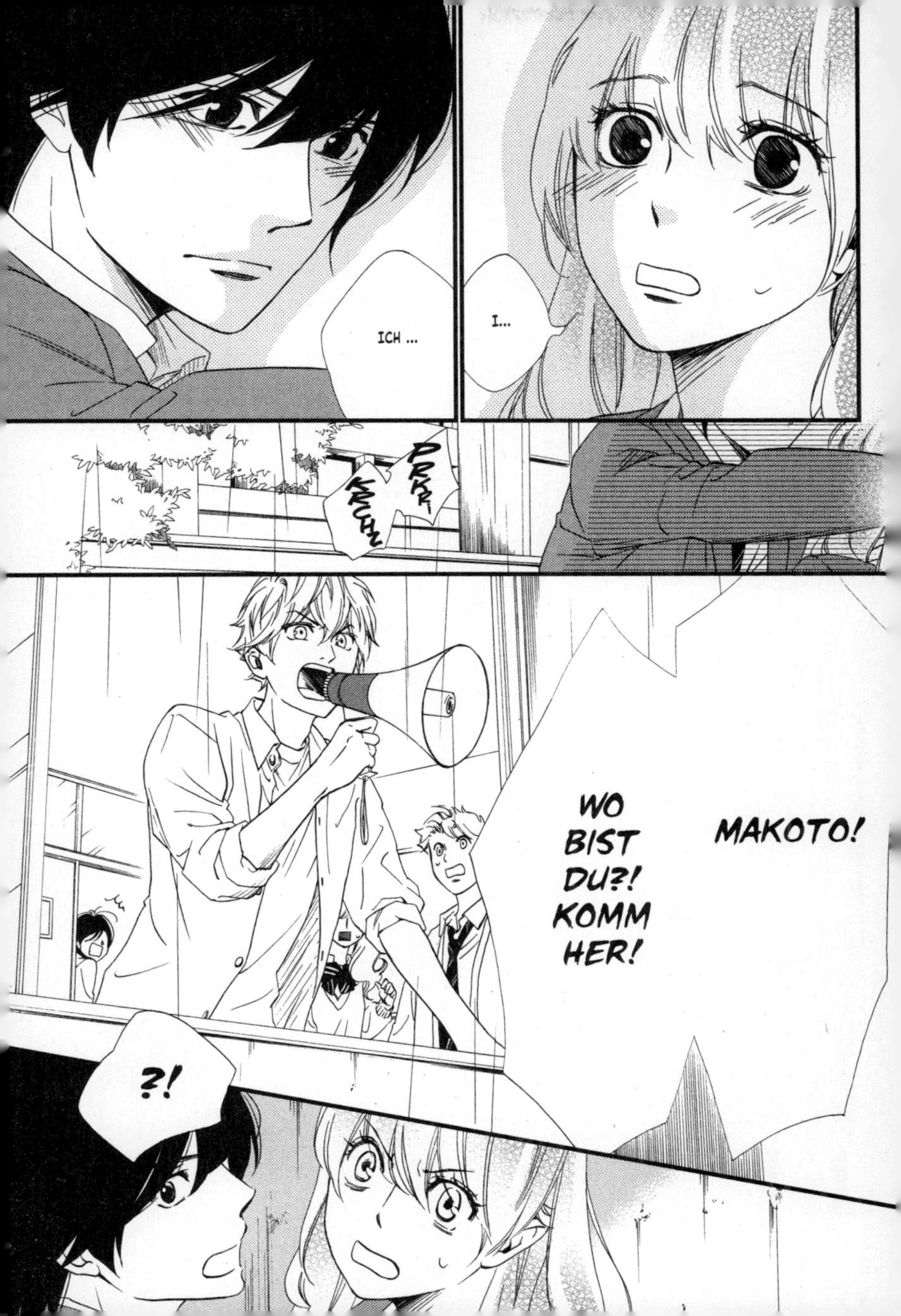
I...
ICH ...
PRKKRI
KRCHZ
MAKOTO!
WO BIST DU?! KOMM HER!
?!

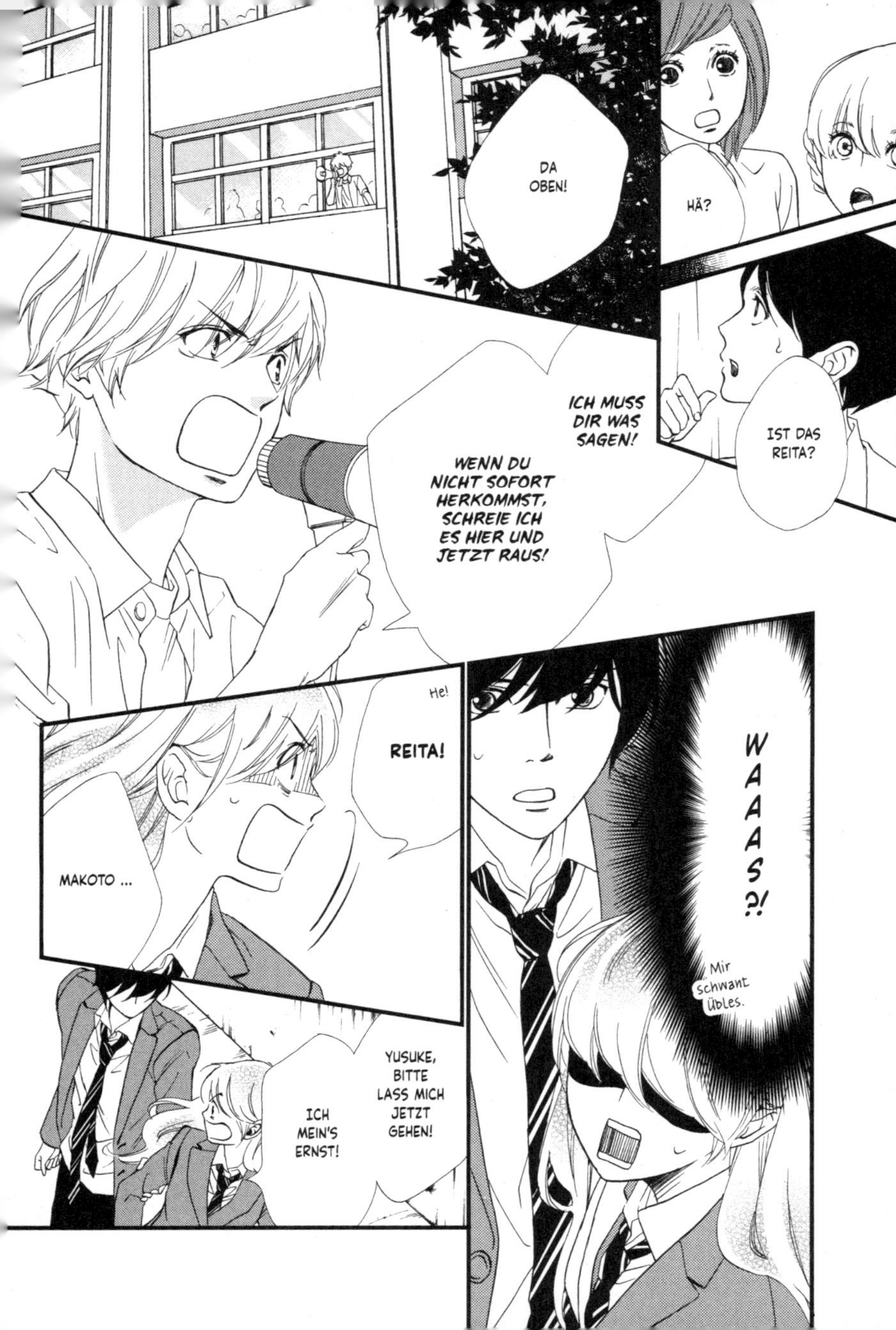

HÄ?
DA OBEN!
IST DAS REITA?
ICH MUSS DIR WAS SAGEN!
WENN DU NICHT SOFORT HERKOMMST, SCHREIE ICH ES HIER UND JETZT RAUS!
WAAAS?!
Mir schwant Übles.
He!
REITA!
MAKOTO ...
YUSUKE, BITTE LASS MICH JETZT GEHEN!
ICH MEIN'S ERNST!

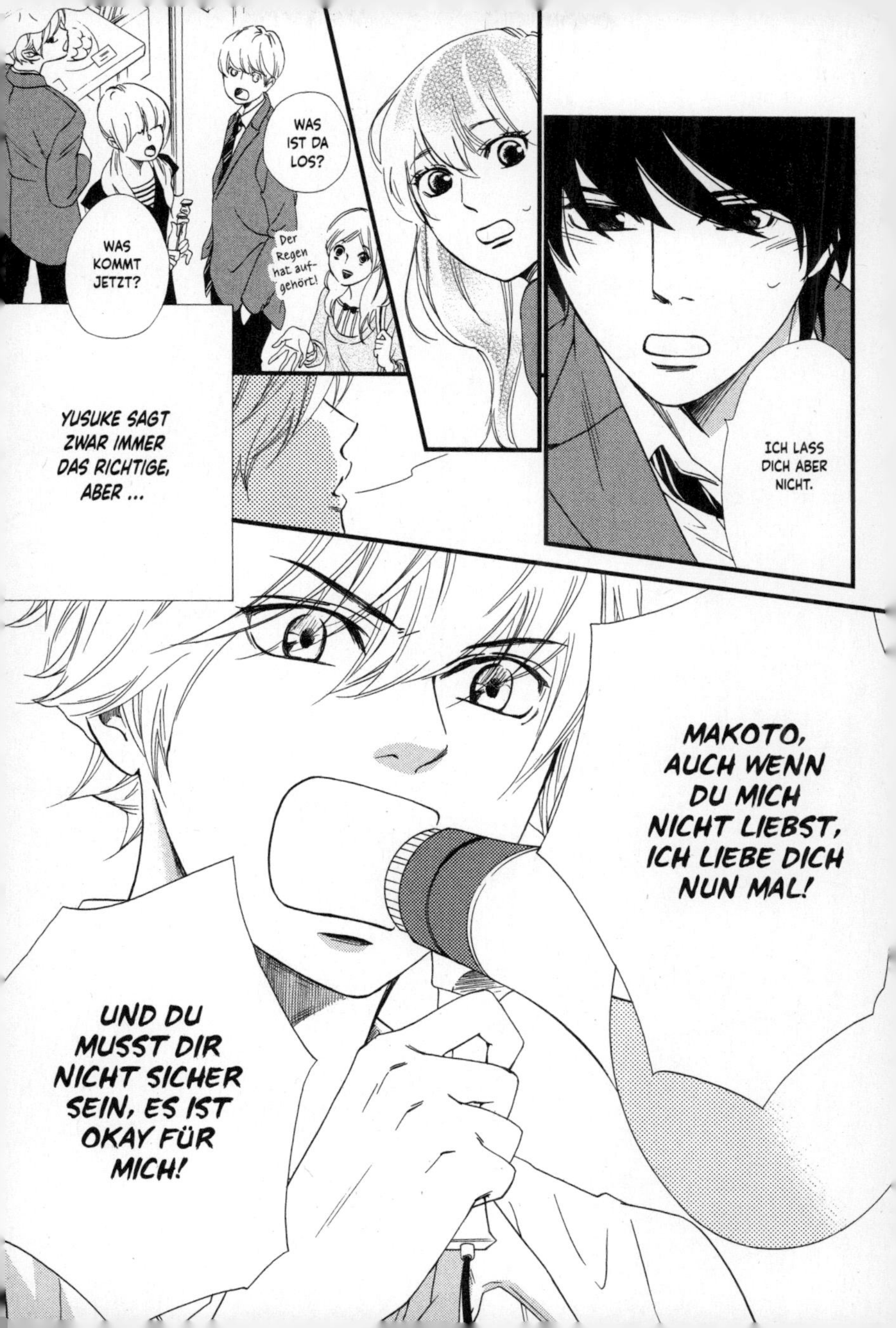

Was ist da los?
Der Regen hat aufgehört!
Was kommt jetzt?
Ich lass dich aber nicht.
Yusuke sagt zwar immer das Richtige, aber ...
Makoto, auch wenn du mich nicht liebst, ich liebe dich nun mal!
Und du musst dir nicht sicher sein, es ist okay für mich!

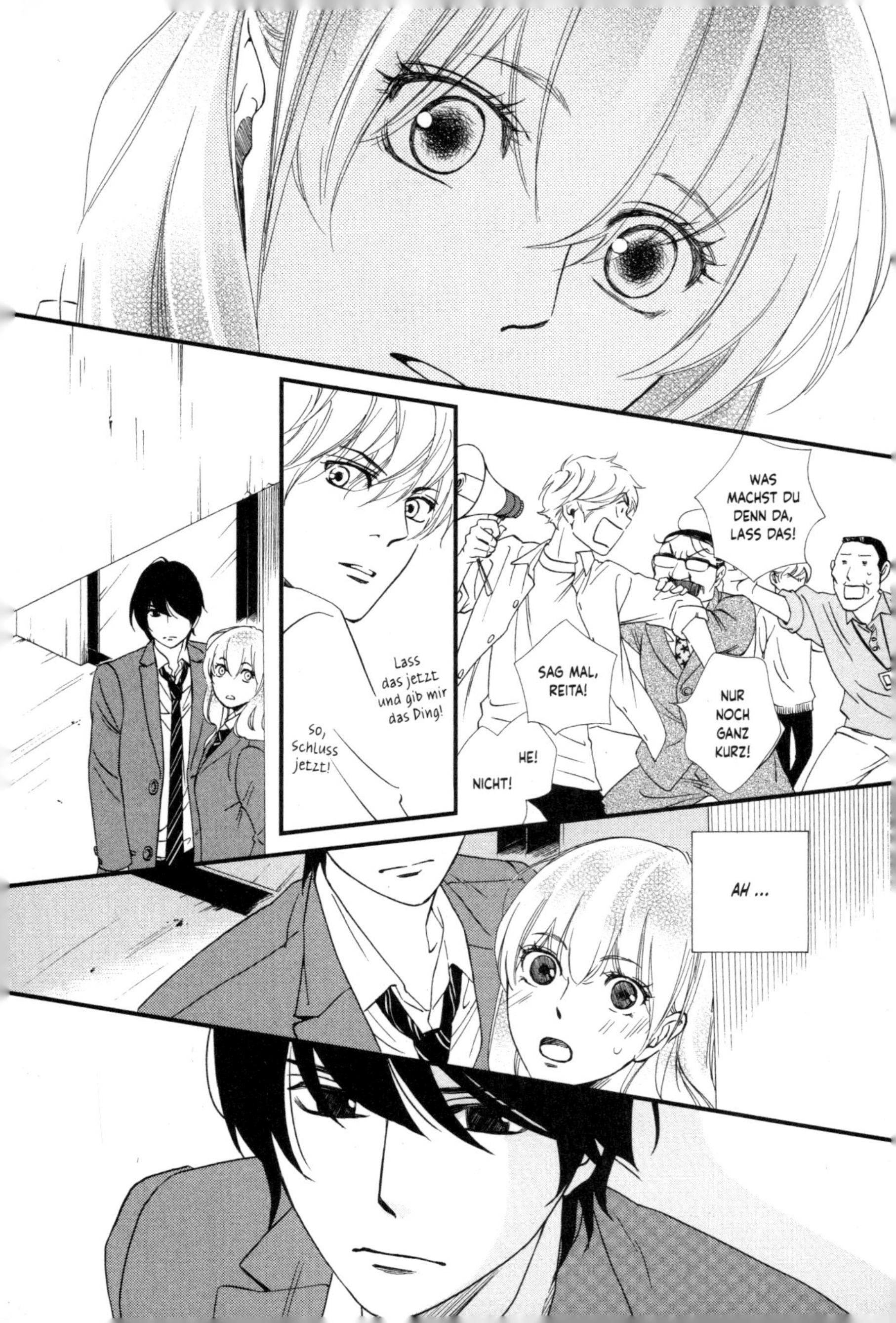
WAS MACHST DU DENN DA, LASS DAS!
NUR NOCH GANZ KURZ!
SAG MAL, REITA!
HE!
NICHT!
Lass das jetzt und gib mir das Ding!
So, Schluss jetzt!
AH ...

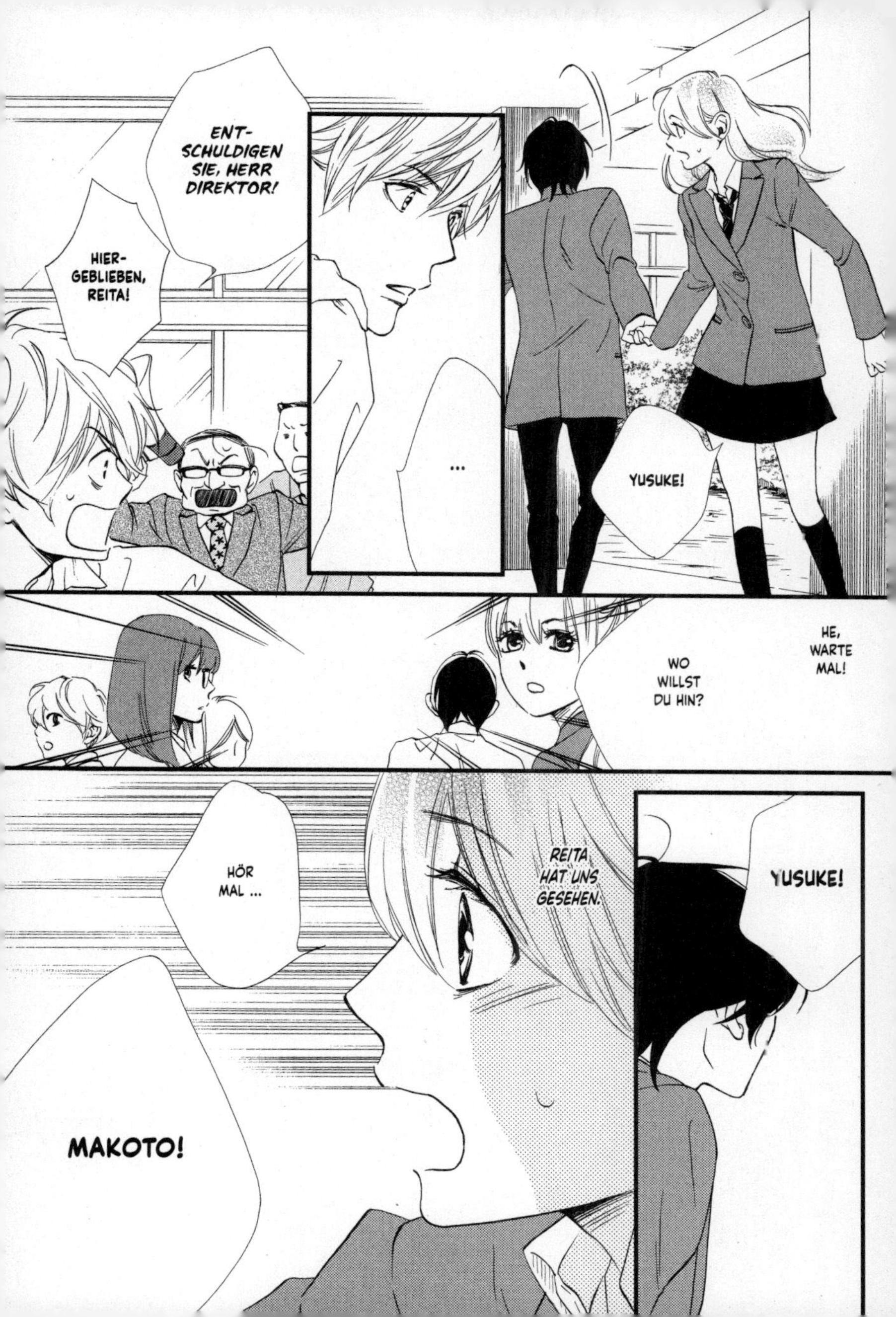
YUSUKE!
...
ENT-SCHULDIGEN SIE, HERR DIREKTOR!
HIER-GEBLIEBEN, REITA!
HE, WARTE MAL!
WO WILLST DU HIN?
YUSUKE!
REITA HAT UNS GESEHEN.
HÖR MAL ...
MAKOTO!

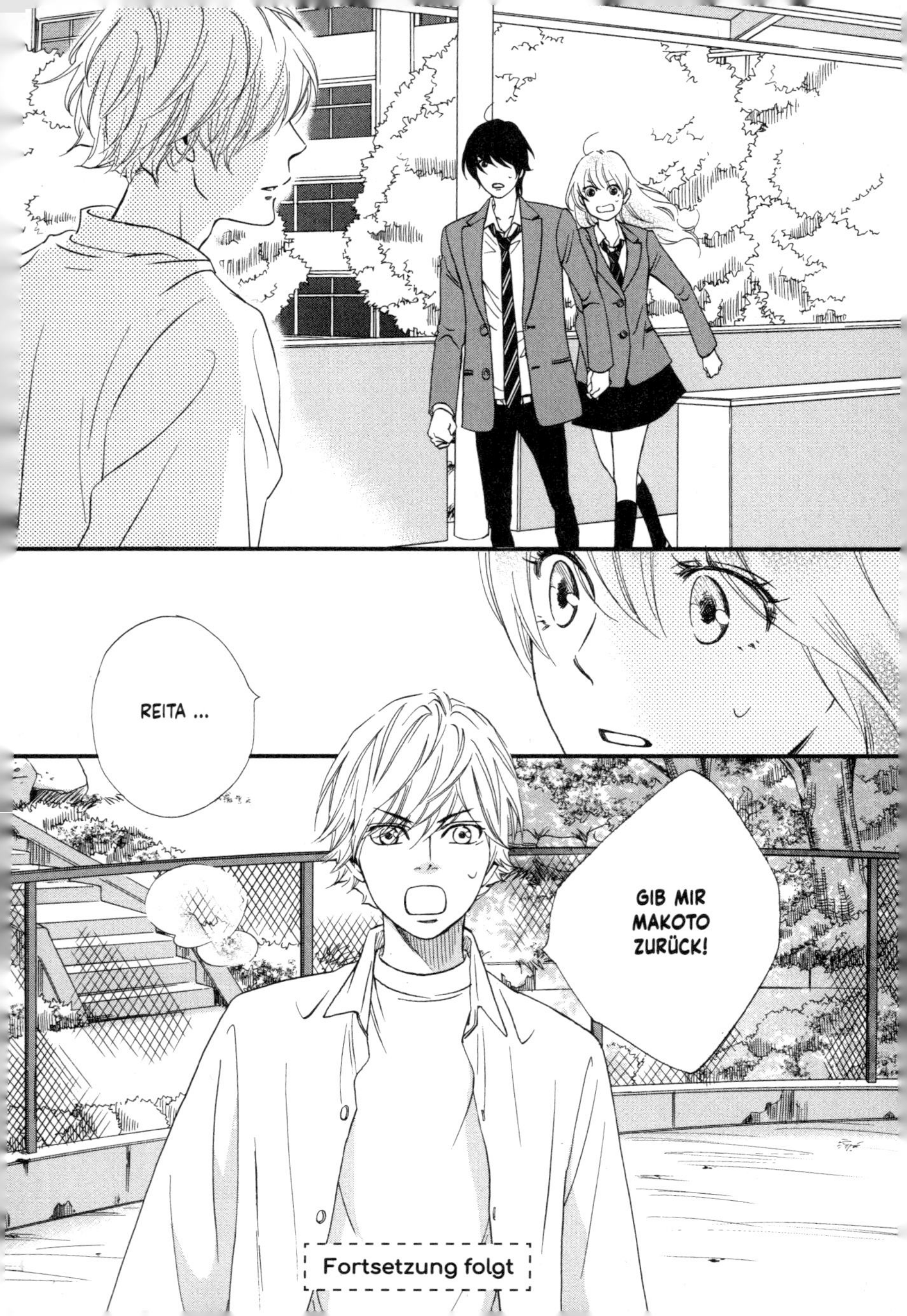
REITA ...
GIB MIR MAKOTO ZURÜCK!
Fortsetzung folgt

Die anderen währenddessen ...

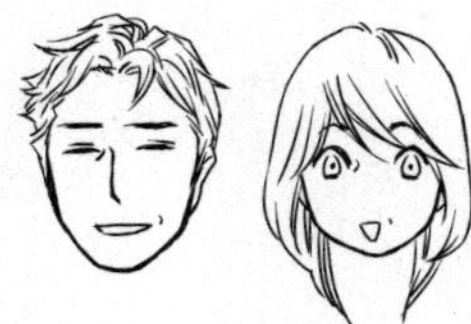

Reitas Eltern

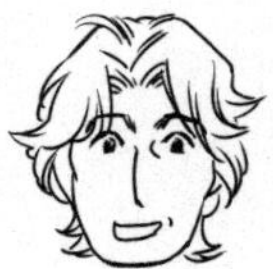

Makotos Vater

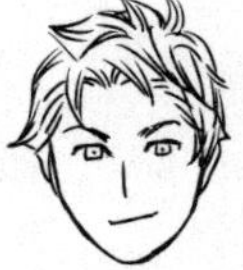

Yusukes Bruder

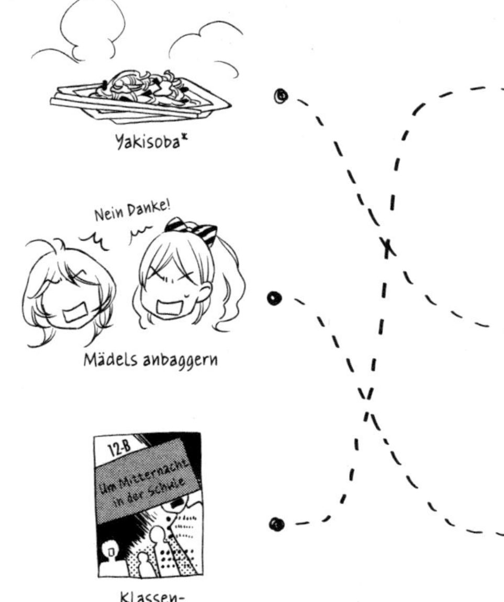

* Jap. Bratnudeln.

REITA GEHT SEINEN WEG.

Ich bin eine Pappel

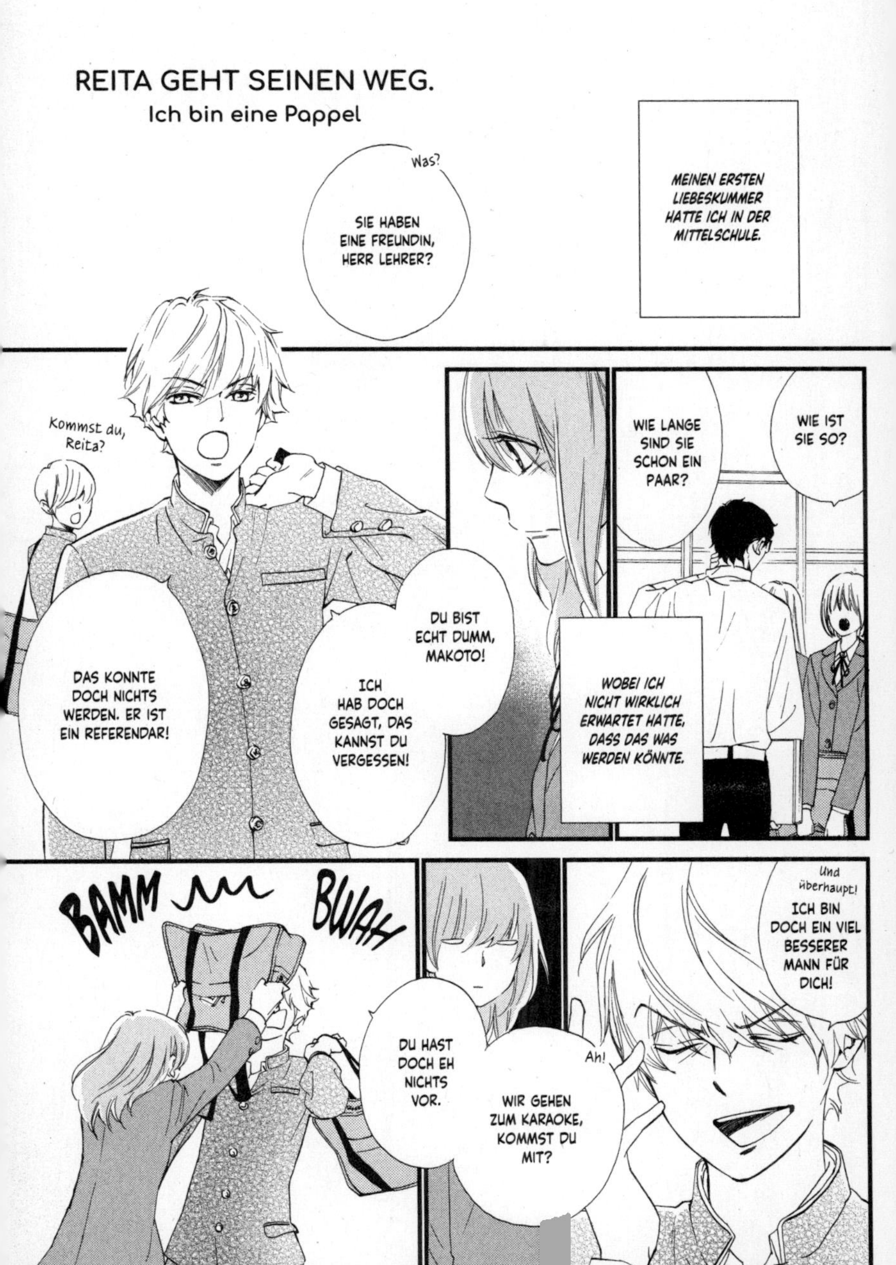

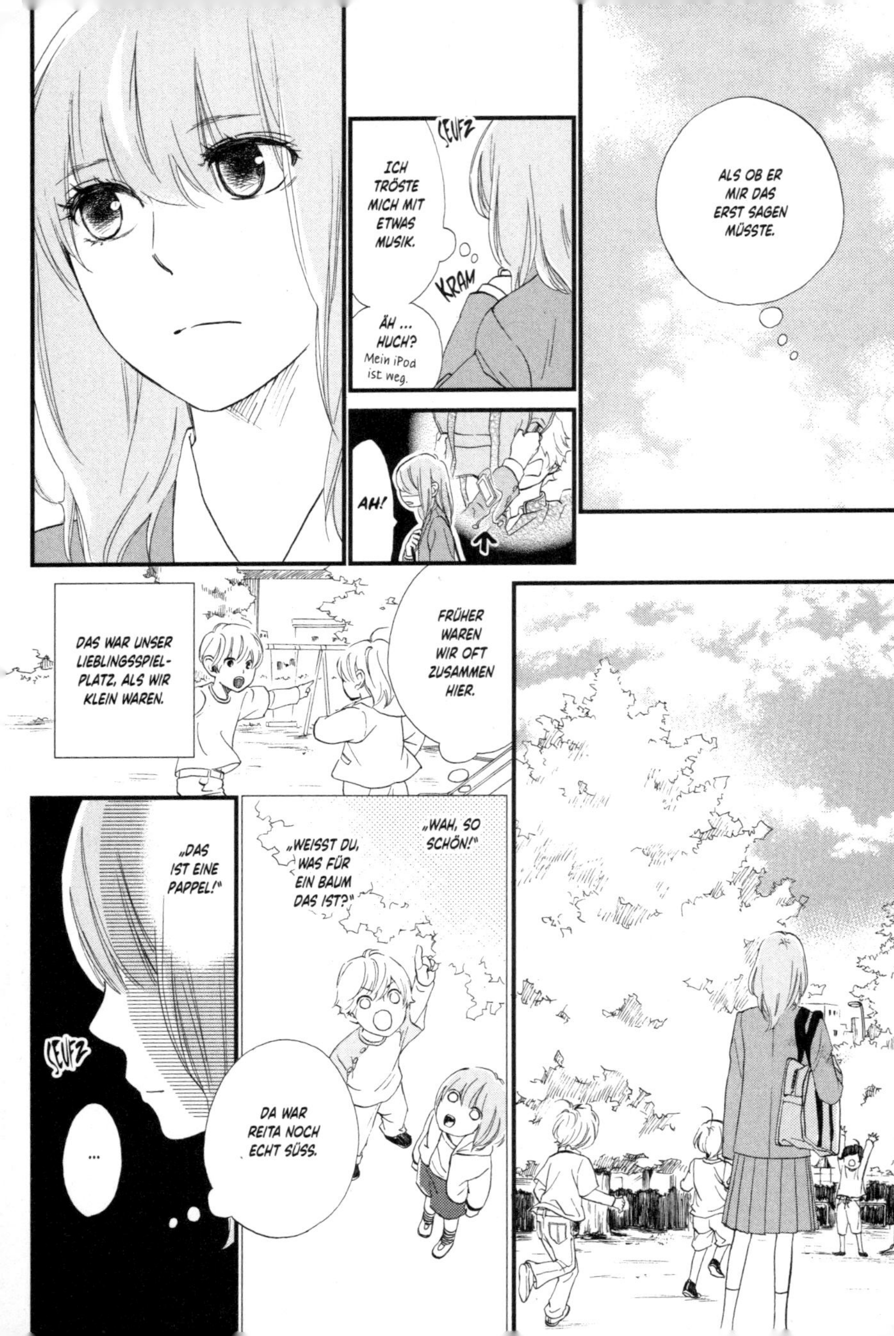
ALS OB ER MIR DAS ERST SAGEN MÜSSTE.
SEUFZ
ICH TRÖSTE MICH MIT ETWAS MUSIK.
KRAM
ÄH … HUCH? Mein iPod ist weg.
AH!
FRÜHER WAREN WIR OFT ZUSAMMEN HIER.
DAS WAR UNSER LIEBLINGSSPIELPLATZ, ALS WIR KLEIN WAREN.
„WAH, SO SCHÖN!"
„WEISST DU, WAS FÜR EIN BAUM DAS IST?"
„DAS IST EINE PAPPEL!"
DA WAR REITA NOCH ECHT SÜSS.
SEUFZ
…

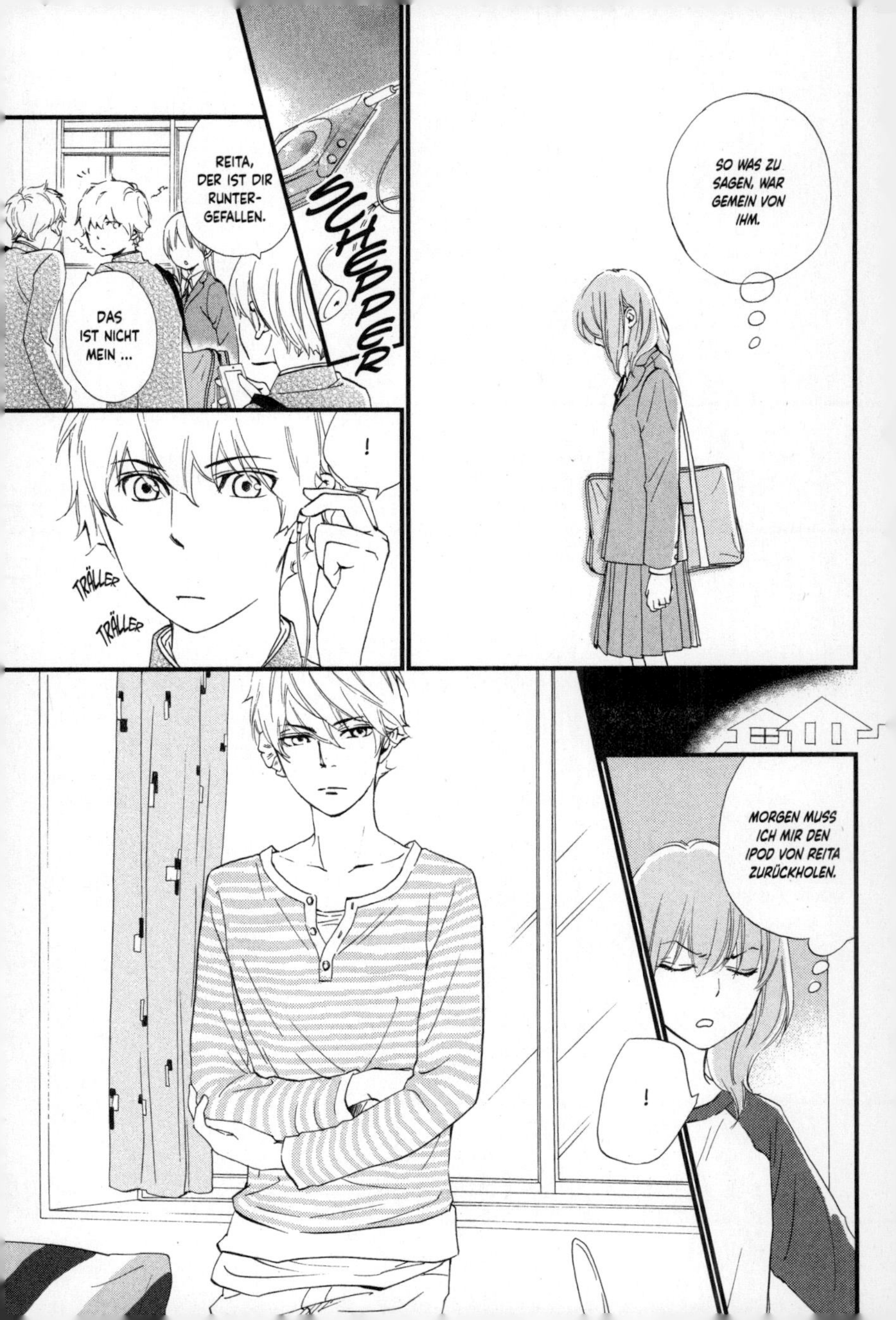
SO WAS ZU SAGEN, WAR GEMEIN VON IHM.
REITA, DER IST DIR RUNTER-GEFALLEN.
SCHUDDER
DAS IST NICHT MEIN ...
!
TRÄLLER
TRÄLLER
MORGEN MUSS ICH MIR DEN IPOD VON REITA ZURÜCKHOLEN.
!

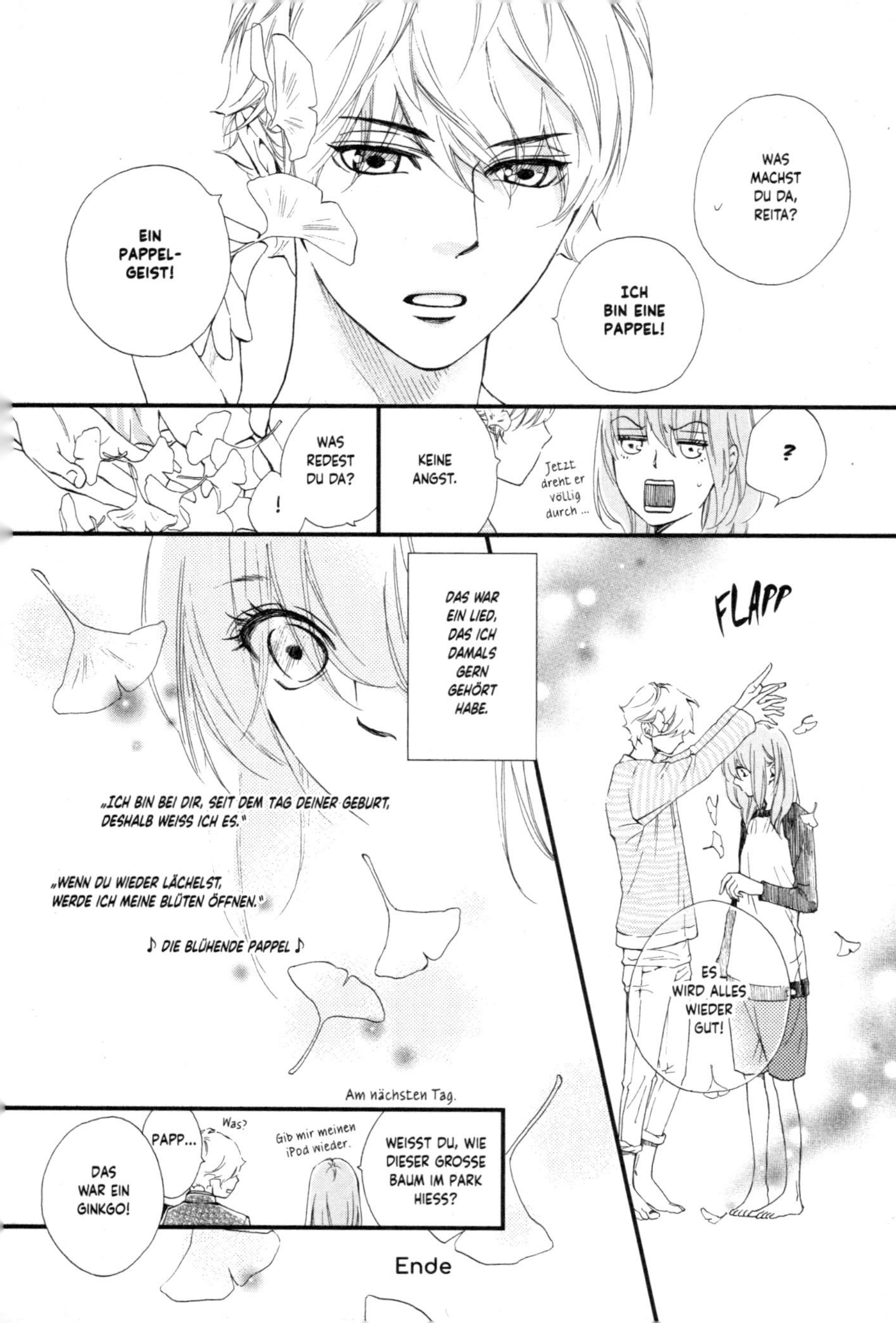
WAS MACHST DU DA, REITA?
ICH BIN EINE PAPPEL!
EIN PAPPEL-GEIST!
?
Jetzt dreht er völlig durch ...
KEINE ANGST.
WAS REDEST DU DA?
!
FLAPP
ES WIRD ALLES WIEDER GUT!
DAS WAR EIN LIED, DAS ICH DAMALS GERN GEHÖRT HABE.
„ICH BIN BEI DIR, SEIT DEM TAG DEINER GEBURT, DESHALB WEISS ICH ES."
„WENN DU WIEDER LÄCHELST, WERDE ICH MEINE BLÜTEN ÖFFNEN."
♪ DIE BLÜHENDE PAPPEL ♪
Am nächsten Tag.
WEISST DU, WIE DIESER GROSSE BAUM IM PARK HIESS?
Gib mir meinen iPod wieder.
Was?
PAPP...
DAS WAR EIN GINKGO!
Ende

ZWISCHEN dir und mir

Watashitachi ni wa kabe ga aru Vol. 4

First published in Japan in 2015 by Kodansha Ltd., Tokyo.
Publication rights for this German edition arranged through
Kodansha Ltd., Tokyo.

Verlegt unter dem Label KAZÉ MANGA
durch VIZ Media Switzerland SA

Aus dem Japanischen von Dorothea Überall

Redaktion: Kristina Yanaga

Produktion: Dorothea Styra

Lettering: Studio CHARON

Druck und Bindung: GGP Media GmbH, Pößneck

ISBN: 978-2-88921-450-1